JN326286

ビジネス中国語読解力養成システム

ビジネスリテラシーを鍛える中国語 II

中国語商用・法律文書読解力の養成と内容理解

梶田幸雄＋三潴正道＋王恵玲＋周紅=編著

朝日出版社

ご挨拶
3ステップ方式［ビジネス中国語読解力養成システム］完成に寄せて

　このたび、無事、『ビジネスリテラシーを鍛える中国語Ⅱ——中国語商用・法律文書読解力の養成と内容理解』が出版されることになりました。これで標記システムにおける教材部分が出揃ったことになります。これまでの関係各位のご協力に厚く御礼申し上げます。

　既刊のご挨拶でも述べましたように、近年、日中の経済関係は、激動する政治環境の影響を受けつつも年々発展を遂げ、世界有数の2国間経済関係を構築するに至りました。特に、中国国内市場の急速な成長は日本企業にも多くのチャンスを提供していますが、その過程で、緊急に克服すべき重大な問題も露呈されています。その1つが日本企業の対中ビジネス要員の素養で、中国の歴史文化はもとより、現代事情をほとんど知らない、中国語が話せない・読めない人が多数を占めている現状は対中ビジネスの大きなリスクと言えましょう。

　もちろん、中国ビジネスに携わる各企業は積極的に社員の中国語教育に取り組んでいますが、基礎中国語を習得しても、ビジネス上の情報収集や文書の解読に必要な中国語論説体習得には、それなりの段階を踏まえた学習が不可欠です。しかし、従来の教育システムでは、その橋渡しとなる重要な部分が欠落しているため、基礎中国語を習得した多くの人が狭間に陥り、挫折を余儀なくさせられています。こうした現状を踏まえ、本養成システムは3段階に分けた教材を柱に据えています。

ステップ（1）：センテンスレベルでの「ビジネス中国語読解力養成講座」。会話体と対比しつつ論説体中国語の基礎文法・語彙・修辞を学習する。
ステップ（2）：段落を基本として長文読解力を養成し、その内容を通して現代中国の政治・経済・社会各方面に対する理解と関連語彙の習得を目指す。情報収集手段も紹介。
ステップ（3）：専門文書の読解力養成。さらに商用文書分野では各種文書の様式と慣用表現・基本構文・語彙の習得、法律文書分野では中国の法運用と解釈の基礎知識を紹介。

　このプランに沿って2010年、ステップ（1）『論説体中国語読解力養成講座』（東方書店）を、2012年、ステップ（2）『ビジネスリテラシーを鍛える中国語Ⅰ』（朝日出版社）を刊行、このたびステップ（3）『ビジネスリテラシーを鍛える中国語Ⅱ』（朝日出版社）を刊行したわけです。今後は補助教材の整備やこれらの段階の教育を担当できる教員の養成が課題になります。

　本システムは、麗澤大学と上海財経大学の研究者の協力によって推進されてきました。本書第一部の商用文書部分の執筆に当たっては、上海財経大学王惠玲先生監修の下、周紅先生はじめ諸先生のご協力をいただきました。そのうち、周紅先生には多くの課の執筆と全体の統一・修正を、丁俊玲氏には第16〜18課の執筆をしていただき、また包旭媛氏、鄭廉敏氏、陳鋭瑞氏には問題の資料収集に当たっていただきました。日訳部分は、金子伸一氏が課文と日訳問題部分を担当、解題部分と全体の日訳チェック並びに語彙・表現・構文等の選択チェックと日訳を三潴が担当しました。第二部と第三部の担当については、梶田氏のまえがきをご参照ください。

　なお、今回の刊行では、麗澤大学平成24年度広池学園事業振興基金（出版助成）および上海財経大学国際商務漢語教学・資源開発基地、上海財経大学商務漢語研究センターから出版資金を助成していただきました。プロジェクトを代表して御礼申し上げます。

　また、朝日出版社中西陸夫様、海外放送センター山口政宏様、編集の古屋順子様にも多大のご助力をいただきました。重ねて御礼申し上げます。

三潴正道
2013年早春

はじめに

　ビジネス中国語というとき、実務家がビジネスの現場で使用する日常会話、経済用語が中心になっているのが現状です。取引にかかわる法律用語や契約文書に関する中国語教材は多くありません。これは、これまでは取引に関する法律文書の理解や作成は、主に法務部員の役割であると考えられてきたからです。

　しかし、今日、中国事業の第一線で活躍し、中国企業と取引について様々な交渉をするのは、必ずしも企業の法務部員ではありません。商取引や会社法などに関する法知識は、法務部員でなくとも中国ビジネスの業務部員にも求められます。業務部員が、契約にかかわる交渉をすることも多く、また、将来に中国ビジネスに携わろうと考える学生にとっても、中国ビジネス法の理解が必要であると考えます。

　ところが、概して法律用語は専門的であり、一般に使用される言葉であっても法律用語として使用する場合には用法が異なることがあります。従って、法律用語を理解せずに契約を交わした場合、しばしば紛争の原因となることがあります。

　実際に上海海事法院によると、2011年に1981件の海事および商事事件の審理をしましたが、契約条項の翻訳ミスが紛争の原因になったと考えられるものが少なくとも5％もあったといいます。これらは、いずれも回避可能な単純なミスですが、契約当事者に重大な損害をもたらす結果となっています。

　このことを意識したとき、法律を専門としない中国ビジネス業務部員、将来の中国ビジネスを担う学生諸君にも理解できるような中国の法律問題、契約文書を中心に扱うビジネス中国語の学習教材の必要性があると考えます。

　そこで、中国の法律概念、法律用語、契約文書に関して、基本的なものを取り上げ、解説をするとともに、ビジネス中国語の教材として関係者に供する次第です。中国法を中日対訳で概説したものや中日対訳契約書、中国語商用文書の類いのテキストは非常に多いのですが、本書では、このようなものを提供したいとは考えませんでした。

　筆者が担当した部分は、第二部「法律・契約条文読解スキル」と第三部「法律文書」です。筆者担当部分、とりわけ第三部は、日本人ビジネスマンの観点から中国法実務の動向が明らかになるようなものを題材としました。単に中国法令用語の学習というだけでなく、実務上どのような争点があるのかを考えてもらえるような内容とすることを心掛けました。

　第二部については、中国大成法律事務所パートナー・弁護士の田漢哲先生にチェックしていただきました。第三部は、梶田幸雄・温琳『これからの新しい中国ビジネス』（エヌ・エヌ・エー、2012年）のコラムを一部改変したものを比較的多く使用しています。エヌ・エヌ・エーは、コラムの一部改変、使用につき快諾してくださいました。また、中国外交部北京外交人員服務局の黄静婷氏に作成を協力いただいた文章があります。ご協力賜った方々に深謝申し上げます。

　第二部、第三部については、三潴正道先生に監修をお願いしました。また、ともえ企画の古屋順子氏が非常に丁寧に読んでくださり、多くの誤りについてご指摘いただき、訂正につきご尽力くださいました。衷心より御礼申し上げます。また、本書の上梓につき労をとってくださった朝日出版社の中西陸夫氏にも御礼申し上げます。

　日本語でより詳しく中国ビジネス法、ビジネスに伴うリーガルリスクに関心を持たれる方々には、拙著『中国ビジネスのリーガルリスク』（日本評論社、2007年）、共著『中国投資ビジネス・ガイドブック』（エヌ・エヌ・エー、2009年）をご覧いただければ幸いです。

梶田幸雄
2013年2月

前　　言

本系列教材是由中国上海财经大学与日本丽泽大学的汉语教学工作者共同编著的。

20世纪90年代，上海财经大学与丽泽大学签订了两校友好交流协议。十余年来，两校在汉语教学和研究的交流方面一直很活跃。上海财经大学国际文化交流学院在对本院来自近百个国家的留学生，包括丽泽大学中国语科的学生，进行对外汉语教学的同时，充分依托财经大学的学科优势，致力于开发商务汉语教材，在国内外打出了颇具影响的商务汉语特色品牌。而丽泽大学中国语科的几任领导和教授们则身体力行积极教授学生学习汉语。与此同时，三潴正道教授积极开展对日本企业界商务人士的汉语教学，在积累教学经验的同时，编撰了一系列适合受众者的应用型商务汉语教材。面对时代的发展和需求的激增，这种不谋而合的实践和经验在中日双方的汉语言工作者的友好交流中，迸发出了强烈的合作愿望。这个愿望得到了中日两所友好大学的校领导的积极支持和鼓励。

迄今，在中国和日本已经面世的汉语教材乃至商务汉语教材可谓百花齐放，不计其数，也不乏优秀作品。本教材的编著者积数十年之经验，博采众长，充分听取受众者特别是社会经济企业界人士的意见和需求，在此基础上形成了共识。

本教材课文的编写体例充分考虑日本学员的特点和需求，注重细节，注重实用性和可操作性，有助于提高教学成效，提高学生的汉语思辨能力和书面阅读能力，具有很强的教学使用价值。第一部教材内容涉及商贸业务类文书、企业事务类文书、宣传推介类文书、发展规划类文书、协议契约类文书等7类。每课内容框架清晰，商务情景性突出。文书知识简明扼要，便于学生自学与总结。例文选材以实用为原则，多渠道收集资料，选择在商务活动中真正能够使用到的材料，难易、长短适宜。生词与惯用语选取适宜，并予以例解，便于学生把握。练习设计紧紧围绕所学文书与真实商务情景，有助提高学生的应用能力。例文展示、语言训练等板块注重商务情景性，使学习者能够理解商务文书出现的情景。教材板块清晰，教学流程明朗，充分遵循外国学习者的习得顺序，从文体框架、例文分析、生词与惯用语到语言训练这四大板块循序渐进，有助于学习者课堂学习及课外自学，也有助于教师把握。

在中日两国语言学工作者的合作中，承蒙丽泽大学理事长广池干堂先生和校长中山理先生的关心，并得到上海财经大学国际文化交流学院孙冰院长及各位同仁的多方相助。本教材的面世也得到朝日出版社中西陆夫先生和海外放送中心山口政宏先生的支持及编辑古屋顺子小姐的辛勤付出。在此一并表示由衷的感谢。

本教材的出版得到上海财经大学国际商务汉语教学与资源开发基地（上海）和上海财经大学商务汉语研究中心的资助。

王惠玲

2013年1月于上海

目次

ご挨拶 …………………………………………………………………………… iii
はじめに ………………………………………………………………………… iv
前言 ……………………………………………………………………………… v

第一部　商用文書

第1単元　商貿交際类

第 1 課　客户资信调查及答复函（Ⅰ、Ⅱ）……………………………… 2
　　　　（顧客の信用調査依頼と回答）

第 2 課　希望建立贸易关系及答复函（Ⅰ、Ⅱ）………………………… 6
　　　　（取引関係締結の要望と回答書）

第 3 課　申请与邀约代理函（Ⅰ、Ⅱ）…………………………………… 10
　　　　（代理店申請状と招請状）

第2単元　商貿洽谈类

第 4 課　询价、报价及还价函（Ⅰ、Ⅱ、Ⅲ）…………………………… 14
　　　　（引き合い、見積もり、カウンターオファー）

第 5 課　订购及确认订购函（Ⅰ、Ⅱ）…………………………………… 18
　　　　（注文および注文確認書）

第 6 課　包装磋商函（Ⅰ、Ⅱ）…………………………………………… 22
　　　　（梱包打ち合わせ書）

第 7 課　运输通知函（Ⅰ、Ⅱ）…………………………………………… 26
　　　　（輸送通知書）

第3単元　商品业务类

第 8 課　推销产品函（Ⅰ、Ⅱ）…………………………………………… 30
　　　　（商品セールスプロモーションレター）

第 9 課　催款函（Ⅰ、Ⅱ）………………………………………………… 34
　　　　（支払督促書）

第 10 課　投诉及处理函（Ⅰ、Ⅱ）………………………………………… 38
　　　　（苦情申し立てと処理書）

第 11 課　索赔及理赔函（Ⅰ、Ⅱ）………………………………………… 42
　　　　（損害賠償請求書と損害清算書）

第4単元　企业事务类

第 12 課　工作计划（Ⅰ、Ⅱ）……………………………………………… 46
　　　　（業務計画）

第 13 課　工作总结（Ⅰ、Ⅱ）……………………………………………… 50
　　　　（業務総括）

第 14 課　会议纪要（Ⅰ、Ⅱ）……………………………………………… 54
　　　　（会議議事録）

第 15 課　市场调查问卷与报告（Ⅰ、Ⅱ）………………………………… 58
　　　　（市場調査アンケートと報告）

第 5 単元　宣伝推介类
　　第 16 課　企业简介（Ⅰ、Ⅱ） ································· 62
　　　　　　　（会社案内）
　　第 17 課　商品广告（Ⅰ、Ⅱ） ································· 66
　　　　　　　（商品の広告）
　　第 18 課　产品说明书（Ⅰ、Ⅱ） ······························· 70
　　　　　　　（製品説明書）

第 6 単元　发展规划类
　　第 19 課　商务策划书（Ⅰ、Ⅱ） ······························· 74
　　　　　　　（ビジネス企画書）
　　第 20 課　可行性研究报告（Ⅰ、Ⅱ） ··························· 78
　　　　　　　（フィージビリティ・スタディ報告）
　　第 21 課　招标书（Ⅰ、Ⅱ） ··································· 82
　　　　　　　（入札案内書）
　　第 22 課　投标书（Ⅰ、Ⅱ） ··································· 86
　　　　　　　（入札書）

第 7 単元　協議契約类
　　第 23 課　授权委托书（Ⅰ、Ⅱ） ······························· 90
　　　　　　　（委任状）
　　第 24 課　经济合同（Ⅰ、Ⅱ） ································· 94
　　　　　　　（経済契約）

第二部　法律・契約条文読解スキル
　　1　中国法により規律される事業活動 ·························· 100
　　2　法律・契約文書の意味 ···································· 100
　　3　条文解釈および契約書作成のための技法 ···················· 101

第三部　法律文書
　　第 1 課　社会主义国家和公共利益 ···························· 108
　　　　　　（社会主義国と公共の利益）
　　第 2 課　市民参政的现实 ···································· 112
　　　　　　（市民参政の現実）
　　第 3 課　联合国国际货物销售合同公约 ························ 116
　　　　　　（国連国際物品売買契約条約）
　　第 4 課　不可抗力 ·· 120
　　　　　　（不可抗力）
　　第 5 課　外贸代理制 ·· 124
　　　　　　（外貿代理制）
　　第 6 課　加工贸易 ·· 128
　　　　　　（加工貿易）

第 7 課	技术转让合同让与人的义务	132
	（技術供与契約のライセンサーの義務）	
第 8 課	加强外商投资项目管理	136
	（外商投資プロジェクトの管理強化）	
第 9 課	发展战略性新兴产业——何谓投资领域的新增长点？	140
	（戦略的新興産業を発展させる——有望な投資分野）	
第 10 課	对内陆省份招商引资热潮的忧虑	144
	（内陸省の外資誘致ブームに対する憂慮）	
第 11 課	流通业的发展离不开扩大内需	148
	（流通業の発展が内需拡大に不可欠）	
第 12 課	网络交易引发的课题	152
	（インターネット取引の課題）	
第 13 課	品质管理——试看《侵权责任法》的影响	156
	（品質管理——権利侵害責任法の影響）	
第 14 課	侵犯知识产权案件	160
	（知的財産権侵害事件）	
第 15 課	商业惯例	164
	（商取引慣行）	
第 16 課	商务部否决可口可乐收购汇源	168
	（コカ・コーラによる匯原公司の買収否決）	
第 17 課	劳动争议	172
	（労働紛争）	
第 18 課	劳动争议滥诉实态	176
	（労働紛争濫訴の実態）	
第 19 課	争议解决——从自主交涉妥协型到积极援助请求型	180
	（紛争解決——自主交渉妥結型から先鋭援助要請型へ）	
第 20 課	诉讼社会——诉权的滥用	184
	（訴訟社会——訴権の濫用）	
第 21 課	通过判决解决争议的可信度——关注关系学	188
	（裁判による紛争処理の信頼性——関係学に注意）	
第 22 課	回避用法院审判处理纠纷——美中调解的尝试	192
	（裁判による紛争処理を避ける——米中間の調停の試み）	
第 23 課	松下向海尔转让三洋电机事业	196
	（パナソニック、ハイアールに三洋電機の事業を譲渡）	
第 24 課	中国企业对日直接投资不断增加	200
	（増える中国企業の対日直接投資）	

第一部日本語訳例・解答例	204
索引	239

商用文書　第1部

第 1 单元　商贸交际类

第 1 课　客户资信调查及答复函

（顧客の信用調査依頼と回答）

"资信调查"の"资"は資質や資本を、"信"は信用を意味します。信用調査の主な内容は、企業の登録状況、株主権の内容、人的資源、経営業績、管理水準、財務状況、業界での評判、過去の信用状況などです。

"客户资信调查函"は企業が調査機関に取引相手の信用状況を問い合わせた書状です。

"客户资信调查答复函"は依頼を受けた調査機関が信用状況を説明したものです。

课文 Ⅰ　　客户资信调查函

华夏银行：

　　慧聪外贸进口**公司**想和我们**开展业务**。它将贵行的名字和**地址**提供给我们做证明人。

　　如果贵行能为我们提供有关**该公司**信用的详细资料，我们将**不胜感激**。

　　我们会将贵行提供的信息作为**绝密**处理，而且贵行**不负任何责任**。**为此，特寄上**我们的通信地址和贴上邮票的**信封**。

　　期待早日回函。

佳美公司

XXXX 年 10 月 20 日

§ 基本語句

客户 kèhù　　　　　　：(タイトル) 顧客、取引先
资信调查 zīxìn diàochá：(タイトル) 信用調査
公司 gōngsī　　　　　：会社、企業
地址 dìzhǐ：住所
绝密 juémì：絶対的機密

§ 日訳！慣用表現データベース（日訳を自分で記入しましょう）

　開展业务　　　　（　　　　　　　　　　　　　　　　　　　　　　　　）
　该公司　　　　　（　　　　　　　　　　　　　　　　　　　　　　　　）
　不胜感激　　　　（　　　　　　　　　　　　　　　　　　　　　　　　）
　不负任何责任　　（　　　　　　　　　　　　　　　　　　　　　　　　）
　为此，特寄上信封（　　　　　　　　　　　　　　　　　　　　　　　　）

期待早日回函　　（　　　　　　　　　　　　　　　　　　　　）

❧ 重要構文の練習 ❧

構文1
"将贵行的名字和地址提供给我们做证明人"
　「～を…に提供して×××にする」
　自由作文：[将～提供给…做×××]

構文2
"为我们提供有关该公司信用的详细资料"
　「～に…に関する×××を提供する」
　自由作文：[为～提供有关…的×××]

構文3
"将贵行提供的信息作为绝密处理"
　「～を…として処理する」
　自由作文：[将～作为…处理]

❧ 课文 Ⅱ ❧　　　　客户资信调查答复函

佳美公司：
　贵公司10月20日**来函****收悉**。
　我们对信中所提到的那家公司做了**查询**。我们**不得不**告诉你们，必须**仔细考虑**与他们的交易。
　虽然那家公司是一家历史悠久的公司，但是已经连续三年**亏损**。他们的债务已高达2.5亿元，在过去三年中他们总是**拖延支付**。**在我们看来**，企业的亏损是由他们的不良管理造成的。
　因此，我们向贵方建议，和他们交易**务必**小心谨慎。然而，这仅是我们的个人意见，我们希望贵方做**进一步的调查**。

华夏银行
XXXX年10月26日

§ 基本語句

答复函 dáfùhán ：(タイトル) 回答
收悉 shōuxī　：確かに承りました
查询 cháxún　：調査

不得不～ bù dé bù～：～せざるをえない
亏损 kuīsǔn　：赤字
务必 wùbì　：ぜひとも

§ 日訳！慣用表現データベース（日訳を自分で記入しましょう）

来函收悉　　（　　　　　　　　　　　　　　　　　　　　　　　）
仔细考虑　　（　　　　　　　　　　　　　　　　　　　　　　　）
拖延支付　　（　　　　　　　　　　　　　　　　　　　　　　　）
在我们看来　（　　　　　　　　　　　　　　　　　　　　　　　）
向贵方建议　（　　　　　　　　　　　　　　　　　　　　　　　）
进一步的调查（　　　　　　　　　　　　　　　　　　　　　　　）

重要構文の練習

構文4
"对信中所提到的那家公司做了查询"
　「～について調査した」
自由作文：[对～做了查询]

構文5
"那家公司是一家历史悠久的公司"
　「～は…といった会社なのだ」
＊［主語＋"是"＋"一"＋量詞…"的"＋名詞］は主語に対する具体的な説明口調を示します。
自由作文：[～是一家…的公司]

構文6
"是由他们的不良管理造成的"
　「～は…によって惹き起こされたのだ」
自由作文：[～是由…造成的]

総合練習

[一] 下の（ ）から適当な語句を選んで、下線部を埋めなさい。

（答复　绝密　资信　交易　调查　期待　收悉　谨慎　务必　提供）

1. 如果贵行能为我们_____该公司相关的资信情况，我们将不胜感激。
2. 感谢贵行提供相关资料。_____贵行早日来函。
3. 银行对该公司的经营能力和财务_____有着很高的评价。
4. 该公司有过不良信用记录，特建议与对方合作时要_____。
5. 贵公司5月10日来函_____的公司，是一家规模较大、声誉极好的公司。
6. 我们确信您能提供有关该公司信用的详细资料，这对本公司评估_____的风险十分重要。
7. 贵行为我们提供的任何信息将被作为_____件处理。
8. 贵公司5月20日来函_____，现把该公司的资信情况说明如下。
9. 请贵公司_____将相关资料作为绝密件处理。
10. 期待早日得到贵行的_____。

[二] 日本語に訳しなさい。

1. 以上情况请绝对保密，对所提供的信息我们不负任何责任。
2. 那家公司虽然很小，但信誉良好，在此地已有25年历史。
3. 该公司的资信情况良好。我们相信，同该公司进行交易会令人满意。
4. 贵行如果能将其信用状况告诉我公司，我们将不胜感激。
5. 我们感谢您提供给我们需要的资信情况，并且一定对此事保守机密。

第1单元　商贸交际类

第2课　希望建立贸易关系及答复函
（取引関係締結の要望と回答書）

他の企業や機関に取引関係を結びたいという希望を伝えるときは、取引関係締結要望書を使います。その場合、相手方に対し、企業の性質、基本的業務状況、経営範囲等を含む自己紹介をする必要があります。

取引関係締結要望書を受け取り、返信するときは、取引関係締結要望回答書を用い、当方の意向や要望、および為替送金に関わる状況について説明しなければなりません。

课文 I　　　建立贸易关系函

净美公司：

　　我们和大华公司交往多年，承他向我们推荐了贵公司。

　　目前，我公司专门从事东南亚地区的贸易，但**尚未**与贵公司有贸易交往。由于我公司对推销**餐具**非常感兴趣，**故特致函**，以求能早日与贵公司建立直接的贸易关系。

　　我们有多年的外贸经验，希望在世界各地建立适宜而持久的贸易关系。由于与生产**厂家**的长期直接联系，我们在许多**行业**尤其是生活用品行业中，是很有竞争力的。

　　我们期待贵方能寄来贵公司有兴趣出售的各种餐具的详细说明和**外销价格**，我们将愉快地调查我方市场可能销售的情况。另一方面，若贵公司愿从我方购买产品，**承蒙关照**，请将你们感兴趣的货物**逐项列表**，**一并寄来**，以便视我方**供货能力**，向贵公司提供一切所需的资料。

　　盼早日赐复。

　　　　　　　　　　　　　　　　　　　　　　　　　　　　光大进出口公司
　　　　　　　　　　　　　　　　　　　　　　　　　　　　XXXX 年 5 月 7 日

§ 基本語句

尚未~ shàng wèi ~	：まだ~していない		**行业** hángyè	：業界
餐具 cānjù	：テーブルウエア		**外销价格** wàixiāo jiàgé	：輸出価格
厂家 chǎngjiā	：メーカー		**供货能力** gōnghuò nénglì	：商品供給力

6

§ 日訳！慣用表現データベース（日訳を自分で記入しましょう）
対～感兴趣　（　　　　　　　　　　　　　　　　　　　　　　　　　）
故特致函　　（　　　　　　　　　　　　　　　　　　　　　　　　　）
承蒙关照　　（　　　　　　　　　　　　　　　　　　　　　　　　　）
逐项列表　　（　　　　　　　　　　　　　　　　　　　　　　　　　）
一并寄来　　（　　　　　　　　　　　　　　　　　　　　　　　　　）
盼早日赐复　（　　　　　　　　　　　　　　　　　　　　　　　　　）

重要構文の練習

構文 1
"承他向我们推荐了贵公司"
「～より…をご紹介いただきました」
自由作文：[承～向我们推荐…]

構文 2
"故特致函，以求能早日与贵公司建立直接的贸易关系"
「一日も早く…するために～する」
自由作文：[～，以求能早日…]

课文 II　　　　　建立贸易关系答复函

光大进出口公司：

　　贵公司 5 月 7 日来函收悉，非常感谢。贵公司愿意与我公司建立直接贸易关系，这恰巧与我公司的愿望一致。我公司非常愉快地答复贵公司所需要的资料。除了所附上的商品样件，还为贵公司提供了一套完整的各种餐具的详细说明和出售价格。

　　目前，我公司对混纺人造纤维很感兴趣，如蒙贵公司寄来商品目录、样品等有关需要的资料，便于我们熟悉贵公司的供货用料和质量情况，将不胜感激。

　　我们保证，如果贵公司货物的质量及价格均具有竞争性，我方将大量订货。

　　欣然等候贵方信息。

净美公司

XXXX 年 5 月 13 日

§ 基本語句
样件 yàngjiàn ：サンプル 用料 yòngliào：使用材料
混纺人造纤维 hùnfǎng rénzào xiānwéi：混紡人造繊維 质量 zhìliàng：品質
样品 yàngpǐn ：サンプル 订货 dìnghuò：注文する

§ 日訳！慣用表現データベース（日訳を自分で記入しましょう）
与我公司的愿望一致　（　　　　　　　　　　　　　　　　　　　　　　）
非常愉快地答复　　　（　　　　　　　　　　　　　　　　　　　　　　）
有关资料　　　　　　（　　　　　　　　　　　　　　　　　　　　　　）
均具有竞争性　　　　（　　　　　　　　　　　　　　　　　　　　　　）
大量订货　　　　　　（　　　　　　　　　　　　　　　　　　　　　　）

⁂ 重要構文の練習 ⁂

構文 3
"贵公司愿意与我公司建立直接贸易关系"
　「～と…関係を打ち立てる」
自由作文：［与～建立…关系］

構文 4
"除了所附上的商品样件，还为贵公司提供了一套完整的各种餐具的详细说明和出售价格"
　「～のほかに、さらに…を提供する」
自由作文：［除了～，还提供…］

構文 5
"如蒙贵公司寄来商品目录、样品等有关需要的资料，便于我们熟悉贵公司的供货用料和质量情况，将不胜感激"
　「もし、貴社に…するために～していただければ、感激に堪えません」
自由作文：［如蒙贵公司～，便于…，将不胜感激］

総合練習

[一] 下の（ ）から適当な語句を選んで、下線部を埋めなさい。

（推荐　从事　致函　承蒙　逐项　供货　订货　样品　保证　愿望）

1. 我公司特_____贵公司，希望与贵公司建立业务合作关系。
2. 我公司一直_____亚洲地区的冰箱销售业务。
3. 承商会向我们_____了贵公司，得知贵公司在纺织品生产方面颇有声誉。
4. 贵公司在服装业中有着很高的声誉，故提出与贵公司建立业务关系的_____。
5. 如贵公司欲_____，请电传或传真为盼。
6. 若收到你方具体询盘，我们将寄送报价单与_____。
7. 我公司已将贵方所要求的货物价格在清单中_____列出，并提供货物详细说明。
8. 我公司承诺，将视我方_____能力，向贵公司提供一切所需资料。
9. 请贵公司将所需货物列表尽快寄出，以_____满足贵公司货物要求。
10. _____商会向我方提供了贵公司的名称和地址，现致函贵公司并希望建立贸易关系。

[二] 日本語に訳しなさい。

1. 承蒙三菱公司将贵公司介绍给我们。
2. 我公司期待着能有机会与贵公司合作。
3. 我们愿早日与贵公司建立直接的贸易关系。
4. 贵公司要求与我公司建立贸易关系的来函已收悉。
5. 对贵公司要求与我公司建立业务关系的愿望，我们表示欢迎。

第3课　申请与邀约代理函

（代理店申請状と招請状）

第1单元　商贸交际类

> 商品が市場に参入するには良い販売ルートが必要です。それには、販売代理店に委託する必要があります。代理店は地元の市場と消費者の動向を熟知しており、企業の新規販売市場開拓の手助けになります。
>
> ある企業が他企業の代理店になりたいときは、代理店申請状を使い、委託側がある企業を代理店にしたい場合は代理店招請状を使います。

课文 I　　申请代理函

科信公司：

　　我们参加了今年4月在北京举行的国际摄影展览，对贵公司生产的照相机的高级品质、吸引人的设计及合理的价格，印象非常深刻。

　　我们看过贵公司的产品目录，认为贵公司的产品在北京一定会有可观的销路。假使贵公司在北京尚无代表，我们有意担任贵公司在北京的独家代理商。

　　我们20余年来一直都居于摄影器材进口商及分销商的领导地位，对北京市场甚为了解，并且我们与主要零售商都有着密切的联系。如果贵公司对我们的建议感兴趣的话，贵公司可以向制造厂商提出对我们的咨询。我们的采购主任王岳华先生，将于7月份前往贵地。如果您愿意的话，他很乐意拜访贵公司。

　　我们深信，我们作为贵公司在北京拓展市场的代理商，会给我们双方带来可观的利润。

　　盼复！

北京天华公司经理
XXXX 年 5 月 19 日

§ 基本語句

销路 xiāolù	：販路	**零售商** língshòushāng	：小売商
独家代理商 dújiā dàilǐshāng	：独占販売代理店	**采购** cǎigòu	：購買
分销商 fēnxiāoshāng	：卸売商	**盼复** pànfù	：お返事をお待ちします

§ 日訳！慣用表現データベース（日訳を自分で記入しましょう）
印象非常深刻　　　　（　　　　　　　　　　　　　　　　　　　　　）
对～甚为了解　　　　（　　　　　　　　　　　　　　　　　　　　　）
与～有着密切的联系　（　　　　　　　　　　　　　　　　　　　　　）
向～提出咨询　　　　（　　　　　　　　　　　　　　　　　　　　　）
如果您愿意的话　　　（　　　　　　　　　　　　　　　　　　　　　）
很乐意拜访贵公司　　（　　　　　　　　　　　　　　　　　　　　　）

重要構文の練習

構文1
"假使贵公司在北京尚无代表，我们有意担任贵公司在北京的独家代理商"
「もし～だったら、…したいと思う」
自由作文：[假使～，我们有意…]

構文2
"我们20余年来一直都居于摄影器材进口商及分销商的领导地位"
「～はずっと…という立場にいる」
自由作文：[～一直都居于…地位]

構文3
"我们的采购主任王岳华先生，将于7月份前往贵地"
「～は…に×××へ行く」
自由作文：[～将于…前往×××]

课文Ⅱ　　　　　　　　邀约代理函

越南明辉公司：
　　由于市场对我们生产的**贝壳饰物**需求日渐增加，遂决定在贵国委任代理商，处理公司出口**贸易事宜**。我们上次会面时，贵公司曾提及对代理一事感兴趣，故邀请贵公司担任我们的代理。
　　数据显示，我们这类产品的市场前景看好。毫无疑问，一个真正积极的代理商会大大增进我公司的产品销路。**得悉**贵公司在贵国饰物业中经验丰富，与主要**买家**有着密切联系，我公司觉得贵公司是担任代理的合适人选，且乐意聘请贵公司为独家代理。

> 　　如贵公司**无法接受**的话，也请劳烦贵公司推荐其他可靠且发展完善的公司。如贵公司决定接受，请向我们提出作为公司代理的**条款**。盼复！
>
> 　　　　　　　　　　　　　　　　　　　　广州宝利来贝壳饰品公司
> 　　　　　　　　　　　　　　　　　　　　XXXX 年 9 月 16 日

§ 基本語句

邀约 yāoyuē ：（タイトル）招請する　　　**得悉** déxī ：知る
贝壳饰物 bèiké shìwù：シェルアクセサリー　**买家** mǎijiā：バイヤー
贸易事宜 màoyì shìyí：貿易事務　　　　　**条款** tiáokuǎn：条項

§ 日訳！慣用表現データベース（日訳を自分で記入しましょう）

日渐增加　　　（　　　　　　　　　　　　　　　　　　　　　　　　）
上次会面时　　（　　　　　　　　　　　　　　　　　　　　　　　　）
数据显示　　　（　　　　　　　　　　　　　　　　　　　　　　　　）
市场前景看好　（　　　　　　　　　　　　　　　　　　　　　　　　）
毫无疑问　　　（　　　　　　　　　　　　　　　　　　　　　　　　）
无法接受　　　（　　　　　　　　　　　　　　　　　　　　　　　　）

❧ 重要構文の練習 ❧

構文 4

"<u>由于</u>市场对我们生产的贝壳饰物需求日渐增加，<u>遂</u>决定在贵国委任代理商"
　「～ので、そこで…した」
　自由作文：[由于～遂…]

構文 5

"故邀请贵公司<u>担任</u>我们的代理"
　「～を…に招く」
　自由作文：[邀请～担任…]

構文 6

"<u>请劳烦</u>贵公司<u>推荐</u>其他可靠且发展完善的公司"
　「～に…の推薦をお願いする」
　自由作文：[请劳烦～推荐…]

総合練習

[一] 下の（ ）から適当な語句を選んで、下線部を埋めなさい。

（申请　代理　居于　乐意　销路　邀约　担任　增进　得悉　劳烦）

1. 经我方认真考虑，希望贵公司成为我方在北京的独家代理，特发此函_____代理。
2. 获悉贵公司尚未开发香港市场，我们愿做贵方在香港的_____。
3. 由于事关紧急，_____贵公司尽快回复。
4. 如果贵公司有意的话，我们_____优先考虑贵公司作上海的总代理。
5. 我们非常愿意让贵公司_____亚洲地区的总代理。
6. 我们是一家颇有声望的玩具进口公司，请考虑我方的代理_____。
7. 贵方的电器产品在我们这里一定会有很好的_____。
8. _____客户对贵方产品评价很高，我们有意担任贵公司在此地的独家代理。
9. 我们期待贵公司的回复，并希望进一步_____双方的合作与交流。
10. 我公司该产品的销量一直_____同行业的领先地位。

[二] 日本語に訳しなさい。

1. 我们相信贵公司的产品在我们这里一定会很有市场。
2. 我们期待贵公司的回复，并希望能成为贵公司产品的本地代理。
3. 若贵公司无法接受，也请劳烦贵公司推荐其他合适的公司。
4. 我方大胆提出：恳请贵方任命我方作为贵方的独家代理。
5. 我们可以保证：此地市场前景看好，我们能使贵方产品的销售达到一个新水平。

第2单元 商贸洽谈类

第4课 询价、报价及还价函

（引き合い、見積もり、カウンターオファー）

引き合い状は買い手側が売り手側に対し、ある商品の取引条件や具体的な価格を問い合わせるときに使われる文書で、見積書は売り手側が買い手側に商品の関連取引条件や具体的な価格を提供する書簡です。カウンターオファーは見積書を受け取った側が相手側の見積もりに受け入れかねる部分があった場合、相手側に対し修正意見を提示し再考を促す書状で、買い手側が売り手側の見積もりに対し行っても、売り手側が買い手側のカウンターオファーに対し、再度行っても構いません。

课文 I　　　　　　　　　询价函

大华茶叶厂：

我**超市**对贵公司生产的绿茶很感兴趣，欲**订购**君山毛尖茶。规格：一级；容量：每包100克。望贵厂能就下列条件报价：

①**单价**；
②**交货日期**；
③**结算方式**。

如果贵方报价合理，且能给予优惠折扣，我超市将考虑大批量订货。望速回复。

欢笑食品超市
XXXX年5月8日

§ 基本語句

询价 xúnjià ：（タイトル）引き合い
超市 chāoshì ：スーパー
订购 dìnggòu ：発注する
单价 dānjià ：単価
交货日期 jiāohuò rìqī ：納期
结算方式 jiésuàn fāngshì ：決済方法

§ 日訳！慣用表現データベース

报价合理（　　　　　　　　）　　大批量订货（　　　　　　　　）
优惠折扣（　　　　　　　　）　　望速回复　（　　　　　　　　）

重要構文の練習

構文1 "望贵厂能就下列条件报价"
「～に…の条件で見積もることを望む」
自由作文：[望～就…条件报价]

構文2 "如果贵方报价合理，且能给予优惠折扣，我超市将考虑大批量订货"
「もし～でなおかつ…ならば、×××する」
自由作文：[如果～，且…，将×××]

课文 Ⅱ　　　　　报价函

欢笑食品超市：
　　贵方5月8日询价函收悉，谢谢。兹就贵方要求，报价详述如下：
　　商品　　：君山毛尖茶
　　规格　　：一级
　　容量　　：每包100克
　　单价　　：每包90元（含包装费）
　　包装　　：标准纸箱，每箱100包
　　结算方式：商业汇票
　　交货方式：自提
　　交货日期：收到订单10日内发货
　　我方所报价格极具竞争力，如果贵方订货量在1000包以上，我方可按95%的折扣收款。
　　如贵方认为我们的报价符合贵公司的要求，请早日订购。
恭候佳音。

　　　　　　　　　　　　　　　　　　　　　　　　大华茶叶厂
　　　　　　　　　　　　　　　　　　　　　　　XXXX年5月12日

§ 基本語句

报价 bàojià：（タイトル）見積もる、オファーする
商业汇票 shāngyè huìpiào：商業手形
自提 zìtí　　　　　　　：置場渡
订单 dìngdān　　　　　：発注書
发货 fāhuò　　　　　　：発送
所报价格 suǒbào jiàgé：見積もり価格

§ 日訳！慣用表現データベース
报价详述如下（　　　　　　　　　）　　请早日订购（　　　　　　　　　）
极具竞争力　（　　　　　　　　　）　　恭候佳音　（　　　　　　　　　）

重要構文の練習

構文3 "兹就贵方要求，报价详述如下"
「ここに～の要求に対し、以下のごとく詳細に…します」
自由作文：[兹就～要求，…详述如下]

構文4 "如果贵方订货量在1000包以上，我方可按95%的折扣收款"
「もし御社の発注量が～ならば、我が方は…の割引価格で引き受けます」
自由作文：[如果贵方订货量～，我方可按…的折扣收款]

课文Ⅲ　　　　　　　　　　还价函

大华茶叶厂：
　　贵方5月12日报价函获悉。虽然我们**赞赏**贵方君山毛尖茶叶的质量，但95%的折扣价**偏高**，难以接受。我方茶叶需求量大，拟订购200箱左右。如果贵方将折扣价定为90%，我们非常愿意向贵方订购。否则，我们只能转向其他供应者提出类似需求。
　　我们希望贵方认真考虑我方建议，并尽早答复我方。
　　顺颂
商祺！

　　　　　　　　　　　　　　　　　　　　　　　欢笑食品超市
　　　　　　　　　　　　　　　　　　　　　　　XXXX年5月15日

§ 基本語句
还价 huánjià ：（タイトル）カウンターオファー　　**否则** fǒuzé　　　：さもなくば
赞赏 zànshǎng：高く評価する　　　　　　　　　　　**供应者** gōngyìngzhě：供給者
偏高 piān gāo：高すぎる　　　　　　　　　　　　　**建议** jiànyì　　：提案する

§ 日訳！慣用表現データベース
难以接受　　（　　　　　　　　　）　　拟订购～左右（　　　　　　　　　）

向贵方订购　（　　　　　　　）　　　尽早答复我方（　　　　　　　）
类似要求　　（　　　　　　　）　　　顺颂商祺　　（　　　　　　　）

❧ 重要構文の練習 ❧

構文5 "虽然我们赞赏贵方君山毛尖茶叶的质量，但95%的折扣价偏高，难以接受"
「～だけれども…だ」
自由作文：[虽然～，但…]

_____

構文6 "将折扣价定为90%"
「～を…に決める」
自由作文：[将～定为…]

_____

❧ 総合練習 ❧

[一] 下の（　）から適当な語句を選んで、下線部を埋めなさい。

（询价　报价　还价　订购　折扣　接受　需求　拟　考虑　建议）

1. 我方同意贵公司将单价降低5％的_____要求。
2. 经多方研究，我公司同意贵方的_____。
3. 对于贵公司的来函_____，我公司表示由衷感谢。
4. 如贵公司的产品价格合理，我方会考虑大量_____。
5. 近来该类产品_____热烈，令价格一再上涨。请贵公司尽早落实订单为盼。
6. 贵方2010年9月15日来函获悉，我公司很难_____贵方的还价请求。
7. 为感谢贵方长期购买我公司产品，现给予贵方2％的_____。
8. 望贵公司能够接受我方折扣_____，并尽早答复我方。
9. 贵方的还价要求，经我方慎重_____，确实难以接受。
10. 我方_____采购贵公司清单中所列货物。

[二] 日本語に訳しなさい。

1. 我对贵公司生产的皮鞋有浓厚的兴趣，需订购200双。
2. 如贵方价格合理，且能给予优惠，我公司将考虑大量进货。
3. 若订购量超过140万元，我方将给予20%的折扣。
4. 贵方的还价我方难以接受，我方最多只能将原报价降低1％。
5. 我方认为在原报价的基础上降低5％比较合适，请贵方考虑。

第 2 单元　商贸洽谈类

第 5 课　订购及确认订购函

（注文および注文確認書）

　　注文書は売り手と買い手双方が交渉を繰り返したのち合意に達した状況下で、買い手側が双方の妥結した条件に基づき売り手側に品物を発注するときに用いる書状です。
　　品物を発注するときは商品名・モデル番号・規格・数量・価格・決済方法・納期・納入場所・輸送方法・輸送保険などの内容を明記する必要があります。
　　注文確認書は売り手側が顧客からの注文を受け取ったのち、返信して確認し、同時に顧客に貨物の処理と代金の支払いについて告知するとともに、ほかに何か要求がないかも尋ねる商務書簡です。

课文 I　　　　　　　　　　　　订购函

飘逸时尚饰品公司：

　　贵公司 4 月 16 日的报价单收悉，非常感谢。我公司对货物的品质和价格均感到满意，特订购下列货物：

喜乐女表	B340420	100 只	单价 190 元	金额 19000 元
超薄对表	B342450	30 对	单价 340 元	金额 10200 元
荧光对表	B342480	30 对	单价 280 元	金额 8400 元
			合计	37600 元

总金额（大写）：叁万柒仟陆佰元整（人民币）
交货日期：2009 年 4 月 30 日前
交货地点：南平市新华路 11 号百花公司
联系人：张华先生 05994804477
联系电话：05993388228
结算方式：**转账支票**
货物要求迫切，盼望准时交货为荷，谢谢。
　　顺颂
商祺！

　　　　　　　　　　　　　　　　　　　　　　　　百花日用品公司市场部
　　　　　　　　　　　　　　　　　　　　　　　　XXXX 年 4 月 20 日

§ 基本語句

时尚饰品 shíshàng shìpǐn	：流行装飾品	联系人 liánxìrén	：担当者
超薄 chāobáo	：超薄型	联系电话 liánxì diànhuà	：連絡先電話
对表 duìbiǎo	：ペアウオッチ	转账支票 zhuǎnzhàng zhīpiào	：振替小切手

数字の"大写"

一	二	三	四	五	六	七	八	九	十	百	千
壹	贰	叁	肆	伍	陆	柒	捌	玖	拾	佰	仟

§ 日訳！慣用表現データベース

感到满意　　　　（　　　　　　　　　　　　　　　　　　　　　）
特订购下列货物（　　　　　　　　　　　　　　　　　　　　　）
要求迫切　　　　（　　　　　　　　　　　　　　　　　　　　　）
准时交货　　　　（　　　　　　　　　　　　　　　　　　　　　）

❧ 重要構文の練習 ❧

構文1
"我公司对货物的品质和价格均感到满意"
　「～は…と×××に対しいずれも満足している」
　自由作文：[～对…和×××均感到满意]

構文2
"盼望准时交货为荷"
　「～していただければ幸いに存じます」
　自由作文：[盼望～为荷]

❧ 课文 II ❧　　　　　　　　确认订购函

尊敬的张先生：
　您好！
　非常高兴收到贵公司4月20日的订购函。贵公司所需3种**款式**的时尚手表，我公司**备有现货**，我方即**速予办理**，保证货物将在贵方要求日期内**送抵指定地点**。
　根据商业汇票的规定，我方通过**建设银行**开出以贵方为**付款人**的银行**承兑汇**

票，面额 37600 元，承兑期限为 3 个月。我们相信此汇票必得承兑。

　　贵方对此货还有何要求，请即函告。感谢贵方的惠顾，望经常保持联络。
　　顺颂

商祺！

飘逸时尚饰品公司
销售部经理　王志山
XXXX 年 4 月 25 日

§ 基本語句

款式 kuǎnshì	：タイプ	承兑汇票 chéngduì huìpiào	：引受手形
建设银行 Jiànshè yínháng	：中国建設銀行	面额 miàn'é	：額面
付款人 fùkuǎnrén	：支払者	惠顾 huìgù	：ご愛顧

§ 日訳！慣用表現データベース

备有现货　　　（　　　　　　　　　　　　　　　　　　　）
即速予办理　　（　　　　　　　　　　　　　　　　　　　）
送抵指定地点　（　　　　　　　　　　　　　　　　　　　）
必得承兑　　　（　　　　　　　　　　　　　　　　　　　）
请即函告　　　（　　　　　　　　　　　　　　　　　　　）
经常保持联络　（　　　　　　　　　　　　　　　　　　　）

❦ 重要構文の練習 ❦

構文 3

"我方通过建设银行开出以贵方为付款人的银行承兑汇票"
　「我が方は～を通じて…を支払者とする銀行引受手形を振り出します」
　自由作文：[我方通过～开出以…为付款人的银行承兑汇票]

構文 4

"贵方对此货还有何要求，请即函告"
　「貴方が～に対しまだ何か要望があれば、…してください」
　自由作文：[贵方对～还有何要求，请…]

総合練習

[一] 下の（ ）から適当な語句を選んで、下線部を埋めなさい。

（満意　订购　交货　迫切　现货　办理　送抵　承兑　惠顾　指定）

1. 由于该批商品将由我公司出口日本，故要求品质和包装符合出口标准，必须保证按时_____，以免延误船期。
2. 我方即速予以办理，图书将在贵方要求的日期内运抵_____地点。
3. 贵方产品报价合理，质量可靠，我公司表示非常_____。
4. 本产品我公司有_____，优惠价格出售，单价40元／套，50套起售。
5. 感谢贵方对我们产品的信赖和_____，希望我们能经常保持贸易联系。
6. 很荣幸收到贵公司大批量购买我公司3号产品的订单，我方将速予_____，尽快发货。
7. 我们会尽快将货物_____您公司的指定地点，请注意查收！
8. 根据商业汇票的规定，我方通过建设银行开出以贵方为付款人的银行_____汇票。
9. 经我公司多方考察，目前市场上_____需要这种产品。
10. 根据贵厂提供的价目表，我公司决定_____产品号为C-101的产品。

[二] 日本語に訳しなさい。

1. 我方接到贵方装运函，将立即开具转账支票。
2. 我方接受贵方的报价，并乐意按贵厂提出的条件订货。
3. 我方即速予办理，货物将在贵方要求日期内运抵指定地点。
4. 我公司认为贵公司报价较为合理，特订购以下产品。
5. 根据商业汇票的规定，我方通过中国银行开出以贵方为付款人的银行承兑汇票，面额30000元，承兑期限为3个月。

第6课　包装磋商函

（梱包打ち合わせ書）

第2単元　商贸洽谈类

梱包打ち合わせ書は製品の輸送梱包と販売包装を相談するために出される商用文書で、売り手買い手双方が製品包装の変更を提案し、その理由を具体的に説明し、相手側に協力を求めます。

课文 I

包装磋商函

东方国际商城：

　　你方 6 月 2 日订单已收悉，谢谢。我们高兴地通知你方，除了包装条款以外，订单中所列其余条款我们均能接受。

　　你们订单中所述的包装是我们数年前采用的老式包装。此后，我们改进了包装，结果表明我们的客户对近几批货物完全满意。我们的雨衣产品先用塑料袋包装，然后装入纸盒内，10 打装一箱，每箱毛重为 30 千克左右。每一纸箱衬以塑料纸，全箱用铁箍加固，以防内装货物受潮及因粗暴搬运可能引起的损坏。

　　由于使用了塑料袋包装，每件雨衣完全可陈列于商店的橱窗，而且美观，这样定将有利于货物的销售。此外，改进的包装分量轻，因而容易搬运。

　　以上所述供你方参考。如果在本月底前我方没有收到你方的反对意见，我方将相应地完成你方订货。

名晟雨具有限公司
XXXX 年 6 月 6 日

§ 基本語句

磋商 cuōshāng：（タイトル）相談する、協議する
老式包装 lǎoshì bāozhuāng：旧式の梱包
毛重 máozhòng　　　　：風袋込重量
受潮 shòucháo　　　　：湿気る
粗暴搬运 cūbào bānyùn：ラフハンドリング
橱窗 chúchuāng　　　　：ショーケース

§ 日訳！慣用表現データベース

其余条款　　（　　　　　　　　　　　　　　　　　　　）
改进包装　　（　　　　　　　　　　　　　　　　　　　）

装入纸盒内（　　　　　　　　　　　　　　　　　　　　　　　）
10打装一箱（　　　　　　　　　　　　　　　　　　　　　　　）
衬以塑料纸（　　　　　　　　　　　　　　　　　　　　　　　）
用铁箍加固（　　　　　　　　　　　　　　　　　　　　　　　）
供你方参考（　　　　　　　　　　　　　　　　　　　　　　　）

重要構文の練習

構文1
"我们改进了包装，结果表明我们的客户对近几批货物完全满意"
「～した結果、…となった」
自由作文：[～，结果表明…]

構文2
"先用塑料袋包装，然后装入纸盒内"
「まず～して、それから…する」
自由作文：[先～，然后…]

構文3
"由于使用了塑料袋包装，每件雨衣完全可陈列于商店的橱窗，而且美观，这样定将有利于货物的销售"
「～することで…になり、そうすることできっと×××になる」
自由作文：[由于～，…，这样定将×××]

课文 II　　　　　　　包装磋商函

广东美的**微波炉**制造有限公司：
　　贵公司9月13日关于"**美的**"牌家用KD23C-AP型微波炉的报价函已收到。我公司对该产品的质量、价格、**支付条件**、交货日期等均无异议，但在该产品的包装上有一些建议和要求。
　　我公司希望将原包装的普通纸箱包装改成硬纸盒包装，纸箱内部**塑料架板**不变。在运输时，同样将**产品外包**改用硬纸盒包装箱，防止**长途运输**对产品造成的

破坏，方便顾客携带。
　　望鼎力合作，谢谢。

江苏汇银家电连锁经营有限公司
XXXX 年 9 月 18 日

§ 基本語句

微波炉 wēibōlú ：電子レンジ
"美的"牌 "Měidì" pái：
　　「美的（Midea）」ブランド
支付条件 zhīfù tiáojiàn：支払条件
塑料架板 sùliào jiàbǎn ：プラスチック板
产品外包 chǎnpǐn wàibāo：製品の外側包装
长途运输 chángtú yùnshū：長距離輸送

§ 日訳！慣用表現データベース

均无异议　　　（　　　　　　　　　　　　　　）
该产品　　　　（　　　　　　　　　　　　　　）
方便顾客携带　（　　　　　　　　　　　　　　）
望鼎力合作　　（　　　　　　　　　　　　　　）

重要構文の練習

構文 4
"我公司对该产品的质量、价格、支付条件、交货日期等均无异议"
　「弊社は～に対していずれも異議ありません」
自由作文：[我公司对～均无异议]

構文 5
"我公司希望将原包装的普通纸箱包装改成硬纸盒包装"
　「～を…に改めることを希望します」
自由作文：[希望将～改成…]

総合練習

[一] 下の（ ）から適当な語句を選んで、下線部を埋めなさい。

（包装　磋商　改进　加固　损坏　异议　防止　携带　要求　条款）

1. 如果您对此_____存有异议，请尽快联系本公司。
2. 贵方进行货物接收时，请务必_____装运单据。
3. 我厂提高了该批号药品的包装精度，减少破损，_____污染。
4. 我厂已对本次需要托运的货物的外包装进行了_____，便于长途运输。
5. 如在产品托运过程中造成产品的遗失、_____，由承运人负赔偿责任。
6. 若贵公司对我方产品某方面有_____，请来函告知。
7. 我方希望就产品的托运问题与贵方进行_____。
8. 我公司一向注重产品质量，不断_____生产技术，提高品质。
9. 我公司的产品在_____后，都会自动打印上条形码。
10. 我厂的货物包装符合进行多次搬运装卸的_____。

[二] 日本語に訳しなさい。

1. 为了保证货物的安全和运输的方便，我们希望将硬质纸箱改为木制箱。
2. 我方对贵方的产品质量、价格、支付条件、交货日期等均无异议，只是对包装有特别要求。
3. 我们高兴地通知你方，除了包装条款以外，订单中所列其余条款我们均能接受。
4. 本公司建议能修改该类货物的包装方法，以避免今后同类事件再次发生。
5. 我公司建议将产品外包改用硬纸盒包装箱，以防长途运输对产品造成的破坏。

第 2 单元　商贸洽谈类

第 7 课　运输通知函

（輸送通知書）

輸送通知書は発送期日、輸送車両ナンバー、添付関係書類などを説明し、買い手が貨物受領手続をしやすいようにする商用文書です。
　一般的には、以下の内容を説明します。
　相手側の注文ナンバー、貨物の品種と数量、包装状態、発送時間と到着予想時間、発送形式、発送地点と発送車ナンバー、輸送費および保険金支払い方式、発送書類の名称と部数。

课文 I　　　　　　　　装运通知函

新飞电器有限公司：

　　根据贵公司XXXX年7月12日订单（号码9045），我方已于XXXX年7月16日交付托运，将60箱新飞节能灯管装上由河南至山东的集装箱，预计2月内到达。

　　60箱新飞节能灯管的包装箱上都有 ※ 标志。

　　兹随函附寄下列装运单据，以便贵公司顺利提货：

（1）××号货运提单一份；
（2）××号装箱单一份；
（3）××号保险单一份；
（4）××号检验单一份；
（5）××号发票一张。

　　我们期望货品能够安全及完整无缺地抵达目的地。非常感谢贵公司的大力支持，希望继续友好往来！

光源事业部
XXXX年7月18日

§ 基本語句

装运 zhuāngyùn　　　　　：（タイトル）発送
号码 hàomǎ　　　　　　　：番号、ナンバー
节能灯管 jiénéng dēngguǎn：省エネ蛍光灯
集装箱 jízhuāngxiāng：コンテナ
检验单 jiǎnyàndān　：検査証明書
发票 fāpiào　　　　　：送り状、インボイス

§ 日訳！慣用表現データベース

交付托运　（　　　　　　　　　　　　　　　　　　　　　　　　　　　）
有※标志　（　　　　　　　　　　　　　　　　　　　　　　　　　　　）
随函附寄　（　　　　　　　　　　　　　　　　　　　　　　　　　　　）
顺利提货　（　　　　　　　　　　　　　　　　　　　　　　　　　　　）
完整无缺地（　　　　　　　　　　　　　　　　　　　　　　　　　　　）
抵达目的地（　　　　　　　　　　　　　　　　　　　　　　　　　　　）

重要構文の練習

構文1

"根据贵公司XXXX年7月12日订单（号码9045），我方已于XXXX年7月16日交付托运"

「～の注文書に基づき、我が方はすでに…に運送を委託しました」

自由作文：[根据～订单，我方已于…交付托运]

構文2

"兹随函附寄下列装运单据，以便贵公司顺利提货"

「ここに…しやすくするために～を添えてお送りします」

自由作文：[兹随函附寄～，以便…]

课文 II　　　　　　　　　　装运通知函

爱德华先生：

　　我非常高兴通知您，您6月6日信函中所附订单的全部货物，现已由贸易王子号运出，该船已于昨日离开上海，将于8月9日抵达亚历山大港。

　　货物运到亚历山大后将遵嘱由贝伦公司安排一切交货事宜，我们已经向他们强调，货物为您所急需。

　　兹附上提单和发票，以及我们的佣金、费用账单。我方已通知供应商，由您直接和他们结账。

　　我们希望能尽快获知货物已安全而顺利地到达，以及货物令您满意。

康华公司

XXXX年6月12日

7 运输通知函

§ 基本語句

遵嘱 zūnzhǔ ：言いつけを守る　　佣金 yòngjīn　　　　：コミッション
事宜 shìyí　：事柄、件　　　　　账单 zhàngdān　　　：計算書
提单 tídān　：船荷証券　　　　　供应商 gōngyìngshāng：サプライヤー

§ 日訳！慣用表現データベース
　　已于昨日离开～　（　　　　　　　　　　　　　　　　　　　　）
　　向～强调　　　　（　　　　　　　　　　　　　　　　　　　　）
　　和～结账　　　　（　　　　　　　　　　　　　　　　　　　　）
　　安全而顺利地　　（　　　　　　　　　　　　　　　　　　　　）

🌿 重要構文の練習 🌿

構文3
"全部货物，现已<u>由</u>贸易王子号运<u>出</u>"
　「～は…によって運び出される」
　自由作文：[～由…运出]

―――――――――――――――――――――――――――――――

構文4
"我们已经向他们强调，货物<u>为</u>您<u>所</u>急需"
　「～は…に×××される」
　自由作文：[～为…所×××]

―――――――――――――――――――――――――――――――

総合練習

[一] 下の（　）から適当な語句を選んで、下線部を埋めなさい。

（装运　交付　预计　标志　提货　遵嘱　事宜　结账　抵达　随函）

1. 据悉，王子号货轮将于8月9日_____亚历山大港。
2. 我方货物已于今日发出，_____2日内送达贵公司指定交货地点。
3. 现_____附上贵方所订货物清单及详细说明书。
4. 该批货物共分1万箱包装，每个箱子上均有我公司的包装_____。
5. 如贵方对该产品还有何疑问，可通过电子邮件向我方了解相关_____。
6. 我方将_____合同要求在规定时间内将货物安全运到目的地。
7. 为方便贵方能够准时_____，我方提前三天将货物由火车运往北京。
8. 贵公司收到货物后，可直接向供应商_____。
9. 请贵公司务必携带_____单据，以便查收货物。
10. 贵公司第15号订购函所订皮鞋2000双，我公司已于10月8日_____托运，一周后到达上海。

[二] 日本語に訳しなさい。

1. 随函附寄下列单据，以便贵公司在货物抵达时顺利提货。
2. 我们相信，该寄售产品会完整无缺运达，并令贵方完全满意。
3. 为了使您的货物准时到达，我们提前三天即将货物由火车运到上海。
4. 为使贵方卸货方便，特作下列包装处理。
5. 为了防止此货物与其他货物混淆，每箱上均标有★标记。

第8课　推销产品函

（商品セールスプロモーションレター）

第3单元　商品业务类

　　商品セールスプロモーションレターは顧客に製品をセールスする際に使用される業務文書で、製品の特長を際立たせ、見た者の購買意欲を刺激するように使用保証期間、無料試用、価格の合理性などを提示するものです。

课文 I　　　　　　　　　　　产品推销函

尊敬的顾客：

　　只要一通电话，我们就可以帮您解决关于送礼的烦恼。

　　我们公司**专营**各式**即时可用**的**礼盒**，随时为您的客户、供应商、**同事**、朋友以及家人**量身定做**最佳的礼品。您可以通过我们的目录选购或是请我们的包装造型专家为您设计专门的礼盒。

　　我们6月份精选礼盒的适用时机包括：

- 恭喜致贺　　・感谢您的帮忙
- 父亲节　　　・毕业
- 生日　　　　・周年纪念
- 庆祝聚会　　・新生婴儿
- 退休　　　　・早日康复

我们的服务：

- 不限数量。从1盒到1万盒全部欢迎订购。
- 不限种类。从简单实惠到豪华富丽，我们的礼盒**一应俱全**，**任您选择**。
- **送货上门**。我们大多数的礼盒都有两小时送达的**快递服务**。

　　请拨打021-68965467联络我们，让我们帮您把所有特别的日子**装点**得更加特别。

奥奇礼品公司

销售部经理　张达利

XXXX年5月6日

§ 基本語句
　专营 zhuānyíng：専門に扱う　　　　**同事** tóngshì　　　：同僚
　即时 jíshí　　　：すぐに　　　　　　**快递服务** kuàidì fúwù：宅配サービス
　礼盒 lǐhé　　　：ギフト　　　　　　**装点** zhuāngdiǎn　　：飾り付ける

§ 日訳！慣用表現データベース
　送礼的烦恼　（　　　　　　　　　　　　　　　　　　　　　　　　）
　即时可用　　（　　　　　　　　　　　　　　　　　　　　　　　　）
　量身定做　　（　　　　　　　　　　　　　　　　　　　　　　　　）
　一应俱全　　（　　　　　　　　　　　　　　　　　　　　　　　　）
　任您选择　　（　　　　　　　　　　　　　　　　　　　　　　　　）
　送货上门　　（　　　　　　　　　　　　　　　　　　　　　　　　）

重要構文の練習

構文1
"只要一通电话，我们就可以帮您解决关于送礼的烦恼"
　「～しさえすれば、…だ」
　自由作文：[只要～，就…]

構文2
"请我们的包装造型专家为您设计专门的礼盒"
　「～に、あなたのために…してくれるよう頼みます」
　自由作文：[请～为您…]

構文3
"让我们帮您把所有特别的日子装点得更加特别"
　「あなたが～を…にＶするお手伝いをさせてください」
　自由作文：[让我们帮您把～Ｖ得…]

课文 II　　　　　　　　减价推销函

尊敬的顾客：
　　我很高兴宣布本店的**酬宾**大减价活动将于11月2日举行。当日**展销**各种电器产品，例如电视机、摄像机、数码相机、音响、空调、冰箱**等**。当日也是**推旧**

8 推销产品函

出新的日子。如果您想买最便宜的东西，令家居变得更舒适，就别错过这一天的盛事。这是我们酬谢顾客十五年来支持的一次好机会。

1．保证所有货品有七折至九折优惠；
2．每购物一件都可得到赢取一万元巨奖的机会；
3．所有新款的电器都可分期付款。

届时只要亲临本店，无需购物也是乐趣。

星光电器城
XXXX 年 10 月 27 日

附：促销资料

§ 基本語句

减价 jiǎnjià ：（タイトル）値引き
推销 tuīxiāo ：（タイトル）セールスプロモーション
酬宾 chóubīn ：バーゲンする
展销 zhǎnxiāo：展示即売
推旧出新 tuī jiù chū xīn：新機軸を打ち出す
酬谢 chóuxiè ：お礼をする
新款 xīnkuǎn ：新型
届时 jièshí ：当日

§ 日訳！慣用表現データベース

例如～等 （　　　　　　　　）　　赢取～的机会（　　　　　　　　　）
别错过 （　　　　　　　　）　　分期付款 （　　　　　　　　　）
七折至九折优惠（　　　　　　　　）　　无需购物 （　　　　　　　　　）

重要構文の練習

構文 4
"如果您想买最便宜的东西，令家居变得更舒适，就别错过这一天的盛事"
「もし～したければ、…しないように」
自由作文：[如果您想～，就别…]

構文 5
"每购物一件都可得到赢取一万元巨奖的机会"
「～ごとに…するチャンスが得られる」
自由作文：[每～都可得到…的机会]

32

総合練習

[一] 下の（ ）から適当な語句を選んで、下線部を埋めなさい。

（推销　专营　时机　选购　量身定做　一应俱全　宣布　酬谢　亲临　保证）

1. 我公司是目前全球最大的运动品牌_____店。
2. 我们_____本次优惠大酬宾定会让您高兴而来满意而归。
3. 为庆祝开业五周年，我店特举行优惠活动_____新老顾客。
4. 我店经营各类环保灯具，千款商品_____。
5. 我公司新推出一款专为老年人_____的"老年手机"。
6. 本店新进男女皮鞋，款式新颖，价格优惠，望新老客户前来_____。
7. 本酒店_____于12月1日正式开业，欢迎大家届时光临。
8. 中秋佳节到来之际，正是您订购礼品，馈赠亲人的大好_____。
9. 店庆当天只要您_____本店，就会获得一张由我店送出的会员卡。
10. 如果您已经厌倦了超市工作人员的不停_____，请登录我公司的购物网站来体验一下网上购物的乐趣吧。

[二] 日本語に訳しなさい。

1. 我公司随时为新老客户量身定做各类皮鞋。
2. 我公司专营减肥产品及器材，您可以通过我们的产品目录选购您所需要的。
3. 如果您现在或今后对我们的产品和服务感兴趣，请拨打我们的电话01219348293。
4. 请亲临我们的商店，您会有意外惊喜。
5. 我们正在接受新产品的订单，交货将从10月1日开始。

第 3 单元　商品业务类

第 9 课　催款函

（支払督促書）

督促書とは、買い手側が貨物を受け取ったのち期限が過ぎても代金を支払わない場合に、売り手側がすぐに支払いをするよう注意を喚起する書簡を指します。そこでは支払いの滞りで考えられる理由、期限、金額、送り状のナンバー、相手側責任部門のフルネームを明記し、なおかつ、処理方法に関する意見や提案を行います。

课文 I　　　　　　　　　催款通知函

友谊百货公司：

　　贵方于 XXXX 年 9 月 2 日向我公司订购斗士牌男女**牛皮鞋** 2000 双，货款金额合计肆拾万元，发票编号为 ××。可能由于贵公司业务**过于繁忙**，或者一些其他**因素**，以致**忽略承付**。故**特致函提醒**，请尽快**将货款结算完毕**，我厂**银行账号** ××。若**逾期超过 10 天**，则按照你我双方协议中的**有关规定**，**加收 2‰ 的罚金**。

　　贵公司如有特殊情况，请收函后即与我厂财务处李美联系。电话：02089689677，邮编：510113，地址：广州市北京路 86 号。

　　特此函告，望速办理！

广州金顺鞋业公司
XXXX 年 11 月 15 日

§ 基本語句

催款 cuīkuǎn　：（タイトル）支払の督促　　　**银行账号** yínháng zhànghào：銀行口座番号
牛皮鞋 niúpíxié：牛革の靴　　　　　　　　　　**有关规定** yǒuguān guīdìng ：関連規定
因素 yīnsù　　：要因、要素

§ 日訳！慣用表現データベース

　过于繁忙　　　　（　　　　　　　　　　　　　　　　　　　　　　　）
　忽略承付　　　　（　　　　　　　　　　　　　　　　　　　　　　　）
　特致函提醒　　　（　　　　　　　　　　　　　　　　　　　　　　　）
　将贷款结算完毕　（　　　　　　　　　　　　　　　　　　　　　　　）

逾期超过 10 天　　（　　　　　　　　　　　　　　　　　　　　）
加收～罚金　　　　（　　　　　　　　　　　　　　　　　　　　）
特此函告　　　　　（　　　　　　　　　　　　　　　　　　　　）
望速办理　　　　　（　　　　　　　　　　　　　　　　　　　　）

重要構文の練習

構文 1

"可能由于贵公司业务过于繁忙，或者一些其他因素，以致忽略承付"
「たぶん～のせいで…したのだろう」
自由作文：[可能由于～，以致…]

構文 2

"若逾期超过 10 天，则按照你我双方协议中的有关规定，加收 2‰的罚金"
「もし～したら、…する」
自由作文：[若～，则…]

構文 3

"按照你我双方协议中的有关规定，加收 2‰的罚金"
「～の関連規定に照らして…する」
自由作文：[按照～有关规定，…]

课文 II　　　　　催款函

华美公司：

　　我社为贵公司出版的《×××》依合同规定，今年 7 月 9 日前贵公司应付清书款，书款金额共计玖万元。5 月份我社根据贵公司的要求，在你公司未付款时给予发票并寄书 1500 本。但该项书款至今未付，已逾期 15 天。现请速付清上述书款，便于财务 7 月入账并开展工作。

　　烦请合作，以免造成不必要的经济损失和法律纠纷。

　　特此函达。

科学出版社

XXXX 年 7 月 25 日

§ 基本語句
合同 hétong ：契約
共計 gòngjì ：合計
入账 rùzhàng ：帳簿に記入する、経理処理する
造成 zàochéng ：
　（よくないことを）引き起こす、もたらす
法律纠纷 fǎlǜ jiūfēn ：法律トラブル

§ 日訳！慣用表現データベース
付清书款　　（　　　　　　　　　　　　　　　　　）
至今未付　　（　　　　　　　　　　　　　　　　　）
请速付请　　（　　　　　　　　　　　　　　　　　）
财务7月入账（　　　　　　　　　　　　　　　　　）
烦请合作　　（　　　　　　　　　　　　　　　　　）
特此函达　　（　　　　　　　　　　　　　　　　　）

重要構文の練習

構文4
"依合同规定，今年7月9日前贵公司应付清书款"
「〜の規定に基づき…だ」
自由作文：［依〜规定，…］

構文5
"现请速付清上述书款，便于财务7月入账并开展工作"
「…しやすくなるよう、ここに〜をお願いします」
自由作文：［现请〜，便于…］

構文6
"烦请合作，以免造成不必要的经济损失和法律纠纷"
「〜しないよう、ご協力をお願いします」
自由作文：［烦请合作，以免〜］

✿ 総合練習 ✿

[一] 下の（ ）から適当な語句を選んで、下線部を埋めなさい。

（合计　繁忙　承付　提醒　逾期　加收　付清　完毕　规定　纠纷）

1. 若货款未能及时送到，贵方可_____2‰的补偿金。
2. 鉴于此前双方合作关系良好，我们不愿看到任何_____的发生。
3. 贵方业务_____，疏忽大意在所难免，故致函提醒，敬请执行结算。
4. 特致函_____贵公司，敬请结算未付款项。
5. 贵公司已_____20天仍未支付款项，严重影响了我公司的资金周转。
6. 请速_____款项，以免影响双方合作关系。
7. 我公司从贵方订购手机2000部，_____金额四万元。
8. 我方定会按照双方协议，将货款在_____期限内打入贵公司账户。
9. 可能由于贵方事务过于繁忙，以致忽略_____工程尾款。
10. 我公司货款已结算_____，划入中国工商银行广中支行账号，请注意查收。

[二] 日本語に訳しなさい。

1. 如有特殊情况，请及时与我公司财务处赵华联系。
2. 望贵方及时付款，以免造成不必要的麻烦。
3. 逾期按银行规定，加收千分之二的罚金。
4. 也许因为贵公司业务较繁忙，或者一些其他因素，至今我公司还未收到货款。
5. 按原合同规定，贵公司应先预付款，我厂才发货。

第 3 单元　商品业务类

第 10 课　投诉及处理函
（苦情申し立てと処理書）

苦情申し立て書は買い手側が苦情を申し立てる書簡です。多くは、サプライヤーが貨物を誤発送したり、品質が悪かったり、貨物が破損していたり、予定の期日に到着しない、請求価格が高すぎかつ勝手に価格を改竄しているなどの原因によります。
　　苦情処理書は顧客の苦情に対する返信で、処理方法を提案する書簡です。サプライヤーは苦情書を受け取ったのち、態度を明確にし、対処法を提案しなければいけません。

课文 I　　　　　　　　　　　投诉函

美美窗帘厂：
　　敝公司 3 月 20 日收到贵厂送抵的窗帘材料。经仔细检查后，敝公司对其质量表示惊讶及失望，因该等材料与贵厂寄来的样品肯定不相称。其中若干质料质量极劣，敝公司认为在配货时一定发生差错。
　　这些材料并不适合我客户需要，敝公司除了要将来货退回贵厂，更换所需材料外，实别无他法。如果不能更换的话，敝公司只有请求取消订单。
　　敝公司并无麻烦贵厂之意，如贵厂能换货的话，敝公司准备答允给予交货时间从贵厂证实能供应该等良好质料货物之日起计。盼复！

　　　　　　　　　　　　　　　　　　　　　　　　诚信装潢公司
　　　　　　　　　　　　　　　　　　　　　　　　XXXX 年 3 月 25 日

§ 基本語句

投诉 tóusù　　　：（タイトル）苦情
窗帘 chuānglián　：カーテン
敝公司 bìgōngsī　：弊社
配货 pèihuò　　　：貨物を集配する

更换 gēnghuàn　　：取り換える
答允 dāyǔn　　　 ：応諾する
装潢 zhuānghuáng：装飾

§ 日訳！慣用表現データベース

　经仔细检查后　　（　　　　　　　　　　　　　　　　　　　　）
　惊讶及失望　　　（　　　　　　　　　　　　　　　　　　　　）
　与～不相称　　　（　　　　　　　　　　　　　　　　　　　　）

质量极劣　　　　（　　　　　　　　　　　　　　　　　　　　　）
发生差错　　　　（　　　　　　　　　　　　　　　　　　　　　）
适合客户需要　　（　　　　　　　　　　　　　　　　　　　　　）
将来货退回贵厂　（　　　　　　　　　　　　　　　　　　　　　）
并无麻烦贵厂之意（　　　　　　　　　　　　　　　　　　　　　）

重要構文の練習

構文 1
"除了要将来货退回贵厂，更换所需材料外，实别无他法。"
「～するほかに全く手立てがない」
自由作文：[除了～外，实别无他法]

構文 2
"如果不能更换的话，敝公司只有请求取消订单。"
「もし～ならば、弊社は…するしかない」
自由作文：[如果～的话，敝公司只有…]

構文 3
"从贵厂证实能供应该等良好质料货物之日起计"
「～の日から数える」
自由作文：[从～之日起计]

课文 II　　　　　　　　投诉处理函

诚信装潢公司：
　　贵公司 3 月 25 日来函收悉。贵公司不满意敝厂第 54 号订单所供应的窗帘材料，**甚感歉意**！
　　照贵公司所述，在我们配货时，**有可能出现错误**。现在**安排**敝厂的黄先生，在本周稍后拜会贵公司，把所供应的材料与贵公司所订的材料作一比较。
　　如发现选货错误，贵公司肯定可以把货物**换回**。**无论如何**，敝厂愿意换回该

批材料。如我方**无法**供应所需货品，**只好**取消订单。敝厂再次对此事给您造成的不便深感抱歉！

　　　顺颂

商祺！

美美窗帘厂
XXXX 年 3 月 28 日

§ 基本語句

安排 ānpái	：手配する	该批材料 gāi pī cáiliào	：当該ロット
换回 huànhuí	：取り換える	无法～ wúfǎ～	：～するすべがない
无论如何 wúlùn rúhé	：いずれにせよ	只好～ zhǐhǎo～	：～するしかない

§ 日訳！慣用表現データベース

甚感歉意　　　（　　　　　　　　　　　　　　　　　　　　　　）
照贵公司所述　（　　　　　　　　　　　　　　　　　　　　　　）
有可能出现错误（　　　　　　　　　　　　　　　　　　　　　　）
稍后拜会贵公司（　　　　　　　　　　　　　　　　　　　　　　）

❧ 重要構文の練習 ❧

構文 4
"把所供应的材料与贵公司所订的材料作一比较"
　「～を…と比べる」
自由作文：[把～与…作一比较]

構文 5
"敝厂再次对此事给您造成的不便深感抱歉"
　「～は…について改めて深くお詫びする」
自由作文：[～再次对…深感抱歉]

総合練習

[一] 下の（ ）から適当な語句を選んで、下線部を埋めなさい。

（质量　表示　相称　退回　更换　取消　歉意　选货　不便　证实）

1. 我对所购买的贵公司的产品_____非常失望。
2. 请贵公司接受我方所_____的有缺陷产品，望及早处理为盼。
3. 经我方检查，贵厂所发产品型号与合同所订的型号并不_____。
4. 我们对由此为贵公司造成的不便深表_____。
5. 望贵公司尽快对这台有质量问题的冰箱进行修理或_____。
6. 如贵方无法接收我方的赔偿建议，我们只好_____贵方订单。
7. 若_____贵方所言属实，我方一定会原价赔偿。
8. 由于我们工作疏忽而给您带来的_____，我公司会承担相应的责任。
9. 如发现是由于我方_____错误而给贵方造成的损失，我方定当进行补偿。
10. 针对贵方信中提出的货物_____与样品不符一事，我方立即进行了调查。

[二] 日本語に訳しなさい。

1. 因所收到的货物与样品不符，本公司特要求退货，实别无他法。
2. 请安排一包替换品，并于5月31日前送到。
3. 这给我们造成了极大的不便。请确保此类事件不再发生。
4. 最近敝店收到不少有关贵公司出产的圆珠笔的投诉。
5. 望贵公司速派人前往解决，否则将寻求法律解决。

第 11 课　索赔及理赔函

（損害賠償請求書と損害清算書）

第 3 单元　商品业务类

損害賠償請求書と損害清算書は損害賠償請求と損害清算事案の処理および解決に用いられます。

損害賠償請求書は、取引の一方が、相手方が契約で規定している権利や義務を履行していないかあるいは正しく履行していない、と認識した場合に相手側に提出する、損害賠償あるいはその他の権利を要求する書面です。損害清算書は損害を蒙った側が提出した損害賠償請求に対する損害賠償請求書を受け取った側の返書です。

课文 I　　　　　索赔函

广东红木家具公司：

　　贵公司按我公司第 19 号订购单销售的红木家具，已于 8 月 10 日运抵本公司。但我们在验收货物时，发现 10%的红木家具接口处有破裂现象。很明显，这是由于包装不妥造成的。因此，我们无法以原价售出货物。建议贵方依照发票金额给予 20%的折扣，这是我们所建议降低的售价额度。如果贵方无法接受，我们将不得不退货，要求替换。

　　现将检验证明书附上，烦请早日赔偿为盼。

瑞宝贸易有限公司
XXXX 年 8 月 15 日

　　附：检验证明书
　　　　共破损 10 套
　　　　检验费 2000 元

§ 基本語句

索赔 suǒpéi	：（タイトル）賠償請求	
红木 hóngmù	：紫檀	
运抵 yùndǐ	：配達される	
本公司 běngōngsī	：わが社	
验收 yànshōu	：受け入れ検査をする	
接口处 jiēkǒuchù	：継ぎ目	
额度 édù	：規定額	
退货 tuìhuò	：返品する	
检验证明书 jiǎnyàn zhèngmíngshū	：検査証明書	
附上 fùshàng	：同封する	

§ 日訳！慣用表現データベース

| 很明显　（　　　　　　　　　） | 以原价售出（　　　　　　　　　　　） |
| 包装不妥（　　　　　　　　　） | 要求替换　（　　　　　　　　　　　） |

❦ 重要構文の練習 ❦

構文1
"这是由于包装不妥造成的"
「これは〜によって生じたことだ」
自由作文：[这是由于〜造成的]

___

構文2
"依照发票金额给予20%的折扣"
「〜に照らして…の値引きをする」
自由作文：[依照〜给予…的折扣]

___

構文3
"烦请早日赔偿为盼"
「お手数ですが〜していただければと存じます」
自由作文：[烦请〜为盼]

___

❦ 课文Ⅱ ❦　　　　理赔函

瑞宝贸易有限公司：

　　贵公司8月15日函收悉。所提19号订购单项下红木家具部分接口有破裂一事，已引起我方关注。经向有关生产单位了解，出厂家具完全符合合同要求，并经检验合格。至于部分接口破裂，是由我方在出仓时搬运不慎造成的。对你方的损失，我们深表歉意。我方同意给予按发票金额20%的折扣赔偿。

　　这件事的发生给我公司的管理工作敲响了警钟，我公司将在运输管理中进一步强化责任意识，杜绝此类事件的再次发生。

　　特此函复。

广东红木家具公司
XXXX年8月18日

11

索赔及理赔函

§ 基本語句

理赔 lǐpéi ：（タイトル）補償処理、損害清算
出厂 chūchǎng ：出荷
部分 bùfen ：一部の
出仓 chūcāng ：出庫
折扣 zhékòu ：値引きする
管理工作 guǎnlǐ gōngzuò：管理業務

§ 日訳！慣用表現データベース

订购单项　　　　　（　　　　　　　　　　　　　　　　　　　　）
有关生产单位　　　（　　　　　　　　　　　　　　　　　　　　）
完全符合合同要求　（　　　　　　　　　　　　　　　　　　　　）
搬运不慎　　　　　（　　　　　　　　　　　　　　　　　　　　）
给予～的折扣赔偿　（　　　　　　　　　　　　　　　　　　　　）
杜绝～的再次发生　（　　　　　　　　　　　　　　　　　　　　）
特此函复　　　　　（　　　　　　　　　　　　　　　　　　　　）

❧ 重要構文の練習 ❧

構文 4

"所提 19 号定购单项下红木家具部分接口有破裂一事，已引起我方关注"
「ご指摘の～の件は…の関心を寄せるところとなっております」
自由作文：[所提～一事，引起…关注]

構文 5

"经向有关生产单位了解，出厂家具完全符合合同要求"
「～から知ったところでは、…だそうだ」
自由作文：[经向～了解，…]

構文 6

"这件事的发生给我公司的管理工作敲响了警钟"
「～は…に警鐘を鳴らした」
自由作文：[～给…敲响了警钟]

❧ 総合練習 ❧

[一] 下の（ ）から適当な語句を選んで、下線部を埋めなさい。

（不妥　附上　赔偿　建议　破裂　引起　检验　强化　杜绝　不慎）

1. 现_____说明材料一份，以利于贵方对产品进行更好的保养。
2. 我公司定当采取措施，_____员工的质量和责任意识。
3. 既然问题责任在我方，我公司一定会承担相应的_____责任。
4. 我公司将从此案中吸取教训，以_____再次发生类似事件。
5. 我方当然同意贵方_____，依照发票金额给予10%的折扣。
6. 这是由于我公司管理不善而_____的，我们表示诚挚的歉意。
7. 我方对贵公司发来的玩具进行了_____，发现了近20%的次品。
8. 由于货物包装_____而造成的严重磨损现象，请贵方及时拿出解决方案。
9. 冰箱无法制冷，是因为您没有按照说明书而造成的操作_____引起的。
10. 经我方仔细调查，贵方接收到的受污染食品是运输途中包装_____造成的。

[二] 日本語に訳しなさい。
1. 显而易见，灯具损坏是由包装不妥所造成的。
2. 故特向贵方提出不符合质量标准的货物按降低原成交价的30%来处理。
3. 现随函附上第115号商检报告，望早日解决这一问题。
4. 信中提到部分玻璃茶具的质量与样品不符一事，我方立即进行了调查，发现是由于装箱时误装了部分二等品。这是我方工作的疏忽，对此，我们深表歉意。
5. 请贵公司提供家具受损的具体数字，以及检验证明书，我方将按实际损失给予赔偿。

第12课 工作计划
(業務計画)

第4単元 企業事務類

　一定時間内にある業務を完成させるため、明確な目標任務と着実に実行できる措置を決める必要があるときは業務計画を用います。業務計画には、任務と指標、措置と方法、組織の具体化、その計画を完成させる決意表明などをはっきりと書き込まなければなりません。

课文 I　　　　XXXX年酒店销售工作计划

　为增加酒店业绩，现就本酒店XXXX年销售工作制定如下计划。
　一．建立酒店营销公关联络网。
　1．建立完善的客户档案，对宾客进行分类建档，详细记录客户的所在单位、联系人姓名、地址、全年消费金额及给该单位的折扣等。
　2．建立与保持同重要客户的业务联系。除了日常定期和不定期对客户进行销售访问外，在重大节假日，通过电话、发送信息等平台为客户送去我们的祝福。
　二．建立灵活的激励营销机制。
　1．XXXX年，酒店营销部将制订并完善XXXX年市场营销部销售工作计划及业绩考核管理实施细则，激发营销人员的积极性。
　2．督促营销代表，通过各种方式争取团体和散客客户，并在拜访中及时了解宾客意见及建议，反馈给有关部门。
　3．强调团队精神，将酒店部门经理及营销代表的工薪发放与整个部门总任务相结合，营造一个和谐、积极的工作氛围。
　三．密切合作，主动协调。
　酒店各个部门要做好业务结合工作，充分发挥酒店整体营销活力，创造最佳效益。同时，加强与有关新闻媒介等单位的关系，充分利用多种广告形式宣传酒店，努力提高酒店知名度。

§ 基本語句

公关 gōngguān	：広報、PR	**节假日** jiéjiàrì	：祝祭日
档案 dàng'àn	：記録資料	**平台** píngtái	：場、ツール
所在单位 suǒzài dānwèi	：所属する職場	**业绩考核** yèjì kǎohé	：業績審査
销售访问 xiāoshòu fǎngwèn	：セールス訪問	**散客客户** sǎnkè kèhù	：個人客

整个部门 zhěnggè bùmén ：部門全体　　最佳效益 zuìjiā xiàoyì：最良の効果

§ 日訳！慣用表現データベース
如下计划　　　　　　（　　　　　　　　　　　　　　　　　　　）
分类建档　　　　　　（　　　　　　　　　　　　　　　　　　　）
发送信息　　　　　　（　　　　　　　　　　　　　　　　　　　）
激励营销机制　　　　（　　　　　　　　　　　　　　　　　　　）
激发积极性　　　　　（　　　　　　　　　　　　　　　　　　　）
及时了解　　　　　　（　　　　　　　　　　　　　　　　　　　）
反馈给～　　　　　　（　　　　　　　　　　　　　　　　　　　）
营造和谐的工作氛围　（　　　　　　　　　　　　　　　　　　　）

重要構文の練習

構文 1
"建立与保持同重要客户的业务联系"
「～との業務関係を V_1 し V_2 する」
自由作文：[V_1 与 V_2 同～的业务联系]

構文 2
"通过电话、发送信息等平台为客户送去我们的祝福"
「～を通じて…のために×××を送る」
自由作文：[通过～为…送去×××]

構文 3
"将酒店部门经理及营销代表的工薪发放与整个部门总任务相结合"
「～を…と結びつける」
自由作文：[将～与…相结合]

课文 II　　　　XXXX 年个人工作计划

　　为了进一步提高自己的业务能力，特制定 XXXX 年工作计划如下：
　1. 严格执行公司各项规章制度，以诚信为本，提升服务形象。

2. 把"要我服务"转变为"我要服务"。带着"多学习，多沟通，积极主动"的态度，深入到与客户沟通、处理客户投诉等各项工作中去。

3. 增强责任感，提高服务效率。积极主动地把工作落到实处。坚持不懂就问、不明白就学的态度，与同事多合作。

4. 加强过程管理。即时反馈客户投诉，并填写客户投诉处理报告。每周对客户投诉情况进行统计分析。每月月底将客户投诉以月报形式上报给上级领导。

展望XXXX年，我会更加认真负责地做好本职工作，树立公司在客户心目中的良好形象。

刘华

XXXX 年 2 月 10 日

§ **基本語句**

规章制度 guīzhāng zhìdù ：规则制度　　月底 yuèdǐ ：月末
过程管理 guòchéng guǎnlǐ：プロセス管理　　上级领导 shàngjí lǐngdǎo：上司
统计分析 tǒngjì fēnxī ：統計的分析

§ **日訳！慣用表現データベース**

以～为本　　　（　　　　　　　　　　　　　　　　　）
提升～形象　　（　　　　　　　　　　　　　　　　　）
与客户沟通　　（　　　　　　　　　　　　　　　　　）
把工作落到实处（　　　　　　　　　　　　　　　　　）
不懂就问　　　（　　　　　　　　　　　　　　　　　）
填写处理报告　（　　　　　　　　　　　　　　　　　）
做好本职工作　（　　　　　　　　　　　　　　　　　）
树立良好形象　（　　　　　　　　　　　　　　　　　）

重要構文の練習

構文 4

"为了进一步提高自己的业务能力，特制定 XXXX 年工作计划如下"
「～するために、特に以下のごとく…を定める」
自由作文：[为了～，特制定…如下]

構文5
"每周对客户投诉情况进行统计分析"
「～に対して…を行う」
自由作文：[对～进行…]

構文6
"每月月底将客户投诉以月报形式上报给上级领导"
「～を…という形で×××に報告する」
自由作文：[将～以…形式上报给×××]

総合練習

[一] 下の（ ）から適当な語句を選んで、下線部を埋めなさい。

（制定　反馈　营造　协调　效益　效率　转变　展望　本职　提升）

1. 请及时将顾客意见_____给有关部门。
2. 为了追求更高的_____，酒店特制定本计划。
3. 良好的团队合作是提高工作_____的基础。
4. 为拓展市场，务必_____与客户之间的关系。
5. 为了更符合消费者的要求，我们要_____新的销售计划。
6. 在一个团队中，_____和谐、温馨的氛围十分重要。
7. 我公司将定期开展品牌宣传及产品推广活动，以_____品牌形象。
8. 企业原有的观念并没有真正_____，在企业运作中仍沿用原有的思维模式。
9. 为顾客提供优质的服务，是酒店工作人员的_____工作。
10. 特写此计划，简单回顾过去一年的工作情况，并对明年的工作进行_____。

[二] 日本語に訳しなさい。
1. XXXX年，销售工作仍将是我们公司的工作重点。
2. 在领导和同事们的帮助和指导下，我在工作上取得了一些进步。
3. 根据我部门目前的状况和发展目标，经研究后，制订了以下的工作计划。
4. 本年度我将不断加强业务学习，努力完成销售任务。
5. XXXX年，本部门继续以诚信为本，保证按时完成各项工作任务。

第 4 单元　企业事务类

第 13 课　工作总结

（業務総括）

　総括とは、過去の一定のプロセスにおける業務・生産・学習などの成績と教訓を振り返り、深く分析し、経験と教訓を総括し、筋道の通った認識を得るよう努め、今後の業務に生かしていく事務文書です。総括の中には、基本状況・経験教訓・今後の取り組みなどが明記されていなければなりません。

课文 I　　　　　　　XXXX 年个人工作总结

　　XXXX 年，在领导和同事们的悉心关怀和指导下，通过自身的不懈努力，我在工作上取得了进步，但也存在一些不足。回顾过去的一年，现将工作总结如下：

一．工作中取得的收获

1．初步熟悉商场物业管理基本知识，做好本职工作。
2．配合办公室其他同事开展各项日常工作，并每日跟进商场。
3．在上级领导的指导下，负责跟进商场活动，令活动顺利完成。

二．工作中存在的不足

1．对各部门的工作情况缺乏全面具体的了解，从而影响到相关工作的进行。
2．业务不够熟练，办事效率不够快，对领导的意图领会不够到位等。

　　XXXY 年我将继续发扬顾客至上的精神，努力扭转服务不到位的情况，给顾客一个舒适的购物环境。我相信凭着自己高度的责任心和自信心，一定能在 XXXY 年做出更好的工作成绩。

李云

XXXX 年 12 月 20 日

※ "XXXY 年" は "XXXX 年" の翌年を表しています。

§ 基本語句

总结 zǒngjié　：（タイトル）総括	办事效率 bànshì xiàolǜ　：事務効率
熟悉 shúxi　：熟知する	到位 dàowèi　：あるべき形に収まる
商场 shāngchǎng　：ショッピングモール	顾客至上 gùkè zhìshàng　：お客様第一
办公室 bàngōngshì：オフィス	工作成绩 gōngzuò chéngjì：業務成績

§ 日訳！慣用表現データベース
在～的悉心关怀和指导下　（　　　　　　　　　　　　　　　　　）
通过～不懈努力　　　　　（　　　　　　　　　　　　　　　　　）
取得了进步　　　　　　　（　　　　　　　　　　　　　　　　　）
将工作总结如下　　　　　（　　　　　　　　　　　　　　　　　）
影响到～　　　　　　　　（　　　　　　　　　　　　　　　　　）
对～领会不够到位　　　　（　　　　　　　　　　　　　　　　　）
继续发扬～精神　　　　　（　　　　　　　　　　　　　　　　　）
扭转～的情况　　　　　　（　　　　　　　　　　　　　　　　　）

重要構文の練習

構文1
"配合办公室其他同事开展各项日常工作"
「～と協力して…業務を展開する」
自由作文：[配合～开展…工作]

構文2
"对各部门的工作情况缺乏全面具体的了解"
「～に対して…という理解が欠けている」
自由作文：[对～缺乏…的了解]

構文3
"我相信凭着自己高度的责任心和自信心，一定能在XXXY年做出更好的工作成绩"
「～をよりどころにして、必ずや…できる」
自由作文：[凭着～，一定能…]

课文Ⅱ　　XXXX年东苑房地产开发公司年终工作总结

　　XXXX年，我公司在新管理方针的指引下，全体职工团结一致，开拓进取，圆满完成了年初制定的各项工作目标。现将全年的工作情况总结如下：
　　一．各项工作的完成情况
　1．经营指标的完成情况：全年新开发建筑面积约1.5万 m²，其中商业街占

7300 m², 竣工**楼房** 3 栋（33#、34#、35#），竣工面积 9000 m²。

　　2．房屋销售经营情况：全年销售房屋 120 套，销售面积 9327 m²，销售收入 1062 万元，**销售率** 85%。

　　3．宣传措施的转型情况：初步完成了**网站系统**，这样既节约了宣传经费，又扩大了公司的社会影响力。

　　二．存在的问题

　　1．各项工作制度不健全，管理水平不高。

　　2．各**分公司**的市场开拓意识还不强，围着公司转的经营模式仍没有改观。

　　三．XXXY 年发展战略

　　1．转变观念，认清形势。应从**长远利益**和**整体利益**出发，不断增强职工的**自豪感**和**向心力**。通过网络广泛搜集市场信息，做到知己知彼。

　　2．加大开发力度，制定长远规划。加快旧城改造建设，抢抓短、平、快项目。

　　总之，要认清形势的严峻性，掌握好市场的发展趋势，才能使我们在竞争日益激烈的市场中立于不败之地。

东苑房地产开发公司
XXXX 年 12 月 10 日

§ 基本語句

指引 zhǐyǐn	：手引き	**长远利益** chángyuǎn lìyì	：長期の利益
楼房 lóufáng	：ビル	**整体利益** zhěngtǐ lìyì	：全体の利益
销售率 xiāoshòulǜ	：販売率	**自豪感** zìháogǎn	：誇り
网站系统 wǎngzhàn xìtǒng	：ウェブサイトシステム	**向心力** xiàngxīnlì	：求心力
分公司 fēngōngsī	：支店		

§ 日訳！慣用表現データベース

圆满完成　　（　　　　　　　　　　　　　　　　　　　　）
初步完成　　（　　　　　　　　　　　　　　　　　　　　）
围着公司转　（　　　　　　　　　　　　　　　　　　　　）
认清形势　　（　　　　　　　　　　　　　　　　　　　　）
知己知彼　　（　　　　　　　　　　　　　　　　　　　　）
加大～力度　（　　　　　　　　　　　　　　　　　　　　）
日益激烈　　（　　　　　　　　　　　　　　　　　　　　）
立于不败之地（　　　　　　　　　　　　　　　　　　　　）

重要構文の練習

構文 4

"从长远利益和整体利益出发，不断增强职工的自豪感和向心力"
「～から出発して、絶えず…を強化する」
自由作文：[从～出发，不断增强…]

_____

構文 5

"通过网络广泛搜集市场信息"
「～を通して幅広く…を集める」
自由作文：[通过～广泛搜集…]

_____

総合練習

[一] 下の（ ）から適当な語句を選んで、下線部を埋めなさい。

（不懈　回顾　效率　扭转　发扬　转变　指引　健全　规划　认清）

1. 为了创造更好的效益，我们要_____消极的工作态度。
2. 在新管理条例的_____下，相信我们明年能够取得更大的成功。
3. 许多工作我都是第一次接触，以致工作不熟练，工作_____有待进一步提高。
4. 公司职工应继续_____顾客至上的精神，为顾客创造一个舒适的购物环境。
5. 今年我公司的利润明显下降，为了_____这种不利局面，我们要认真总结教训。
6. 在过去一年中，通过所有工作人员_____的努力，公司取得了巨大的进步。
7. 要想占有更大的市场份额，我们必须_____目前国内外市场的形势。
8. 从我们的业绩来看，我们已经实现了过去一年所制定的近期_____。
9. 我公司今年将建立_____的销售网络体系。
10. _____这半年来的工作，现将工作总结如下。

[二] 日本語に訳しなさい。

1. 在公司领导及各位同事的支持与帮助下，我较好地完成了自己的本职工作。
2. 本公司一直以诚信、专业、高效的态度服务客户，在业界树立了良好的形象。
3. 作为客服部一员，应从顾客需求出发，不断提高自己的服务水平。
4. 现将自己过去一年的工作情况总结如下。
5. 我将继续发扬顾客至上的精神，在ＸＸＸＸ年做出更好的工作成绩。

第14课　会议纪要

（会議議事録）

第4单元　企业事务类

議事録は、会議の状況や議決事項を記載したり伝達するときに用いられるもので、要約されかつ議決された内容を伝え、審査と実用にも耐えなければなりません。議事録は会議の基本的な状況・議題・摘要・決議や呼びかけ・期待などを明確に記載しなければなりません。

课文 I

荣兴公司周例会会议纪要
（XXXX 年 3 月份第二次）

XXXX 年 3 月 13 日，荣兴公司在东方花园**会所召开**了 XXXX 年第八次周例**会会议**。会议**由**办公室马云助理**主持**。

与会人员：李华、周民、俞晓梅、华峰、赵硕、王海

缺席人员：吴昕、刘涛

记录人：李扬

会议纪要如下：

一．会议**通报**了上周公司营业收入情况，公寓部分累计收入完成全年预算的 19.63%，会所部分累计收入完成全年预算的 12.88%。

二．针对东方花园会所**健身**客人丢失手机一事，会议特别要求各部门完善**监控**设施，加强安全监控。

三．会议提出由**企划部**李经理**牵头**，在五月前**理顺**会所各类流程，**规范管理**。

四．会议要求各部门**负责人**要充分了解**员工**动态，并**及时上报**公司**领导**。

公司办公室

XXXX 年 3 月 13 日

§ 基本語句

周例会 zhōulìhuì	：（タイトル）週例会	**监控** jiānkòng	：（監視カメラによる）監視
会所 huìsuǒ	：クラブ	**企划部** qǐhuàbù	：企画部
与会人员 yùhuì rényuán	：出席者	**牵头** qiāntóu	：先頭に立つ、リーダーになる
通报 tōngbào	：報告する	**负责人** fùzérén	：責任者
健身 jiànshēn	：フィットネス	**员工** yuángōng	：従業員

§ 日訳！慣用表現データベース

召开会议　　（　　　　　　　　　）　规范管理　　　（　　　　　　　　　　）
由～主持　　（　　　　　　　　　）　及时上报领导（　　　　　　　　　　）
理顺各类流程（　　　　　　　　　）

重要構文の練習

構文1

"针对东方花园会所健身客人丢失手机一事，会议特别要求各部门完善监控设施，加强安全监控"

「～の件に対し、会議は特に…することを求める」

自由作文：[针对～一事，会议特别要求…]

構文2

"由企划部李经理牵头，在五月前理顺会所各类流程"

「～がリーダーになって…を合理化する」

自由作文：[由～牵头，理顺…]

课文Ⅱ　　　　　业主座谈会会议纪要

时间：XXXX 年 7 月 23 日

地点：花园城小区物业办公室

参加人员：花园城小区业主代表16人、开发商代表2人、瑞祥物业公司经理。

会议由业主代表集中反映了小区亟待解决的一些问题，并责成开发商同瑞祥物业公司就以下问题在两周内予以答复。问题如下：

1．二期野蛮施工对一期业主造成严重的伤害，必须给予补偿。
2．二栋前的垃圾站没有按照售房时的承诺搬迁。
3．各单元电路存在问题，经常莫名跳闸。
4．停车位出售政策不合理。
5．物业公司违规收取装修管理费。
6．客户服务部从未召集过业主座谈会。

　　　　　　　　　　　　　　　　　　　　　　　　花园城业主委员会

　　　　　　　　　　　　　　　　　　　　　　　　XXXX 年 7 月 23 日

14　会议纪要

§ 基本語句

业主 yèzhǔ	：（タイトル）区分所有者	搬迁 bānqiān	：移動
小区 xiǎoqū	：居住区	单元 dānyuán	：居住区ユニット
物业 wùyè	：不動産	电路 diànlù	：電気回路
开发商 kāifāshāng	：デベロッパー	停车位 tíngchēwèi	：駐車スペース
责成 zéchéng	：責任を持ってやらせる	装修 zhuāngxiū	：改装
垃圾站 lājīzhàn	：ゴミステーション	客户服务部 kèhù fúwùbù	：顧客サービス部
承诺 chéngnuò	：公約、約束		

§ 日訳！慣用表現データベース

集中反映（　　　　　　　　　）　　造成伤害（　　　　　　　　　　　　　）
亟待解决（　　　　　　　　　）　　给予补偿（　　　　　　　　　　　　　）
予以答复（　　　　　　　　　）　　莫名跳闸（　　　　　　　　　　　　　）
野蛮施工（　　　　　　　　　）　　违规收取（　　　　　　　　　　　　　）

重要構文の練習

構文3
"由业主代表集中反映了小区亟待解决的一些问题"
　「～が…という問題を集中的に訴えた」
　自由作文：[由～集中反映了…的问题]

構文4
"就以下问题在两周内予以答复"
　「～という問題について…以内に回答する」
　自由作文：[就～问题在…内予以答复]

構文5
"二期野蛮施工对一期业主造成严重的伤害"
　「～が…に対して×××を引き起こした」
　自由作文：[～对…造成×××]

総合練習

[一] 下の（　）から適当な語句を選んで、下線部を埋めなさい。

（通報　提出　牵头　动态　理顺　上报　反映　亟待　责成　召集）

1. 会议提出此项活动由销售部_____进行。
2. 总经理在会议上对销售部所取得的成绩_____了表扬。
3. 人事主管要求各部门管理人员关注员工的业绩_____。
4. 销售部经理在会议中_____了上个月的销售业绩。
5. 张经理在会议中提出各部门要在下月前_____各类业务流程。
6. 会议强调每月月底要将顾客反馈意见及时_____给上级主管。
7. 会议决定将于下月初_____各部门工作人员开展服务争优活动。
8. 会议提出了在生产过程中_____解决的几个问题。
9. 会议决定追究有关人员责任，并_____其做出解释与赔偿。
10. 此次会议集中_____了业主对物业管理不规范的不满。

[二] 日本語に訳しなさい。

1. 总经理主持了会议，并通报了近两个月来的生产经营工作。
2. 这次软件开发由设计部王经理牵头，将于九月中旬设计完毕。
3. 我们已经责成物业公司改正违规收费行为，退还违规金额。
4. 会议提出要对如下几个问题予以重视。
5. XXXX年11月29日下午15时，由公司王经理主持召开了管理工作会议。

第 4 单元　企业事务类

第 15 课　市场调查问卷与报告

（市場調査アンケートと報告）

マーケット情報を得るためにアンケート式市場調査を行うときは、アンケートの基本設計が必要になります。そこには、調査の意義と目的、被調査者の基本的状況、調査内容の具体的項目、アンケートのやり方の手引き、アンケートのナンバリングなどがはっきり記載されていなければなりません。関連市場のマーケティング資料について系統的に収集・記録・分析を行い、現実の市場と潜在的市場を知り、結論を導きたいときは市場調査報告を使います。そこには、調査の根拠・状況・結論、さらに取るべき措置と提案が明記されていなければなりません。

课文 I　　大学生网上购物市场调查问卷

　　为了了解在校大学生对网购的需求，为网上开店提供参考，淘宝网特地展开了此次调查活动。希望您在百忙之中抽出宝贵时间完成这份市场调查问卷。

1．您是否听说或接触过网上购物？（　　）
　说明：如果您选择"A"或者"B"选项，请只回答第2、3题
　　A．从来没听说过　　　　　B．听说过但没有接触过
　　C．偶尔在网上购买物品　　D．经常在网上购买物品
2．您没有网购经历的原因是什么？（　　）
　　A．网购流程太复杂　　B．网购不安全　　C．其他
3．如果您没有网购经历，那么您接下来会考虑尝试网购吗？（　　）
　　A．会　　B．可能会　　C．不会
4．您经常登陆哪个购物网站？（　　）
　　A．淘宝　　B．易趣　　C．拍拍　　D．当当　　E．其他
5．你选择网上购物的理由是什么？（　　）
　　A．节省时间、节约费用　　B．操作方便　　C．寻找稀有商品
　　D．出于好奇、有趣　　　　E．追求时尚
6．在网上购物你经常选择的产品？（　　）
　　A．图书　　B．服装　　　　C．化妆品
　　D．礼品　　E．数码产品　　F．食品

7．您在网上购物的**频率**？（　　）
　　A．每周一次　　　　B．**平均每月一次**
　　C．平均每季一次　　D．平均每年一次
8．您对网上购物是否信任？（　　）
　　A．非常信任　　B．信任　　　　　C．一般
　　D．不信任　　　E．非常不信任
9．您在网上购物遇到的主要困难是什么？（　　）
　　A．商品描述不清楚　　　B．品种类和网站**数目**太多
　　C．界面复杂，不易操作　D．网站速度太慢　E．**结算**方式
感谢您的热情相助！

淘宝商城
XXXX 年 5 月 10 日

§ 基本語句

网上购物 wǎngshàng gòuwù：
　（タイトル）ネットショッピング
市场调查问卷 shìchǎng diàochá wènjuàn：
　（タイトル）市場調査アンケート
网购 wǎnggòu："网上购物"の略
选项 xuǎnxiàng：選択肢

偶尔 ǒu'ěr　　　　　　：たまたま
稀有商品 xīyǒu shāngpǐn：珍しい商品
化妆品 huàzhuāngpǐn　：化粧品
频率 pínlǜ　　　　　　：頻度
数目 shùmù　　　　　　：数
结算 jiésuàn　　　　　：支払、決済

§ 日訳！慣用表現データベース

对～的需求　　　　　（　　　　）	节省时间　　　　　（　　　　）
为～提供参考　　　　（　　　　）	节约费用　　　　　（　　　　）
特地展开　　　　　　（　　　　）	操作方便　　　　　（　　　　）
在百忙之中抽出时间　（　　　　）	追求时尚　　　　　（　　　　）
登陆～网站　　　　　（　　　　）	平均每月一次　　　（　　　　）

课文 II　　　　　大学生网上购物调查报告

一．调查方案
　　在复旦大学大一、大二、大三年级的学生中分别**抽取**容量为 22、22、16 的**样本**进行问卷调查。

二．调查结果分析

1．通过样本调查，**得到**以下数据：大一学生样本中有9人进行网购，在该层中的比例为40.90%；大二的有15人，占该层的68.18%；大三的有11人，占该层的68.75%。

2．在没有网购经历的同学中，有近50%的同学认为网购不安全，而在有过网购行为的同学中有97%的同学觉得网购值得信任。另外，在前者中有92%的人会尝试网购。

3．在网购人群中，因为节约费用而选择网购的占62%，还有一部分同学是出于好奇和寻找**新奇商品**而选择网购。

4．在众多的购物网站中，有48.57%的网购者会把网站商品是否齐全作为他们选择购物网站的**主要标准**。其中，有87.3%的同学选择在淘宝购物。

5．网购产品中，**数码产品**位居榜首，占37.7%；其次是服装和图书，分别占27.8%和19.6%。相比之下，由于食品的特殊性，几乎无人在网上购买食品。

6．有42%的同学每季网购一次，每月一次和每年一次的同学分别占总体的25.8%和27.5%。还有4.7%的同学平均每周一次。

7．在网购过程中，最主要的困难是商品描述不清楚，达到45%；其次是商品数目繁多和网站太多，占21%。

三．调查结果总结

通过上述的调查报告，说明大学生在网上购物还不是很普及，但有很大的潜在发展空间。阻碍他们网购的主要是安全因素，只要网购值得信任，一定会吸引更多的学生开始网购。另外，网上商品种类具有一定的**局限性**，网购还需要优化购物体系。

§ **基本語句**

得到~ dédào~ ：～を得る
新奇商品 xīnqí shāngpǐn ：珍しい商品
主要标准 zhǔyào biāozhǔn：主な基準
数码产品 shùmǎ chǎnpǐn：デジタル製品
局限性 júxiànxìng ：限界

§ 日訳！慣用表現データベース

抽取样本（　　　　　　　　） 相比之下 （　　　　　　　　　　）
值得信任（　　　　　　　　） 几乎无人 （　　　　　　　　　　）
位居榜首（　　　　　　　　） 优化～体系（　　　　　　　　　　）

重要構文の練習

構文 1
"出于好奇和寻找新奇商品而选择网购"
「～という点から…を選ぶ」
自由作文：[出于～而选择…]

構文 2
"每月一次和每年一次的同学分别占总体的 25.8% 和 27.5%"
「AとBはそれぞれ全体の～と…を占めている」
自由作文：[A 和 B 分别占总体的～和…]

総合練習

[一] 下の（ ）から適当な語句を選んで、下線部を埋めなさい。

（展开　参考　样本　比例　抽取　数据　调查　局限　普及　潜在）

1. 本次将随机_____1000 名群众作为调查样本。
2. 本次市场调查主要以大学生为_____。
3. 此次调查的目的是为研制新口味产品提供有效的市场_____。
4. 喜爱巧克力口味冰淇淋的消费者_____为 60%。
5. 为了能给顾客提供更好的服务，我公司特_____此次市场调查。
6. 调查表明，多功能的高档手机在年轻人中已经非常_____了。
7. 本次_____的目的在于研究大学生对网络资源的利用率。
8. 调查数据显示虽然手机技术已经非常发达，但是仍存在一定的_____性。
9. 拥有精确的客户资料，意味着营销时可实现对_____目标顾客群的准确把握。
10. 我们对所获得的_____进行分析，得出结论：学生手机市场潜力巨大。

[二] 日本語に訳しなさい。

1. 美的冰箱在 XXXX 年第一季度的品牌关注中比例为 7.7%。
2. 汽车工业是上海的第一支柱产业，有很大的发展空间。
3. 调查显示，有 86.3% 的被访者认为车是家庭生活必需品。
4. 通过了解大学生手机使用情况，为手机销售商和制造商提供参考。
5. 网络不再仅仅是工作和学习的重要工具，更成为人们休闲娱乐的工具之一。

第5单元　宣传推介类

第16课　企业简介
（会社案内）

> 会社案内は企業の自己PR用文書で、主に、企業の名を広め、より広範囲の協力・成長を模索するためのものです。その中には、企業の沿革・規模・業務範囲・企業理念・経営上の特色・サービスモットー・発展目標などが含まれます。

课文 I　　　　　　　　广州富佳服装公司简介

广州富佳服装公司由香港达利集团投资创建于1995年，是一家集设计、**研发**、生产、销售为一体的公司。经过多年**潜心经营**，**屡获**"广东省服装百强企业"、"中国**名牌**"、"国家**免检产品**"**等荣誉称号**。

公司**注册资本**7223万元，资金规模1.2亿元，年销售服装200万件，连续多年销售收入过亿元。为保证优质的产品质量和企业**持续发展**，公司**通过**了ISO9001：2008国际质量环境管理标准**认证**，使管理水平**与国际接轨**。

广州富佳服装公司以专业的队伍、严谨的管理，一直**致力于**打造时尚品牌女装，并以**信誉至上**服务于顾客。现本着质量第一、信誉至上的宗旨，与全球广大**客商携手共进**、**互惠互利**，**共创美好未来**！

§ 基本語句

研发 yánfā	：研究開発	**通过** tōngguò	：合格する、パスする
名牌 míngpái	：有名ブランド	**致力于～** zhìlìyú~	：～に努力する
免检产品 miǎnjiǎn chǎnpǐn	：検査免除製品	**客商** kèshāng	：お客様企業
注册资本 zhùcè zīběn	：登録資本金		

§ 日訳！慣用表現データベース

潜心经营　　　　　（　　　　　　　　　　　　　　　　　　　　　　　）
屡获～等荣誉称号　（　　　　　　　　　　　　　　　　　　　　　　　）
持续发展　　　　　（　　　　　　　　　　　　　　　　　　　　　　　）
通过～认证　　　　（　　　　　　　　　　　　　　　　　　　　　　　）
与国际接轨　　　　（　　　　　　　　　　　　　　　　　　　　　　　）
打造时尚品牌　　　（　　　　　　　　　　　　　　　　　　　　　　　）

信誉至上	（	）
服务于顾客	（	）
携手共进	（	）
互惠互利	（	）
共创美好未来	（	）

✤ 重要構文の練習 ✤

構文1

"广州富佳服装公司<u>由</u>香港达利集团<u>投资创建于</u>1995年"

「～が投資して…に設立した」

自由作文：[由～投资创建于…]

構文2

"是一家<u>集</u>设计、研发、生产、销售<u>为一体的</u>公司"

「A、B、C、Dを集めて1つにした～」

自由作文：[集A、B、C、D为一体的～]

構文3

"<u>本着</u>质量第一、信誉至上<u>的宗旨</u>，与全球广大客商携手共进"

「～というモットーに基づいて…する」

自由作文：[本着～的宗旨…]

课文 II　　　　　新颖网站策划公司简介

　　新颖网站策划公司成立于 2007 年，注册资金 80 万元，是哈尔滨市一家专业的网站策划公司。公司主要服务于中小企业，为其提供网站策划、网站设计制作建设、网络推广营销等服务。公司以"专注网站、用心服务"为核心价值，希望通过不懈努力，重塑中小企业网络形象，为企业产品推广、文化建设传播提供指导和帮助。

　　新颖网站一直秉承"诚信、专业、质量、创新"的经营理念，视质量为公司立足之本，以优质、用心的服务赢得了众多企业的信赖和好评。公司不仅提供专业的网站策划服务，还建立了完善的售后服务体系。我们相信，通过我们的不断努力和追求，一定能够实现与中小企业的互利共赢！

§ 基本語句

网站策划 wǎngzhàn cèhuà：
　（タイトル）ウェブサイトプランニング
哈尔滨市 Hā'ěrbīnshì　：ハルビン市
网站设计 wǎngzhàn shèjì：ウェブデザイン
核心价值 héxīn jiàzhí　：コアバリュー
立足之本 lìzú zhī běn　：立脚点
售后服务 shòuhòu fúwù：アフターサービス

§ 日訳！慣用表現データベース

用心服务　　（　　　　　　　）　　赢得了信赖和好评（　　　　　　　　　）
重塑企业形象（　　　　　　　）　　实现互利共赢　　（　　　　　　　　　）

重要構文の練習

構文 4
"视质量为公司立足之本"
　「〜を…と見る」
自由作文：[视〜为…]

構文 5
"公司不仅提供专业的网站策划服务，还建立了完善的售后服务体系"
　「〜であるだけでなく…だ」
自由作文：[不仅〜还…]

総合練習

[一] 下の（ ）から適当な語句を選んで、下線部を埋めなさい。

（潜心　打造　严谨　立足　称号　接轨　开拓　重塑　秉承　信赖）

1. 我公司获本年度"广东省诚信企业"荣誉_____。
2. 本企业树立了品牌意识，并不断实现与国际_____。
3. 本公司经长期_____经营，不断积累，现已发展成为国内外知名企业。
4. 本企业品质至上、诚信为本，迅速赢得了广大客户的_____。
5. 2008年，公司为了品牌国际化的快速发展，启动品牌_____工程，打造国际新风格。
6. 我公司一直_____个性化服务理念，为广大消费者提供系列特色服务。
7. 本公司所有员工以负责、认真、_____的态度为广大消费者提供一流的服务。
8. 本公司以_____男性服饰品牌为宗旨，服务于30岁以上的成功男士。
9. 澳柯玛在越南投资建设冰柜生产项目，将对_____东南亚市场产生重要的意义。
10. 本公司_____中国，面向全球，已形成集研发、制造、销售、服务为一体的现代化企业。

[二] 日本語に訳しなさい。
1. 我公司是一家集开发、设计、生产、销售为一体的现代化企业。
2. 本公司致力于高科技产品的研发、生产和销售。
3. 本着互惠互利、平等合作的原则，我公司与不少企业建立了合作关系。
4. 我公司一直秉承"诚信经营"的理念，为客户提供一流服务。
5. 我公司自创建以来，赢得了众多企业的信赖和好评。

16 企業簡介

第 5 单元　宣传推介类

第 17 课　商品广告

（商品の広告）

　　商品広告とは、企業が新聞・ラジオ・テレビ・貼り紙・ポスターなどの媒体を通して公にかつ広範囲に大衆に商品の特長やサービス内容を紹介することを指し、その目的は消費者の興味を喚起して販売を促進することです。

课文 I　　　　　　　新鲜服务　美菱快一步

　　新世纪，新美菱，新生活！
　　新鲜的美菱向您郑重承诺"新鲜服务，美菱快一步"的新服务理念，以新鲜的服务内容和崭新的服务形象让您倍感新鲜美菱的无穷魅力！为此，我们以"更新、更快、更人性化"为服务宗旨，奉献给您的将是一次次优质、快捷、专业的满意服务。
　　精确每一度　新鲜每一处
　　新鲜的　　　美菱的
　　美菱武汉经销处，电话：027-66595968，联系人：张明

§ 基本語句
　　为此 wèicǐ：それが故に
　　快捷 kuàijié：スピーディ
　　精确 jīngquè　　　：正確、綿密
　　经销处 jīngxiāochù：特約店、代理店

§ 日訳！慣用表現データベース
　　郑重承诺　（　　　　　　　　　　　　　　　　　　）
　　无穷魅力　（　　　　　　　　　　　　　　　　　　）
　　服务宗旨　（　　　　　　　　　　　　　　　　　　）
　　奉献给您～（　　　　　　　　　　　　　　　　　　）
　　满意服务　（　　　　　　　　　　　　　　　　　　）

❧ 重要構文の練習 ❧

構文 1
"<u>向</u>您<u>郑重承诺</u>'新鲜服务，美菱快一步'的新服务理念"
「～に…を固く約束する」
自由作文：[向～郑重承诺…]

___

構文 2
"<u>以</u>新鲜的服务内容和崭新的服务形象<u>让</u>您<u>倍感</u>新鲜美菱的无穷<u>魅力</u>！"
「～であなたに…の魅力をひとしお感じさせる」
自由作文：[以～让您倍感…的魅力]

___

❧ 课文 II ❧　　　　　　　用这种方法提神

> 轻松**能量**　来自××
> 　　都新世纪了，还在用这一杯苦咖啡来提神；你知道吗，还有更好的方式来帮助你<u>唤起精神</u>。<u>全新上市</u>的强化型××**功能**饮料**富含氨基酸**、**维生素**等多种**营养成分**，更添加了８倍**牛磺酸**，能**有效**<u>激活脑细胞</u>，<u>缓解视觉疲劳</u>，不仅可以<u>提神醒脑</u>，更能加倍呵护你的<u>身体</u>，<u>令</u>你随时拥有敏锐的判断力，<u>提高工作效率</u>。
> 　　迅速抗疲劳　激活脑细胞
> 　　www.xxxxxxx.com.cn

§ 基本語句

能量 néngliàng	：エネルギー	**维生素** wéishēngsù	：ビタミン
功能 gōngnéng	：機能	**营养成分** yíngyǎng chéngfèn	：栄養分
富含 fùhán	：豊富に含む	**牛磺酸** niúhuángsuān	：タウリン
氨基酸 ānjīsuān	：アミノ酸	**有效**～ yǒuxiào～	：効果的に～する

§ 日訳！慣用表現データベース

唤起精神　　（　　　　　　　　　　　　　　　　）
全新上市　　（　　　　　　　　　　　　　　　　）
激活脑细胞　（　　　　　　　　　　　　　　　　）
缓解疲劳　　（　　　　　　　　　　　　　　　　）
提神醒脑　　（　　　　　　　　　　　　　　　　）

加倍呵护身体（　　　　　　　　　　　　　　　　　　　　　）
令你～　　　（　　　　　　　　　　　　　　　　　　　　　）
提高工作效率（　　　　　　　　　　　　　　　　　　　　　）

重要構文の練習

構文3
"<u>还在用</u>这一杯苦咖啡<u>来</u>提神"
「まだ～で…している」
自由作文：[还在用～来…]

構文4
"<u>不仅可以</u>提神醒脑，<u>更能</u>加倍呵护你的身体"
「～できるだけでなく、さらに…できる」
自由作文：[不仅可以～，更能…]

総合練習

[一] 下の（ ）から適当な語句を選んで、下線部を埋めなさい。

（承诺　奉献　快捷　效率　宗旨　抗　敏锐　缓解　唤起　富含）

1. 维生素C具有_____疲劳的功效。
2. 华宇科技力求营造绿色环境，_____绿色产品。
3. 合适的护肤品能保养皮肤，_____皮肤压力。
4. 困倦时喝一杯咖啡能帮助你_____精神。
5. 我们公司的_____是做用户没有想到的，顾客第一，服务至上。
6. 好的习惯可以帮助我们提高工作_____。
7. 该保健品_____多种营养成分。
8. 蒙牛公司郑重_____，不合格的奶粉将全部召回。
9. 本公司以客户为核心，随时为客户提供方便、_____的服务。
10. 凭借_____的市场洞察力和强大的研发能力，我公司设计的产品赢得了广大消费者的青睐。

[二] 日本語に訳しなさい。

1. "精确每一度，新鲜每一处"是美菱冰箱的广告语。
2. 为保证服务质量，我公司郑重向社会做出了六项承诺。
3. 创新产品使我们感受到科技的无穷魅力。
4. 疲劳时喝一杯咖啡可以提神。
5. 本产品富含多种营养成分，能有效激活脑细胞。

第5单元　宣传推介类

第18课　产品说明书

（製品説明書）

製品説明書は製造者が消費者に使用製品の情報を紹介するときに使われる、正確で簡潔な説明文書です。そこには主に製品の性能・特長・用途・使用方法・ケア方法などが記載されています。

课文 I　　　　AAA 型调光护眼台灯说明书

　　AAA 型调光护眼台灯是我公司根据人的视觉功能设计的一种照明灯具，采用电感器调光**系统**，可**按不同需要**选择合适的亮度，使用方便，**安全可靠**。最大照度**符合**书写照明**要求**，照度**达到**国际上照明**标准**，**在一定程度上**能起到保护视力的作用。

　　使用说明：使用电压 220V/50Hz；**灯泡**功率，应选用 60W 为宜；调光**档次分为**四档；调光各档次实际功率：1W-25W-40W-60W；最高照度值＞10LX；**灯罩**上的小孔起散热作用，使用时**请勿蒙住**散热孔。

　　注意事项：产品出售后三年内发生质量问题，我公司负责实行"**三包**"；在产品外包装上贴有**激光**防伪标签。

　　全国**统一售价**：130 元整
　　联系电话：010-55667788
　　网址：http://www.yong999.com

§ 基本語句

台灯 táidēng	：（タイトル）デスクライト	请勿～ qǐng wù～	：～しないでください
系统 xìtǒng	：システム	蒙住 méngzhù	：覆う
灯泡 dēngpào	：電球	三包 sānbāo	：3つの保証
档次 dàngcì	：グレード、段階	激光 jīguāng	：レーザー
分为～ fēnwéi～	：～に分ける	统一售价 tǒngyī shòujià	：統一販売価格
灯罩 dēngzhào	：ランプシェード		

§ 日訳！慣用表現データベース

按不同需要（　　　　　　　　　）　　达到～标准　（　　　　　　　　　）
安全可靠　　（　　　　　　　　　）　　在一定程度上（　　　　　　　　　）
符合～要求　（　　　　　　　　　）　　起到～的作用（　　　　　　　　　）

重要構文の練習

構文 1

"AAA 型调光护眼台灯是我公司根据人的视觉功能设计的一种照明灯具"

「～はわが社が…に基づいて設計した×××だ」

自由作文：[～是我公司根据…设计的×××]

構文 2

"灯泡功率，应选用 60W 为宜"

「～は…するのがよい」

自由作文：[～应…为宜]

構文 3

"在产品外包装上贴有激光防伪标签"

「～には…ラベルが貼ってある」

自由作文：[在～上贴有…标签]

课文 II　　　　××空调 KF-26G 使用说明书

1. 电源电压不可**波动**太大（允许 ±10%的波动），且空调器应**专线**供电。
2. 有效使用**定时器**，可达到既节能又舒适的效果。
3. 房间门窗不可**频繁开关**，人员不可频繁进出，以免冷气损失。
4. 室内换气时可以**短暂**开窗，开窗时间一般不超过 10 分钟。
5. **空气过滤器**应定期清洗，否则**气流受阻**，造成风量不足，**室温升高**。
6. 睡眠时要调节温度，空调器可自动进行睡眠温度调节。
7. 空调器刚运转时为急速**降温**可将选择开关**调至高速档**，**待温度下降**后再调至中速、低速档。
8. 空调器室外**散热器**上**积灰**太多会使效率下降，应定期检查和清扫室外散热器。
9. 当感到空调器使用不理想时应查阅使用说明书，分析是否因**使用不当**而引起，查明原因后进行纠正。
10. 发现故障后不能**自行处理**时，可找原**安装**部门的专业**维修人员**解决，或

与公司当地服务人员联系，不可自行修理或找非专业人员检修。
　11．空调器不使用时应及时拔掉电源。
　12．空调器停机后必须待三分钟后再次启动，以保护压缩机。

§ 基本語句

波动 bōdòng	：変動	**降温** jiàngwēn	：温度を下げる
专线 zhuānxiàn	：専用線	**散热器** sànrèqì	：室外放熱機
定时器 dìngshíqì	：タイマー	**积灰** jīhuī	：埃がたまる
短暂 duǎnzàn	：短時間	**安装** ānzhuāng	：取り付け
空气过滤器 kōngqì guòlǜqì： 空気フィルター		**维修人员** wéixiū rényuán	：メンテナンススタッフ
		停机 tíngjī	：オフにする

§ 日訳！慣用表現データベース

频繁开关　（	）	待～后　（	）
气流受阻　（	）	使用不当（	）
室温升高　（	）	自行处理（	）
调至高速档（	）	拔掉电源（	）

❧ 重要構文の練習 ❧

構文 4
"可达到既节能又舒适的效果"
　「～でもあり…でもある」
　自由作文：[既～又…]

構文 5
"人员不可频繁进出，以免冷气损失"
　「…しないように～してはいけない」
　自由作文：[不可～，以免…]

構文 6
"空气过滤器应定期清洗，否则气流受阻，造成风量不足"
　「～すべきで、さもないと…してしまい、×××ということになる」
　自由作文：[应～，否则…，造成×××]

総合練習

[一] 下の（ ）から適当な語句を選んで、下線部を埋めなさい。

（查阅　频繁　标签　波动　达到　纠正　三包　以免　否则　故障）

1. 本冰箱正常工作时，电压_____允许在187-242V之间。
2. 使用电脑时，尽量不要_____地开机、关机。
3. 供顾客尝试的产品的外包装上，贴着醒目的"非卖品"_____。
4. 该产品_____行业标准，通过ISO9001质量体系认证。
5. 在产品使用过程中如遇到不解的地方，请_____说明书。
6. 若药品说明有差错，可向相关部门反映，我们会尽快_____。
7. 我公司承诺的_____是7天包退，15天包换，一年包修。
8. 注意：充电时间不要过长，_____影响电池寿命。
9. 使用手机时，最好将电池充满后使用，_____会缩短使用时间。
10. 电脑发生_____后，要找专业的维修人员来维修。

[二] 日本語に訳しなさい。

1. 使用前，请务必仔细阅读产品使用说明书。
2. 冰箱应定期清洗，否则会影响冰箱的使用。
3. 产品出售后两年内发生质量问题，我公司负责实行"三包"。
4. 本微波炉专为家庭加热和烹调食物而设计，不适用于工业和商业用途。
5. 因使用不当而引起的问题，应查明原因后进行纠正。

第6单元 发展规划类

第19课　商务策划书

（ビジネス企画書）

　　企画は今後生じるであろう事柄について当面の方針決定を行うものです。ビジネス企画書は、企業が、その当時の自身の内部資源や外部環境に対して行った分析を踏まえ、それを自社の現状や発展目標に結びつけ、次なる段階のビジネス活動に向けて全面的、詳細かつ稠密なプランや配置を創造的に行うものです。ビジネス企画書には、企画目標、その目標設定の根拠、実施プラン、効果測定などを明示する必要があります。

课文 Ⅰ　　天宇酒店 XXXX 年市场营销方案

　　在**即将来临的** XXXX 年，我们计划对我饭店的营销做出**一系列**的调整，吸引消费者到我店消费，提高我店**经营效益**。

　　一．市场环境分析

　　1．我店经营中存在的问题

　　（1）目标市场定位不合理。这是导致我酒店**效益不佳**的主要原因。我店所在的金桥区是一个消费水平较低的区，**居民**大部分都是普通职工。而我店一贯定位于中高档消费**群体**，价格相对较高，多数居民的收入水平尚不能接受。

　　（2）**新闻宣传力度不够**，市场知名度较小。

　　2．周围环境分析

　　尽管我区的整体消费水平不高，但我店的位置优越，交通方便，过往车辆很多，流动客人是一个潜在的消费群。我店比邻多所**高校**，仅商院就有万余名学生。如果我们可以提供适合学生的产品，以**低价位**吸引他们来我店消费，这**可谓**一个巨大的市场。

　　3．竞争对手分析

　　我店周围只有一些小餐馆，虽然在经营能力上不具备与我们竞争的实力，但其以**物美价廉**的低档菜吸引了大量的附近居民和学生。我店虽然设施和服务都不错，但由于市场定位错误，经营状况不理想，在市场中**处于劣势**。

　　4．我店优势分析

　　我店**硬件**设施良好，**资金雄厚**，而且有自己的停车场和大面积的可用场地。应充分利用我们的**品牌效应**，让消费者充分信任我们的餐饮。

§ 基本語句
　一系列 yíxìliè　　　　　　：一連の
　经营效益 jīngyíng xiàoyì　：経営効果
　居民 jūmín　　　　　　　：住民
　群体 qúntǐ　　　　　　　：層、グループ
　新闻宣传 xīnwén xuānchuán：メディアによる宣伝
　高校 gāoxiào　　　　　　：高等教育機関
　低价位 dījiàwèi　　　　　：低価格帯
　可谓～ kěwèi～　　　　　：～と言える
　硬件 yìngjiàn　　　　　　：ハードウエア
　品牌效应 pǐnpái xiàoyìng：ブランド効果

§ 日訳！慣用表現データベース
即将来临（　　　　　　　　）　物美价廉（　　　　　　　　　　　）
效益不佳（　　　　　　　　）　处于劣势（　　　　　　　　　　　）
力度不够（　　　　　　　　）　资金雄厚（　　　　　　　　　　　）

重要構文の練習

構文1
"<u>仅</u>商院<u>就</u>有万余名学生"
　「～だけでもう…ある（いる）」
自由作文：[仅～就有…]

___

構文2
"但<u>由于</u>市场定位错误，经营状况不理想，在市场中<u>处于劣势</u>"
　「～なので…という立場にいる」
自由作文：[由于～，处于…]

___

课文 II　　　天宇酒店XXXX年市场营销方案（续）

　　二．目标市场分析
　1．从现有顾客中获取更多顾客**份额**。**忠诚顾客**的消费，其支出是随意消费支出的两到四倍,而且随着忠诚顾客经济收入的提高或顾客单位本身业务的增长，其**需求量**也将进一步增长。
　2．赢得口碑宣传。**老顾客**的建议往往具有决定作用，他们的有力推荐往往比任何形式的广告更为奏效。
　　根据上述分析，**结合**当前市场状况，我们把主要目标顾客定位于**大众百姓**和附近的大学生及过往司机，在此基础上再吸引一些中高收入的消费群体。

三．市场营销策略

1．独特的文化是吸引消费者的**法宝**。我们把饭店定位于"百姓的高档酒店"，面向中低收入的百姓和附近的大学生，但却不意味把酒店的品位和产品质量降低。我们要提供给顾客价廉的优质餐饮和优质服务。

2．采用强势广告，以期引起"轰动效应"，建立知名度。

3．改变经营的菜系。模糊菜系的概念，只要顾客喜欢，我们可以做**大众菜**，也可以根据需要制作高档菜。这样可以给顾客更大的选择余地。

4．降低菜价吸引顾客。菜价在整体上下降，但也照顾了高消费顾客的要求。

5．为普通百姓和学生提供低价优质的**套餐**和**快餐**。套餐分不同的档次，吸引更多的人来消费。面向学生推出快餐，价格略高于学生食堂，但品质要高于食堂的大锅菜。

§ 基本語句

份额 fèn'é	：シェア	**大众百姓** dàzhòng bǎixìng	：一般大衆
忠诚顾客 zhōngchéng gùkè	：ご贔屓客	**法宝** fǎbǎo	：有効な決め手
需求量 xūqiúliàng	：需要量	**大众菜** dàzhòngcài	：大衆料理
老顾客 lǎogùkè	：馴染み客	**套餐** tàocān	：定食
结合~ jiéhé ~	：～をにらんで	**快餐** kuàicān	：ファストフード

§ 日訳！慣用表現データベース

赢得口碑宣传（　　　　　　　　　）　　　给顾客选择余地（　　　　　　　　　　　　）
引起轰动效应（　　　　　　　　　）　　　分不同的档次　（　　　　　　　　　　　　）

重要構文の練習

構文3
"比任何形式的广告更为奏效"
「いかなる～よりもっと…だ」
自由作文：[比任何～更为…]

構文4
"价格略高于学生食堂，但品质要高于食堂的大锅菜"
「値段は～よりちょっと高いが、品質は…より高い」
自由作文：[价格略高于～，但品质高于…]

総合練習

[一] 下の（ ）から適当な語句を選んで、下線部を埋めなさい。

（营销　定位　一贯　知名度　竞争　效应　雄厚　口碑　法宝　策略）

1. 正确的目标消费群体_____是扩大市场的基础。
2. 为了迎接激烈的竞争，我们需要制定详细的_____计划。
3. 质量与服务是赢得顾客至关重要的_____。
4. 为建立更高的_____，我公司需要推出更完善的宣传计划。
5. 物美价廉将成为我饭店与其他饭店_____的主要手段。
6. 本次广告宣传片要充分利用明星_____，选择家喻户晓的演艺明星。
7. 制定新的销售_____是我公司进一步扩大销售量的必要选择。
8. 优质的服务和先进的管理理念都将为我公司赢得良好的_____。
9. 我公司_____坚持"以人为本，与时俱进，不断创新"的企业文化和经营理念。
10. 我们的竞争对手凭借着_____的资金和先进的技术在市场上已占有相当大的份额。

[二] 日本語に訳しなさい。

1. 通过媒体的大力宣传，能达到扩大品牌影响力、展现企业形象的效果。
2. 我公司把该彩电定位为：机型新颖、低成本、高质量、国际流行型彩电。
3. 我公司策划了一系列公关活动，目的是扩大"华美"品牌知名度。
4. 随着中国经济的发展，中国汽车行业也得到了迅猛的发展。
5. 根据华美衬衫的品质、价格及消费对象，我公司应以杭州及邻近城市的消费市场为主攻目标。

第 6 单元　发展规划类

第 20 课　可行性研究报告

（フィージビリティ・スタディ報告）

　　フィージビリティ報告は関係企業が建設を目論むプロジェクトについて全面的に調査・分析・論証をして書き上げた、当該戦略あるいはプロジェクト実施の可能性・計画性に関する文書です。本文にはプロジェクトの概況、必要性、場所の選定と建設条件についての論証、建設プラン、環境保護、企業組織、実施計画と進度、投資見積もりと資金準備、総合評価と結論と提案などが含まれます。

课文 I　　××儿童早晚牙膏开发可行性报告

　　一、开发儿童早晚牙膏的必要性
　　1．类似产品使用习惯作**背景支撑**。成人有一天早晚刷两次牙的健康习惯、化妆品中**早霜**与晚霜的**成功启示**、感冒药品中的"白+黑"，儿童也需要一天早晚刷两次牙，只有这样才能保证**牙齿**的健康成长。并且，儿童正**处于**身体发育**阶段**，更应从小注意口腔卫生并**养成**良好**的习惯**。
　　2．儿童的牙齿早晚需要不同的呵护。儿童白天与夜晚牙齿具有完全不同的活动特征，白天更多使用牙齿，夜晚牙齿基本处于休眠状态。早晚牙膏使用不同的**配方**，产品具有不同的功能，能给予儿童牙齿全面与全天的保护。**且**"早晚"作为**核心诉求**，还没有牙膏生产企业明确提出，给××留下了较大的市场空间。

§ 基本語句

牙膏 yágāo	：練り歯磨き	**牙齿** yáchǐ	：歯
可行性报告 kěxíngxìng bàogào	：フィージビリティ報告	**配方** pèifāng	：配合
背景支撑 bèijǐng zhīchēng	：バックアップ	**且** qiě	：なおかつ
早霜 zǎoshuāng	：モーニングクリーム		

§ 日訳！慣用表現データベース

成功启示　　（　　　　　　　　　　　　　　　　　　　）
处于～阶段　（　　　　　　　　　　　　　　　　　　　）
养成～的习惯（　　　　　　　　　　　　　　　　　　　）
核心诉求　　（　　　　　　　　　　　　　　　　　　　）

重要構文の練習

構文1
"**只有**这样**才能**保证牙齿的健康成长"
「～であってこそ…できる」「～でなければ…できない」「…するには～でなければだめだ」
自由作文：[只有～才能…]

_____

構文2
"**还没有**牙膏生产企业**明确提出**"
「まだはっきり打ち出した～はない」
自由作文：[还没有～明确提出]

_____

课文 Ⅱ　　××儿童早晚牙膏开发可行性报告（続）

　　二、**差异化**使儿童早晚牙膏**致胜**
　　××儿童早晚牙膏，将两支不同原料配方、不同包装的牙膏**捆绑在一起**，形成一个独立的两支装包装，倡导儿童养成一天刷两次牙的好习惯，完全**有别于**传统的普通牙膏，必然会使儿童更**乐于接受**。
　　三、优势与劣势分析
　　1．优势分析。倡导了一天2次刷牙牙齿才健康的科学理念，增加了**一次性**购买量，**延缓了品牌转换周期**，能大大提升产品销售额；针对儿童牙齿在白天与晚上的不同需求特征，提出了**功效性**的解决方案。
　　2．劣势分析。这毕竟是一个新的理念，需要大量宣传才能让消费者了解并接受，如此必然使推广费用投入高，**导致价格偏高**，阻止大量低端消费群体。
　　四、项目可行性评价
　　早晚牙膏与普通儿童牙膏形成了鲜明的差异化，具备了有吸引力的独特**卖点**，**势必能吸引部分消费者的眼球**，**尤其是**中高收入的城市消费者。同时，由于早晚牙膏能提高一次性购买量与**使用次数**，从而**提升销售业绩**。因此，这是一个具有强大市场潜力的、可行性的新品开发项目。

20　可行性研究报告

§ 基本語句

差异化 chāyìhuà：差別化	卖点 màidiǎn：セールスポイント
致胜 zhìshèng：勝利する、成功する	势必 shìbì：必ず、きっと
一次性 yícìxìng：1回の	尤其是 yóuqí shì：とりわけ、特に
功效性 gōngxiàoxìng：効果的	使用次数 shǐyòng cìshù：使用回数

§ 日訳！慣用表現データベース

捆绑在一起　　（　　　　　　　　　　　　　　　　　　　　）
有别于～　　　（　　　　　　　　　　　　　　　　　　　　）
乐于接受　　　（　　　　　　　　　　　　　　　　　　　　）
延缓了转换周期（　　　　　　　　　　　　　　　　　　　　）
导致价格偏高　（　　　　　　　　　　　　　　　　　　　　）
吸引～的眼球　（　　　　　　　　　　　　　　　　　　　　）
提升销售业绩　（　　　　　　　　　　　　　　　　　　　　）

重要構文の練習

構文3
"针对儿童牙齿在白天与晚上的不同需求特征，提出了功效性的解决方案"
　［～に的を絞って…プランを提案した］
　自由作文：［针对～，提出了…方案］

総合練習

[一] 下の（ ）から適当な語句を選んで、下線部を埋めなさい。

（启示　支撑　诉求　倡导　方案　优势　功效　投入　可行性　开发）

1. 我公司针对消费者的问题，提出了较好的解决＿＿＿＿＿＿。
2. 本款面膜的优势是有较强的补水＿＿＿＿＿＿。
3. 王老吉等凉茶类饮料都是以"传统、健康"为核心＿＿＿＿＿＿。
4. 经过分析表明，本项目具有极大的＿＿＿＿＿＿。
5. 受到淘宝风波的＿＿＿＿＿＿，我公司认识到网络购物的风险管理才是核心竞争力。
6. 我店的＿＿＿＿＿＿主要体现在：位于黄金地段，利于吸引更多的消费者。
7. 类似的养生产品都以中国传统的孝敬老人为文化＿＿＿＿＿＿的。
8. 新技术的使用可以在很大程度上减少成本＿＿＿＿＿＿。
9. 市场上现有的维生素类药品实质上是＿＿＿＿＿＿消费者注重合理、健康的饮食。
10. 我公司存在的主要问题是对东北亚市场的＿＿＿＿＿＿力度还不够。

[二] 日本語に訳しなさい。

1. 中国地产中介缺乏诚信，给21世纪外资中介发展留下了巨大市场空间。
2. 我公司将竭诚为广大中小企业提供在上海地区的销售代理服务。
3. 我公司7月的销售面积比去年同期下跌7%，与6月高达80%的增速形成鲜明对比。
4. 从目前的牙膏市场来看，儿童牙膏的包装明显有诸多不够完善的地方。
5. 好的包装能抬高产品的身价，使消费者愿意出较高的价格购买。

第 6 单元　发展规划类

第 21 课　招标书

（入札案内書）

　　入札案内書（"招标书"）は中国語で"招标公告""投标邀请书"とも言い、入札企業や事業部門が優れた請負業者を選定するために、そのプロジェクトの状況を紹介し、一定の手順を踏むのに使われ、なおかつ対外的に公表される入札項目・範囲・内容・条件・基準などを説明した公開・告示用文書です。この文書には入札の内容・条件・方式（公開入札・内部入札・指名競争入札）・入札範囲・入札時間・入札場所・入札手順などの具体的要項、双方の契約調印における原則、入札のプロセスにおける権利と義務、組織の責任者、その他の注意事項が明示されています。

课文 I　　办公自动化设备招标书

　　一．**投标资格**要求

　　投标人必须提供企业法人**营业执照**和**税务登记证复印件**（复印件**加盖单位公章**）；企业法人证书；法人**亲笔签名**的**授权委托书**（本人参加除外）；投标人单位**介绍信**；投标人**身份证原件**及复印件。

　　二．招标文件售价：每份 100 元人民币，售后不退（外地投标人可在**开标截止时间前**，**现场报名**并交纳招标文件费）。

　　三．投标保证金

　　投标人应在**递交**投标书的同时，交纳投标保证金伍仟元人民币（现金）。不接受任何其它形式的保证金，**保证金不计息**。未**中标**单位的投标保证金在招标会结束后退还。

　　四．标的要求

　　各投标方出售的商品必须是符合国家有关标准、**检验合格的商品**，同时满足商品**清单**中的规格、**型号**及要求。任何**假冒伪劣**的商品概由投标方负责。

　　五．投标文件要求

　　1．参加投标的单位必须提供符合以下内容的投标文件：(1) 投标函。(2) 商品清单项目报价。投标商应按商品清单要求的品牌、规格、型号报价；报价大小写不符时，以大写金额为准。(3) 投标单位对投标项目的**质量承诺**、厂家售后服务保证措施及产品质量承诺。

2．投标单位必须按本须知的内容提交投标文件，否则投标无效。投标文件因字迹潦草或内容表达不清所引起的后果，由投标人负责。

3．投标文件应加盖投标单位的公章，由法人代表或授权代表亲笔签署，装订成册，注意密封。

§ 基本語句

办公自动化 bàngōng zìdònghuà：
　（タイトル）オフィスオートメーション

投标资格 tóubiāo zīgé　　：入札資格
营业执照 yíngyè zhízhào　　：営業許可証
税务登记证 shuìwù dēngjìzhèng：税務登記証
复印件 fùyìnjiàn　　　　　：コピー
授权委托书 shòuquán wěituōshū：委任状
介绍信 jièshàoxìn　　　　　：紹介状

身份证原件 shēnfènzhèng yuánjiàn：
　身分証原本

开标截止时间 kāibiāo jiézhǐ shíjiān：
　開札締切時間

递交 dìjiāo　　：手渡す
中标 zhòngbiāo：落札
清单 qīngdān　：明細書
型号 xínghào　：型番

§ 日訳！慣用表現データベース

加盖单位公章	（　　）	检验合格的商品	（　　）
亲笔签名	（　　）	假冒伪劣	（　　）
现场报名	（　　）	质量承诺	（　　）
交纳招标文件费	（　　）	字迹潦草	（　　）
保证金不计息	（　　）	装订成册	（　　）

重要構文の練習

構文1

"投标人应在递交投标书的同时，交纳投标保证金伍仟元人民币（现金）"
　「～は…すると同時に×××する」
　自由作文：[～在…的同时，×××]

構文2

"投标单位必须按本须知的内容提交投标文件，否则投标无效"
　「～は…しなければならず、さもないと×××だ」
　自由作文：[～必须…，否则×××]

21 招標書

構文3
"投标文件因字迹潦草或内容表达不清所引起的后果，由投标人负责"
「～によって引き起こされた結果は…が責任を負う」
自由作文：[因～所引起的后果，由…负责]

课文Ⅱ　　办公自动化设备招标书（续）

六．验收要求

产品经安装调试，用户满意为验收合格。

七．付款方式

验收合格后付清。

八．开标

1．提交投标文件。由采购办、采购中心、监察局共同审查投标资格及各投标单位的文件是否符合本须知之规定。不符合招标文件要求的投标文件视为无效标书。

2．由采购中心对投标文件中存在的问题提出询问，允许投标单位作合理解释，但所作解释不得超出招标文件规定范围。

九．定标

商品质量、售后服务等条件相同时，招标项目以最低报价中标，超过最高限价的投标视为无效投标。

十．合同签订

投标单位中标后，立即签订中标确认书和合同。合同经双方的法定代表或其授权代理人签署并加盖公章后生效。

十一．履约保证金

中标单位在合同签订后，投标保证金自动转为合同履约保证金，合同履约保证金在合同履约完毕后退还（不计息）。若中标单位在中标后，三日内不签订合同或不履行合同条款者，投标保证金或合同履约保证金不予退还，并按违约处理，直至追究其法律责任。

十二．报名时间：即日起至XXXX年3月26日下午5：30时止。

十三．开标时间：XXXX年3月27日上午9：00时。

详情咨询电话：010-83684022/83610206

天宝集团

XXXX年3月18日

§ 基本語句

安装调试 ānzhuāng tiáoshì	：備え付け試運転	**立即** lìjí	：すぐに
付款方式 fùkuǎn fāngshì	：支払方法	**生效** shēngxiào	：発効する
视为～ shìwéi～	：～と見なす	**履约保证金** lǚyuē bǎozhèngjīn	：契約履行保証金
标书 biāoshū	：入札書類	**若～** ruò～	：もし～なら
合同签订 hétong qiāndìng	：契約の調印	**合同条款** hétong tiáokuǎn	：契約条項

招标书

§ 日訳！慣用表現データベース

不得超出规定范围（　　　　　　　　）　　按违约处理　（　　　　　　　　）
自动转为～　　（　　　　　　　　）　　追究法律责任（　　　　　　　　）
不予退还　　　（　　　　　　　　）　　即日起至～止（　　　　　　　　）

❧ 総合練習 ❧

[一] 下の（　）から適当な語句を選んで、下線部を埋めなさい。

（招标　资格　签名　开标　截止　保证金　追究　承诺　无效　审查）

1. 投标单位在提交投标文件后须接受投标_____审查。
2. 投标报名_____时间为开标前一周。
3. 请各投标单位自觉履行投标书中所做出的_____。
4. _____时间暂定为XXXX年5月6日，如有改变请关注网站通知。
5. 严重违约的单位，我公司将_____其法律责任。
6. 对违反协议约定的投标单位，我公司将不予退还投标_____。
7. 欢迎各投标单位上网注册为我公司会员，享受免费预览_____文件的权利。
8. 如企业法人无法参加招标会，企业代表则需持有法人亲笔_____的授权委托书。
9. 提交投标书的单位只有_____合格后方可进入下一招标环节。
10. 对于违反本招标文件内容的投标书，我方将一律视为_____。

[二] 日本語に訳しなさい。

1. 投标截止时间为XXXX年4月29日上午10：00（北京时间）。
2. 招标单位发出的招标文件，若有改动，将以书面方式及时通知投标单位。
3. 投标人须由法人代表出席，如法人代表无法出席，需由法人代表书面签署委托书。
4. 投标书应按规定的格式填写，字迹必须清楚，必须加盖单位和代表人的印鉴。
5. 参加投标的投标人必须是具备独立法人资格，并符合下列条件之一的施工企业。

第 6 单元　发展规划类

第 22 课　投标书

（入札書）

　　入札書（"投标书"）は中国語で"投标说明书"とも言い、"标书"とも略称します。これは入札オファーに対する約定であり、入札者が落札するために入札募集側の要求に基づき、具体的に契約の締結を申し出る提案であり、入札募集側に提供する選抜資料です。入札書は入札関係文書の重要な構成要素であり、一般に、入札書とその付録、委任状と入札者の資格証明、入札保証（入札保証金の銀行保証書など）、貨物あるいは工事量の明細などを含みます。

课文 I　　　　　　　　投标书

百联集团：
　　1．根据招标文件，遵照《工程建设施工招标投标管理办法》的规定，我单位经考察和研究后，我方愿以人民币700万元的**总价**，按招标文件中**相关条件**承包上述工程的施工、竣工和**保修**。
　　2．一旦我方中标，我方保证在XXXX年3月20日**开工**，XXXX年12月20日竣工并移交整个工程。
　　3．我方将根据招标文件的规定履行合同的责任和义务。
　　4．我方已详细审查了全部招标文件的内容，包括**修改条款**和所有供参阅的资料及**附件**，我方放弃对招标文件作进一步解释的权利。
　　5．我方同意所递交的投标文件在"投标须知"第11条规定的投标有效期内有效。

§ 基本語句

总价 zǒngjià　　　　　　：総額　　　　　**开工** kāigōng　　　　　：着工
相关条件 xiāngguān tiáojiàn：関連条件　　**修改条款** xiūgǎi tiáokuǎn：訂正条項
保修 bǎoxiū　　　　　　：メンテナンス　**附件** fùjiàn　　　　　　：付属文書

§ 日訳！慣用表現データベース
　承包工程　　（　　　　　　　　　　　　　　　　　　　　　　　　　）
　移交整个工程（　　　　　　　　　　　　　　　　　　　　　　　　　）
　供参阅的资料（　　　　　　　　　　　　　　　　　　　　　　　　　）

重要構文の練習

構文1

"遵照《工程建设施工招标投标管理办法》的规定，我方愿…"
「〜の規定に基づき、当方は…したい」
自由作文：[遵照〜的规定，我方愿…]

構文2

"按招标文件中相关条件承包上述工程的施工、竣工和保修"
「〜の条件に従い、…を請け負う」
自由作文：[按〜条件承包…]

课文 II　　　　　　　投标书（続）

6．如果我方中标，我方将按照规定提交上述总价10%的由具有独立法人资格的经济实体企业**出具**的履约担保书，作为履约保证金。如果中标后，我方未能忠实地履行合同文件或随意对合同文件做出修改，你方可以没收我方许诺的履约保证金。

7．我方金额为人民币10万元的投标保证金与本投标书（其中**正本**一份，**副本**四份）同时递交。如果在开标之后的投标有效期内**撤标**，你方可以没收投标人的投标保证金。

8．**除非**另外达成协议并生效，你方的中标通知书和本投标文件将构成**约束**我们双方的合同。

投标单位：三益建筑公司（**盖章**）

单位地址：××××

法定代表人：（签字、盖章）

邮政编码：××××

电话：××××

传真：××××

开户银行名称：××××

银行账号：××××

开户行地址：××××

电话：××××

§ 基本語句

出具 chūjù	:（書類を）発行する	约束 yuēshù	:制約する
正本 zhèngběn	:オリジナル	盖章 gàizhāng	:捺印する
副本 fùběn	:コピー	邮政编码 yóuzhèng biānmǎ	:郵便番号
撤标 chèbiāo	:入札を撤回する	传真 chuánzhēn	:ファックス
除非～ chúfēi～	:～でない限り	开户银行 kāihù yínháng	:口座開設銀行

§ 日訳！慣用表現データベース

对～做出修改　（　　　　　　　　　　　　　　　　　）
达成协议　　　（　　　　　　　　　　　　　　　　　）

総合練習

[一] 下の（ ）から適当な語句を選んで、下線部を埋めなさい。

（遵照　承包　竣工　担保书　约束　副本　履行　生效　撤标　没收）

1. 我公司所提交投标书的内容详见下述列表，其中正本一份，_____4份。
2. 我公司将按照贵方所提出的要求请具有法人资格的经济实体企业为我公司出具履约_____。
3. 经过实地考察和研究，我方同意_____贵方第98号文件进行工程建设。
4. 我方将根据各公司提交的投标书择优选择可以_____上述工程的建筑公司。
5. 一旦我方中标，贵方的招标书和本投标书都将成为具有法律_____的文件。
6. 合同经双方的法定代表或其授权代理人签署并加盖公章后_____。
7. 在履行协议的过程中，我方若有违约行为，贵方有权_____我方的履约保证金。
8. 若我方竞标成功，我公司承诺整个工程将于2010年底_____。
9. 如在开标之后的投标有效期内_____，投标保证金则可由贵公司没收。
10. 若中标，我方将严格_____合同规定的义务。

[二] 日本語に訳しなさい。

1. 如果我方中标，我方将提交合同价5%的银行保函。
2. 除非合同中另有说明，本合同经双方签字后，即开始生效。
3. 一旦中标，我方将严格履行合同规定的义务。
4. 如在开标之后的投标有效期内撤标，投标保证金则可由贵公司没收。
5. 我方同意提供按照贵方可能要求的与其投标有关的一切数据、情况和技术等资料。

第 7 单元　协议契约类

第 23 课　授权委托书

（委任状）

委任状は被委任者が訴訟代理資格を取得し、委託者のために訴訟を行う証明書で、その記載内容は、主に委託事項・代理権限を含み、なおかつ委託者が署名捺印します。

课文 I　　授权委托书（1）

委托单位：银河有限责任公司
法定代表人：李杰
职务：总经理
受委托人姓名：周娜
工作单位：北京市德恒**律师事务所**
职务：律师
　　现委托上列受委托人在北京市长城网络公司侵犯我公司著作权**纠纷**一案中，作为我公司的诉讼代理人。上述代理人代理权限为：**代为**承认、放弃、变更诉讼请求，进行和解，提起上诉和反诉，委托人可以不出庭。特此授权。
　　委托人：李杰（签名、盖章）　　受委托人：周娜（签名、盖章）
　　　　　　　　　　　　　　　　　　　　　　XXXX 年 9 月 4 日

§ 基本語句

受委托人 shòuwěituōrén ：被委任者
律师事务所 lùshī shìwùsuǒ：弁護士事務所
纠纷 jiūfēn ：係争、トラブル
代为～ dàiwéi～：代わりに～を行う

§ 日訳！慣用表現データベース

提起上诉（　　　　　　　　　　　　　　　　　　　　　　　　）
特此授权（　　　　　　　　　　　　　　　　　　　　　　　　）

重要構文の練習

構文1
"现委托上列受委托人在北京市长城网络公司侵犯我公司著作权纠纷一案中，作为我公司的诉讼代理人"
「ここに…において、わが社の訴訟代理人となることを～に委託する」
自由作文：[现委托～在…中，作为我公司的诉讼代理人]

课文 II　　　　授权委托书（2）

华伦公司：
　　兹委托周至伦同志（身份证号码：××××）负责我公司产品的销售和结算工作。请将我公司货款转入以下开户行账号内，由此产生的一切经济责任和法律后果由我公司承担，与贵公司无关。若有变动，我公司将以书面形式通知贵公司。如果我公司未及时通知贵公司，所造成的一切经济责任和法律后果由我公司承担！
　　特此申明！
　　授权有限期：XXXX 年 8 月 4 日～ XXXX 年 8 月 20 日
　　户名：（电脑打印，不可手写）
　　账号：（电脑打印，不可手写）
　　开户行：建设银行广中支行（电脑打印，不可手写）

　　　　　　　　　　　　　　　　　　　　　　　盛峰公司
　　　　　　　　　　　　　　　　　　法人代表：李强（亲笔签／私章）
　　　　　　　　　　　　　　　　　　　　　　　XXXX 年 7 月 28 日

§ 基本語句

货款 huòkuǎn	：代金	电脑打印 diànnǎo dǎyìn	：コンピュータによるプリント
开户行 kāihùháng	：取引銀行	亲笔签 qīnbǐqiān	：自署
账号 zhànghào	：口座	私章 sīzhāng	：個人印
后果 hòuguǒ	：悪い結果		

§ 日訳！慣用表現データベース
　　由我公司承担　　（　　　　　　　　　　　　　　　　　　　　　　）
　　与贵公司无关　　（　　　　　　　　　　　　　　　　　　　　　　）

未及时通知　　　（　　　　　　　　　　　　　　　　　　　　　）
所造成的一切责任（　　　　　　　　　　　　　　　　　　　　　）
特此申明　　　　（　　　　　　　　　　　　　　　　　　　　　）
不可手写　　　　（　　　　　　　　　　　　　　　　　　　　　）

❧ 重要構文の練習 ❦

構文2
"<u>兹委托</u>周至伦同志<u>负责</u>我公司产品的销售和结算<u>工作</u>"
　「ここに～に…の業務を委託します」
　自由作文：[兹委托～负责…工作]

構文3
"<u>由此产生的</u>一切经济责任和法律后果<u>由</u>我公司<u>承担</u>"
　「これによって生じる～は…が引き受ける」
　自由作文：[由此产生的～由…承担]

構文4
"我公司将<u>以</u>书面<u>形式通知贵公司</u>"
　「わが社は～という形で貴社に通知する」
　自由作文：[我公司以～形式通知贵公司]

総合練習

[一] 下の（ ）から適当な語句を選んで、下線部を埋めなさい。

（委托　侵犯　纠纷　作为　权限　授权　承担　造成　后果　变动）

1. 受委托人的代理_____为一般代理，参加规定的活动项目。
2. 就浩天公司_____我肖像权一事，我特委托李卉为我的诉讼代理人。
3. 现_____李卉为我公司的代表，全权负责此次活动的所有项目。
4. 受托人保证本委托书为授权人亲笔签名，如有纠纷，受托人自愿_____相应责任。
5. 我方与福安公司因代理权问题产生_____，现委托张丽为本公司法律代表来处理此事。
6. 请贵方密切关注近期网站通知，如有_____，我方将通过邮件形式再行通知。
7. 现委托上列受委托人在我公司与金行房地产公司就商品房买卖合同纠纷一案中，_____我方的诉讼代理人。
8. 如果我公司未及时通知贵公司，所_____的一切经济责任和法律后果由我公司承担！
9. 会议期间李明将代表我公司出席，_____期限为：2010年7月7日-2010年7月9日。
10. 本人承诺其提供的身份证复印件真实有效，并愿承担由此引起的一切_____和责任。

[二] 日本語に訳しなさい。

1. 在办理手续时，受托人携带本人身份证件和委托人的身份证复印件。
2. 该委托书有效期限为十日，自签署之日起。
3. 现授权委托本公司刘志工程师为我公司参加工程投标活动的委托代理人。
4. 受托人保证本委托书为授权人亲笔签名，如有纠纷，受托人自愿承担相应责任。
5. 现我公司法人代表授权我公司徐唱代表我公司对外开展销售业务。

第24课 经济合同
（経済契約）

第7单元 协议契约类

　　経済契約は、特定の経済的目的を実現するために、企業対企業、企業対個人、個人対個人の間で、それぞれの目的を実現するために法律の規定に従って互いに一定の権利と義務を確定する取り決めを言います。経済契約には、(1) 対象物（契約中の権利と義務が指し示す対象）、(2) 数量・品質、(3) 代金・報酬金、(4) 履行期限・場所・方式、(5) 違約責任（経済的責任と法的責任を含む）を明確に記載しなければなりません。最後に契約書の部数、保存、付帯文書などを記載します。

课文 I　　　　　　　　　　房屋租赁合同

出租方：×××（以下简称甲方）
承租方：×××（以下简称乙方）

　　为明确甲、乙双方的权利义务关系，经双方协商，订立本合同，双方应当本着诚实信用的原则履行该协议项下的各项约定。

　　第一条　甲方将自有的广灵一路43弄35号401室房屋以及房屋内已有的电器、家具（见附录一）出租给乙方居住使用。

　　第二条　租赁期共12个月，甲方从XXXX年9月15日起将上述房屋交付乙方使用，至XXXY年9月15日收回。房租从XXXX年9月15日起计算。

　　第三条　甲乙双方约定月租金为壹仟元整，租金按月交纳。乙方应当于每月15日向甲方交纳租金。逾期交纳的，甲方有权向乙方要求支付滞纳金。每逾期一天，则乙方需按月租金的0.5%支付滞纳金。另外，乙方应当向甲方交纳相当于一个月房租的押金。押金应在租期届满后退还乙方。

　　第四条　甲方应对出租房屋及其设备应当定期检查，及时修缮，以保证乙方安全正常使用。乙方因使用需要而进行的添附，应当不影响房屋结构，并须经甲方同意。

　　第五条　甲方如果要将房屋出卖，应当在三个月前书面通知乙方，在同等条件下，乙方有优先买受权。

　　※ "XXXY年"是"XXXX年"の翌年を表しています。

§ 基本語句

租赁 zūlìn	:（タイトル）賃貸	相当于～ xiāngdāngyú～	:～に相当する
出租 chūzū	:貸し出す	退还 tuìhuán	:返却する
承租 chéngzū	:借り受ける	房屋结构 fángwū jiégòu	:住宅の構造
约定 yuēdìng	:約束事	优先买受权 yōuxiān mǎishòuquán	:優先購入権
弄 lòng	:小路		

§ 日訳！慣用表現データベース

经双方协商	（　　　）	按月交纳	（　　　）
订立本合同	（　　　）	逾期交纳	（　　　）
本着～的原则	（　　　）	租期届满	（　　　）
出租给～	（　　　）	经～同意	（　　　）

✿ 重要構文の練習 ✿

構文 1

"甲方从 XXXX 年 9 月 15 日起将上述房屋交付乙方使用"

「甲は～から…を乙の使用に引き渡す」

自由作文：[甲方从～起将…交付乙方使用]

構文 2

"乙方应当于每月 15 日向甲方交纳租金"

「乙は～に甲へ…を納める」

自由作文：[乙方于～向甲方交纳…]

構文 3

"甲方有权向乙方要求支付滞纳金"

「甲は乙に～を要求する権利を有する」

自由作文：[甲方有权向乙方要求～]

✿ 课文 II ✿　　　　房屋租赁合同（続）

第六条　甲方在租赁期限内不得无故收回房屋。如果甲方因客观原因中途将房屋收回，甲方应当提前两个月书面通知乙方，还应当退还一个月的房租作为补偿。乙方如因客观原因中途提出解除合同，应当提前两个月书面通知甲方，甲方

可以不退还乙方所交纳的押金。乙方应当**爱护**房屋及其设施、家电、家具等，如因乙方使用不当导致房屋及其设施损坏的，乙方应当赔偿。

　　第七条　房屋如因不可抗力导致损毁或造成双方损失的，甲乙双方互不承担责任。因市政建设需要拆除或改造已租赁的房屋，使甲乙双方造成损失的，双方互不承担责任。因本条规定的原因而终止合同的，租金按实际使用时间计算，多退少补。甲方收取的押金应当退还给乙方。

　　第八条　租赁期间，乙方应承担水电费、**天然气**费、冬季**取暖费**。若乙方需要开通有线电视，则手续和费用均由乙方负责。

　　第九条　本合同未尽事宜，一律按《中华人民共和国合同法》的有关规定处理。甲乙双方也可以本着**平等互利**、诚实信用的原则进行**协商**确定。

　　第十条　本合同一式三份，双方各执一份，交房地产管理部门一份。

　　附录为本合同的一部分，与本合同具有同等效力。

甲　　　方：　　　　　　　　乙　　　方：
签字日期：　　　　　　　　　签字日期：
地　　　址：　　　　　　　　地　　　址：
联系方式：　　　　　　　　　联系方式：

附录一：甲方提供给乙方使用的电器等物品清单
附录二：甲方按本合同规定将房间钥匙提供给乙方时的相关数字记录
本附录一式两份，双方各执一份。

甲　　　方：　　　　　　　　乙　　　方：
签字日期：　　　　　　　　　签字日期：

§ 基本語句

爱护 àihù ：大事にする	**取暖费** qǔnuǎnfèi ：暖房費
导致 dǎozhì：（よくないことを）引き起こす、もたらす	**平等互利** píngděng hùlì：平等互恵
天然气 tiānránqì：天然ガス	**协商** xiéshāng ：協議する

§ 日訳！慣用表現データベース

不得无故～（	）	～，使…（	）
解除合同　（	）	开通有线电视（	）
使用不当　（	）	由～负责　（	）
拆除或改造（	）	未尽事宜　（	）

重要構文の練習

構文4
"房屋如因不可抗力导致损毁或造成双方损失的"
「もし～が原因で…を引き起こしたら」
自由作文：[如因～导致…的]

___

総合練習

[一] 下の（ ）から適当な語句を選んで、下線部を埋めなさい。

（协商　履行　解除　优先　效力　交纳　变更　补偿　导致　有权）

1. 本合同一式三份，甲乙双方各持一份，见证方一份，具有同等法律_____。
2. 合同期满后，经双方_____，可续签两年。
3. 未经对方允许自行_____合同者将被追究法律责任。
4. 合同到期后，甲方有_____权，选择是否继续出租或收回。
5. 由于质量或系统失误_____的安全问题，甲方应承担所有返厂维修费用。
6. 乙方若拖欠租金超过两个月且拒不_____，甲方有权收回所租房屋。
7. 在合同履行期间，甲乙双方均不得随意_____或者解除合同。
8. 在租用期间，若设备受到严重损坏，甲方_____要求乙方进行赔付。
9. 签约双方应自觉按照合同规定_____自身所应承担的义务与责任。
10. 由乙方人为非正常使用造成的损坏，甲方不负责_____。

[二] 日本語に訳しなさい。

1. 甲乙双方本着诚实信用的原则，为明确代理期间双方的责任和义务，特此订立本合同。
2. 乙方如逾期支付租金，每逾期一天，则乙方需按月租金的0.2%支付滞纳金。
3. 本合同自双方签订之日起生效。在合同履行期间，甲乙双方均不得随意变更或者解除合同。
4. 甲方对保管物可自由进出搬运，但若因此受损，乙方概不负赔偿之责。
5. 如有未尽事宜，可由双方共同协商，作出补充规定，补充规定与本合同具有同等的法律效力。

法律・契約条文読解スキル　第2部

1　中国法により規律される事業活動

　日本企業が、中国において中国企業と契約をし、事業活動をすることは、中国法により認められ、その経済活動が保護される。

　中国民法第1条は、「公民、法人の適法な民事権益を保障し、正しく民事関係を調整し、社会主義現代化建設事業の発展の必要に適応するため、憲法およびわが国の実際の状況に基づき、民事活動の実務経験を総括し、この法を制定する」（民法第1条 "为了保障公民、法人的合法的民事权益，正确调整民事关系，适应社会主义现代化建设事业发展的需要，根据宪法和我国实际情况，总结民事活动的实践经验，制定本法。"）と規定している。

　そして、民法第5条は、「公民、法人の合法的民事権益は法律の保護を受け、いかなる組織および個人も侵してはならない」（民法第5条 "公民、法人的合法的民事权益受法律保护，任何组织和个人不得侵犯。"）と規定している。

　当事者が民事活動を行う場合、その当事者の地位は、対等であり（民法第3条 "当事人在民事活动中的地位平等。"）、この関係の中で、自由意思、公平、等価有償、信義誠実の原則に基づき（民法第4条 "民事活动应当遵循自愿、公平、等价有偿、诚实信用的原则。"）、契約を締結する。

　この契約とは、平等な主体である自然人、法人、その他組織の間における民事的権利義務関係の設立、変更、終了に関して協議するものである（合同法〈契約法〉第2条 "本法所称合同是平等主体的自然人、法人、其他组织之间设立、变更、终止民事权利义务关系的协议。"）。

　そして、契約当事者は、公平の原則を遵守し、各方の権利や義務を確定する（合同法第5条 "当事人应当遵循公平原则确定各方的权利和义务。"）。

　この場合、民事活動は、必ず法律を遵守し、法律がない場合には、国の政策を遵守しなければならない（民法第6条 "民事活动必须遵守法律，法律没有规定的，应当遵守国家政策。"）。また、民事活動は、社会公徳を尊重しなければならず、社会の公共利益を損ない、国家経済計画を破壊し、社会の経済秩序を乱してはならない（民法第7条 "民事活动应当尊重社会公德，不得损害社会公共利益，破坏国家经济计划，扰乱社会经济秩序。"）。

2　法律・契約文書の意味

　さて、上述の叙述から民事活動は、法律の規律の範囲内で、当事者が民事活動を遂行するための権利義務を定めるものであるといえる。

　そうであるので契約書においては、当事者間の権利義務関係について具体的に記載される。法律は、当事者の適法な契約に基づく権利を保護し、社会の経済秩序を維持するために民事活動を規律するので、民事活動の認容（許可）または禁止（不許可）に関する規定が多く見られる。

　また、条文の解釈において疑義が生じないようにするためにではあるが、通常の文書とは異なる法律・契約文書固有の用語がある。

　法律中国語を学修する場合には、権利義務関係を規律し、民事活動の認容（許可）または禁止（不許可）に関する用語または表現を理解し、法律・契約文書固有の用語について理解しておく必要がある。

　紙幅の都合上、多くの用語や表現を取り上げることはできないが、条文解釈スキルとして求めら

れる代表的、かつ重要な法令用語について以下で紹介する。

3　条文解釈および契約書作成のための技法

(1)「または」"或者"と「もしくは」"或者"

憲法第5条5項　任何组织或者个人都不得有超越宪法和法律的特权。
いかなる組織または個人も憲法および法律を超越する特権を持つことはできない。

憲法第37条2項　任何公民，非经人民检察院批准或者决定或者人民法院决定，并由公安机关执行，不受逮捕。
いかなる公民も人民検察院の承認もしくは決定、または人民法院の決定を経て、公安機関が執行するのでなければ、逮捕されない。

◇◆解説◆◇

　上記の中国語および日本語から「または」と「もしくは」の違いについて気づかれただろうか。中国語の"或者"は、「または」と訳す。なお、"或者"を「あるいは」と訳しているものを見かけるが、法律用語において「あるいは」という言葉は使われない。
　憲法第37条2項において、公民が逮捕される場合は、（A）人民検察院の承認、（B）人民検察院の決定、（C）人民法院の決定、という3つのケースがある。この3つは並列の関係であるといえるか。（A）と（B）は、人民検察院による判断であり、（C）は、人民法院による判断である。
　このように考えると、「もしくは」と「または」の違いが明らかになる。（A）、（B）、（C）は並列ではなく、大きく2つのグループに分けることができると考える。つまり、第1グループが（A）と（B）であり、第2グループが（C）であるということである。
　並べようとする事項をグループ分けすることができ、その必要がある場合には、大きなグループを「または」でつなげて、この大グループ内の小さい事項を「もしくは」で接続する。
　グループ分けするのは、それなりの価値判断があるので、法律文書を読むときには、その判断基準を理解するように心掛けることが肝要である。以下の法令用語についても同様の注意を持って解釈し、判断する必要がある。
　ただし、「または」も「もしくは」も中国語ではともに"或者"である。文意により、使い分けることになる。

(2)「および」"和"と「並びに」"以及"

民法第41条　在中华人民共和国领域内设立的中外合资经营企业、中外合作经营企业和外资企业，具备法人条件的，依法经工商行政管理机关核准登记，取得中国法人资格。

中華人民共和国国内に設立される中外合資経営企業、中外合作経営企業および外資企業で、法人の条件を備えるものは、法により工商行政管理機関の登記審査・認可の上、登記を経て、中国の法人格を取得する。

憲法第18条2項　在中国境内的外国企业<u>和</u>其他外国经济组织<u>以及</u>中外合资经营的企业，都必须遵守中华人民共和国的法律。

中国国内の外国企業およびその他の外国経済組織並びに中外合資経営企業は、いずれも必ず中華人民共和国の法律を遵守しなければならない。

解説

　民法第41条の（A）中外合資経営企業、（B）中外合作経営企業、（C）外資企業は、並列の関係にある。この並列の関係を表す「および」に該当する中国語が、"、"と"和"である。"、"は、日本語では読点であるが、中国語では並列の関係を表す単語間で使用される。中国語の読点は、"，"である。この"和"は、並列の最後の項目であることを示す意味しかない。

　憲法第18条2項は、「（A）および（B）並びに（C）」ということになるが、この場合には、「（A）および（B）」が1つのグループとして考えられ、「（C）」は並列であるが別のグループとしてくくられる。

(3)「しなければならない」"必须"、"应当"

民法第6条　民事活动<u>必须</u>遵守法律，法律没有规定的，<u>应当</u>遵守国家政策。

民事活動は、必ず法律を遵守し、法律に規定がない場合には、国の政策を遵守しなければならない。

解説

　"必须"と"应当"は、いずれも「しなければならない」と訳される。ただし、中国語においては、"必须"のほうが"应当"よりも強制力が強いニュアンスである。

　また、実務上、契約書の中で"应"および"应该"という中国語を目にすることはないだろうか。

　例えば、"甲方延长乙方工作时间的，应依法安排乙方同等时间补休或支付加班加点工资。"（甲は、乙の労働時間を延長する場合には、法に従って乙に同等の時間の休暇を与えるか、または時間外賃金を支払わなければならない）という契約文書がある。

　一般に、強制力の強い順番は、"必须"→"应当"→"应该（"应"と省略される場合が多い）"であるといわれる。実際の法律条文においては、"必须"、"应当"が使用され、"应该（应）"が使用されることはない。これは、実務上、契約文書において、当事者が使用する場合に限られる。

　中国の法律条文において、"必须"を使う文言は強行規定で、法的義務を表現する。特に、ある行為の禁止について、"必须"を使っている場合、その違反行為については法的責任が追及されることを意味する。

(4)「してはならない」ほか禁止、不能の表現　"不得"、"禁止"、"不能"

宪法第 5 条　一切法律、行政法规和地方性法规都<u>不得</u>同宪法相抵触。
すべての法律、行政法規および地方性法規は、いずれも憲法に抵触してはならない。

宪法第 9 条 2 项　国家保障自然资源的合理利用，保护珍贵的动物和植物。<u>禁止</u>任何组织或者个人用任何手段侵占或者破坏自然资源。
国は、自然資源の合理的利用を保障し、貴重な動物および植物を保護する。いかなる組織または個人も、いかなる手段であっても自然資源を占有または破壊することを禁止する。

民法第 88 条　合同中有关质量、期限、地点或者价款约定不明确，按照合同有关条款内容<u>不能</u>确定，当事人又<u>不能</u>通过协商达成协议的，适用下列规定：……
契約における品質、期限、場所または支払いに関する約定が不明確であり、契約の関係条項によっても内容が確定できず、当事者が協議によっても合意に達することができない場合には、以下の規定を適用する。……

　　解説

　"不得"は、「〜してはならない」という禁止の表現である。"禁止"は、"不得"よりもさらに直接的にある行為を許さないという表現である。"不能"は、「〜することはできない」という意味で、その行為が不能であることを表す。"不能"は、民商事契約にかかわる規定および当該契約などで使用されることが多い。

(5)「その他」と「その他の」

宪法第 19 条　国家发展各种教育设施，扫除文盲，对工人、农民、国家工作人员和<u>其他</u>劳动者进行政治、文化、科学、技术、业务的教育，鼓励自学成才。
国は、各種の教育施設を発展させ（整備し）、識字率を高め、労働者、農民、国家公務員その他の労働者に対して、政治、文化、科学、技術、職務教育を行い、自学・有能な人材となることを奨励する。

民法第 75 条　公民的个人财产，包括公民的合法收入、房屋、储蓄、生活用品、文物、图书资料、林木、牲畜和法律允许公民所有的生产资料以及<u>其他</u>合法财产。
公民の個人財産は、公民の適法な収入、不動産、貯蓄、生活用品、文物、図書資料、林木、家畜および法律で公民が所有することを許される生産手段その他適法な財産を含む。

　　解説

　「その他」と「その他の」とは、異なる概念である。中国語では、いずれも"其他"であるが、日本語に翻訳する場合には、文脈から使い分ける必要がある。または、上記の例文のように"其他"の前に"和"や"以及"といった語の有無で判断できることがある。

前者（憲法第 19 条）は、「A、B その他の」と訳す。これは、労働者、農民、国家公務員、その他すべての労働者をひっくるめてという意味である。

すべての労働者
（労働者、農民、国家公務員、その他）

後者（民法第 75 条）は、「A、B その他 C」と訳す。これは、A、B は例示であり、A、B を含まないその他 C があるという意味である。すなわち、「適法な収入、不動産、貯蓄、生活用品、文物、図書資料、林木、家畜および法律で公民が所有することを許される生産手段」は、例示であり、この他のすべての適法な財産ということになる。

> 公民の個人財産
> ＝適法な収入＋不動産＋貯蓄＋生活用品＋文物＋図書資料＋林木＋家畜＋法律で公民が所有することを許される生産手段＋その他適法な財産

(6)「以上と以下」「超と未満」"以上"、"以下"、"超"、"不満"

民法第 11 条　十六周岁以上不满十八周岁的公民，以自己的劳动收入为主要生活来源的，视为完全民事行为能力人。

満 16 歳以上 18 歳未満の公民で、自らの労働収入をもって主たる生計の基盤としている者は、完全民事行為能力者とみなす。

国家工商行政管理局关于中外合资经营企业注册资本与投资总额比例的暂行规定第 3 条　中外合资经营企业的注册资本与投资总额的比例，应当遵守如下规定：

　　（一）中外合资经营企业的投资总额在 300 万美元以下（含 300 万美元）的，其注册资本至少应占投资总额的 7／10。

　　（二）中外合资经营企业的投资总额在三百万美元以上至一千万美元（含一千万美元）的，其注册资本至少应占投资总额的二分之一，其中投资总额在四百二十万美元以下的，注册资本不得低于二百一十万美元。

中外合資経営企業の登録資本と総投資額の比率は、以下の規定を遵守しなければならない。
(1) 中外合資経営企業の投資総額が 300 万ドル以下（300 万ドルを含む）の場合には、その登録資本は投資総額の 10 分の 7 未満であってはならない。
(2) 中外合資経営企業の投資総額が 300 万ドル超 1000 万ドル以下（1000 万ドルを含む）の場合には、その登録資本は投資総額の 2 分の 1 未満であってはならず、このうち投資総額が 420 万ドル以下のものは、登録資本は 210 万ドル未満であってはならない。

◎◇ 解説 ◇◎

中国において数字に対する概念は、どうも曖昧なようである。

前者（民法第11条）の場合の"以上"には、これが修飾する数字を含む。これは、日本における「以上」と同じ概念である。ところが、後者（合弁企業の登録資本と投資総額の比率に関する規定第3条2号）の場合の"以上"には、これが修飾する数字を含まない。これは、日本では「超」である。同じ中国の法律でありながら、"以上"の概念が異なって使用されていることがある。これを翻訳する場合、前後を含めて、文脈から意味を判断するしかないということになる。機械的に翻訳することの危うさがあるといえる。

"以下"の概念についても疑義が生じることがある。そこで、中国の法律では括弧書きで、例えば、"含一千万美元"というように断らなければならないことがある。

日本語の「未満」は、"不満"となる。

(7) 期間に関する問題 "以上"、"以下"、"以内"、"届満"、"不満"、"以外"

民法第154条 民法所称的期间按照公历年、月、日、小时计算。规定按照小时计算期间的，从规定时开始计算。规定按照日、月、年计算期间的，开始的当天不算入，从下一天开始计算。期间的最后一天是星期日或者其他法定休假日的，以休假日的次日为期间的最后一天。期间的最后一天的截止时间为二十四点。有业务时间的，到停止业务活动的时间截止。

民法における期間は、西暦の年、月、日および時間により計算する。時間により期間を計算することが定められている場合には、所定の時から計算する。日、月および年により、期間を計算する場合には、初日は算入せず、翌日から計算する。期間の最終日が、日曜日その他の法定休日にあたる場合には、休日の翌日を期間の最終日とする。期間の最終日の終了時間は、24時とする。業務時間がある場合には、業務活動の停止時間を終了時間とする。

民法第155条 民法所称的"以上"、"以下"、"以内"、"届满"，包括本数；所称的"不满"、"以外"，不包括本数。

民法において、「以上」、「以下」、「以内」および「満期」には、その数を含み、「未満」および「以外」には、その数を含まない。

◎◇ 解説 ◇◎

民法における期間に関する問題は、上述の通りであり、特段の解説を要しないだろう。ただし、これは「民法典」においてということに限定されるのか、判然としない。民法典以外は、適用しないということもありそうである。そうであるので、前節の「合弁企業の登録資本と投資総額の比率に関する規定第3条2号」に見られるような問題が生じることがある。

(8)「期限」と「内」、「起算する」という表現 "期限"、"内"、"之日起計算"

民事诉讼法第76条　当事人因不可抗拒的事由或者其他正当理由耽误期限的，在障碍消除后的十日内，可以申请顺延期限，是否准许，由人民法院决定。
当事者が不可抗力またはその他の正当な理由により期限を徒過した場合には、障害が解消した後10日内に、期限の順延を申し立てることができ、許可するか否かは、人民法院が決定する。

民法第20条　战争期间下落不明的，下落不明的时间从战争结束之日起计算。
戦争中に行方不明となった場合には、行方不明の期間は戦争終結の日から起算する。

解説

「期限」は、事前に定められた一定の時期のことである。法令用語では、法律行為の効力を何らかの形で将来発生することの確実な事実にかからせる場合に使用される。

「内」は、「以内」とは異なる概念である。上記の民訴法第76条で「障害が解消した後10日内」というのは、仮に障害が解消した日が1月31日であるとすれば、障害が解消した日（すなわち1月31日）を含まず、2月9日以内（2月10日は含まれない）にということになる。

「〜日から起算する」は、当該日（初日）が算入される。民法第20条で戦争が終結した日が1月31日であれば、この日を含む。もし、単に「2月1日から10日間」という記載であれば、この場合には、2月1日を含まず、2月2日から数え始め、2月11日までの間ということになる。

わずか1日の違いであるが、実務上、契約や訴訟の時効、行政不服申立ての期限にも影響が生じる重要な問題であるので注意する必要がある。そのため、契約実務等における期限について、誤解が生じることを防ぐため、何日〜何日までと定めることに留意が必要である。

法律文書　第**3**部

第 1 課　社会主义国家和公共利益

（社会主義国と公共の利益）

　　中国において、非公有制経済も社会主義経済を構成する重要な一部となっている。私有財産も保護される。ただし、「公共の利益」のために制約されることがある。しかし、「公共の利益」とは何か。その概念が問題となる。

課文

1　　　2011年7月23日，在离温州南站不远的铁路高架桥上，从北京开往福州的D301和从杭州开往福州的D3115两车发生**追尾事故**，造成40人死亡，受伤人数上百人。事故初步原因，根据一次说法是因为温州南站的信号灯设备存在故障。
　　铁道部对于现场不保护，采取**掩埋**车体的措施。
　　铁道部的说法是考虑京沪大动脉对于公共运输的影响是非常大，通车是一个重要的公共利益。
　　从而铁道部7月25日恢复通车。
　　在事故原因和事故责任追究方面，具体情况仍然没有向社会公布。

2　　　铁道部的这些措施是否恰当？民众希望能够及时、准确地了解到事实的真相。
　　针对上述牵涉政府部门的事件，民众的**知情权**没有受到完全保障，监督权也受到了损害。造成这种现象主要是由于政府对**问责**的标准和群众对问责的标准之间存在**错位**。当前，中国政府有必要积极实施有关政策，加大保护群众力度。

3　　　该事件在日本可说是基本民权与公共福利之间的利益均衡关系。但在中国很少使用"公共福利"一词，而多用"公共利益"。
　　在中国"公共利益"的概念究竟是什么？
　　中国宪法第13条规定："国家为了公共利益的需要，可以依照法律规定对公民的私有财产实行征收或者征用并给予补偿。"也就是说政府征收或征用

> 土地等私有财产的前提条件是征收行为必须是"为了公共利益的需要"。
> 　　那么，就产生了"公共利益"是什么的问题。

4 　　　在中国经济竞争日趋激烈、贫富差距日益加大的背景下，我们不得不担忧平等是否有被等闲视之之嫌。

新単語

中国語	ピンイン	日本語
追尾事故	zhuīwěi shìgù	追突事故
掩埋	yǎnmái	埋め立てる
知情权	zhīqíngquán	知る権利
问责	wènzé	問責、責任を問いただす
错位	cuòwèi	食い違い

日訳

1　　2011年7月23日、温州南駅からほど遠くない鉄道高架橋において、北京から福州に向かうD301と杭州から福州に向かうD3115の2両の列車が追突する事故が発生し、死者40名、負傷者100人以上となった。事故の基本的原因は、はじめの説明では温州南駅の信号設備が故障していたことであった。
　　鉄道部は、現場を保存せず、車両を埋め立てるという措置を講じた。
　　鉄道部の説明では、北京－上海の主要幹線が公共輸送に与える影響が非常に大きいことを考慮すると、列車を開通させることが重要な公共の利益になるからであるという。
　　そこで、鉄道部は、7月25日に運行を再開させた。
　　事故原因および事故の責任追及に関して、具体的な状況は、いまだに社会に発表されていない。

2　　鉄道部のこのような措置は適当であるといえるか。市民は、事実（事故）の真相を速やかに、正確に知ることを望んでいる。
　　上述のような政府機関にかかわる事件について、市民の知る権利は完全な保障がされておらず、監督権も損われている。このような現象をもたらす主な要因は、政府の責任追及基準と市民の責任追及基準との間に相違が存在することによる。今日、中国政府は関連する政策を積極的に講じて、市民の保護を強化する必要がある。

3　　この事件は、日本で言えば基本的人権と公共の福祉の利益バランスの関係ということにな

る。一方、中国では、公共の福祉という表現が使われることは多くなく、むしろ「公共利益」という。

「公共利益」とは、中国においてどのような概念なのであろうか。

中国憲法第13条は、「国は、公共利益の必要のために、法律の規定に基づき公民の私有財産を収用、または補償をして収用することができる」と規定している。ここで国が公民の土地など私有財産を収用する場合には、公共利益の必要がある場合であるということになる。

そこで、公共利益とはいかなる概念であるのかが問題となる。

4 　経済競争が激化し、貧富の格差が拡大する中、中国で平等原則が等閑にされているのではないかと心配である。

用語の概念

个体经济、私营经济等非公有制经济（個体経済、私営経済など非公有制経済）

2004年3月の憲法改正により、中国は、社会主義国でありながら「公民の適法な私有財産は侵されない」、「国は、個体経済、私営経済など非公有制経済の適法な権利および利益を保護する」と規定した。この非公有制経済には外資企業も含まれ、外資企業が憲法においても正式に市民権を持つようになった。

争点

1. 基本的人権と公共の利益のバランスをどのように図るか。
　　中国が憲法に基づき実行する政策は、多数の市民の利益と自由意思を尊重するが、同時に個人の基本的利益を保証することを目標とする。
2. 民主と自由、効率と公正、多数の市民の利益（公共の利益）と少数の市民の権利をいかに調整するか。
3. 中国において経済競争がますます激しくなっている中で、貧富の格差も拡大している。平等について考えることが等閑にされてはならないのではないか。

関連事項

三鹿集团明知奶粉在生产过程中被掺入**三聚氰胺**，却未停止生产，直至消费者发现大量婴儿出现健康问题、甚至死亡。该事件成为追究企业社会责任的重大案例。

就三鹿集团的三聚氰胺奶粉污染事件，中央纪律检查委员会监察部处分了三

鹿集团重要负责人、品质检查总局食品生产监督司副司长及其他数人。然而就在事件依然**记忆犹新**之际，当时的品质检查总局食品生产监督司副司就已出任安徽省出入境检验检疫局局长、党组书记。而因三鹿事件而被处分的河北省农业厅原厅长也在 2009 年 1 月份被选为邢台市市长。

得知实情的公众**义愤填膺**，称"问责制就是让'带病官员'休个有薪短假，待时机成熟便重新'安排'甚至**升迁**"。

新単語

中国語	ピンイン	日本語
三聚氰胺	sānjùqíng'àn	メラミン
记忆犹新	jìyì yóu xīn	記憶に新しい
义愤填膺	yìfèn tián yīng	憤懣やるかたない
升迁	shēngqiān	昇進・転任する、栄転する

要約

　三鹿集団の粉ミルクのメラミン混入事件に関して、中央紀律検査委員会監察部が、事件の責任者である品質検査総局食品生産監督司の副司長ほか数名を問責処分とした。ところが、その後、当時の品質検査総局食品生産監督司副司長は、安徽省出入境検査検疫局長・党書記に就任した。

　市民は、「問責制は、行政官に短い有給休暇を与えるだけで、騒ぎが収まればすぐに昇格の道を準備しているだけだ」と義憤を覚えている。

解釈と視点 and/or ワンポイント・アドバイス

　中国の法律で「公共政策」または「公共秩序」などの用語が用いられることはなく、「公共利益」がこれに代替されている。実際上、「公共利益」という用語は容易に議論を引き起こす。その意味するところは不明確であり、公共政策または公共秩序に比べてさらに広範な意味がある。

　一般的認識によれば、社会公共の利益とは一国の重大な利益、重大な社会利益、法律の基本的原則および基本的道徳規範をいう。

　自由競争が奨励される中で、多くの貧困層が自分は社会から排斥されていると考え、不満に思うことが多くなっているともいわれる。そこで、社会的弱者の存在を認め、彼らの権利保護を積極的に考える施策が求められるのである。この場合、「経済的貧困」だけでなく「権利の貧困」についても十分に配慮する必要がある。社会的弱者が抱えている不満、市民の怒りは、後者にこそ問題の所在がありそうな気がする。

第 2 課　市民参政的现实
（市民参政の現実）

政府情報公開条例（政府信息公开条例）に基づき、行政機関は、(1) 公民、法人またはその他の組織の切実な利益にかかわる情報や (2) 社会公衆が広く知り、または参与すべき情報などを自主的に公開しなければならない。

课文

1　　中国的市民参政现状如何呢？随着社会主义市场经济的发展，从上世纪 90 年代中期起，市民参政成为社会热点之一。

2　　在 2007 年 10 月召开的中国共产党第十七次全国代表大会上，国家主席胡锦涛在谈到加强市民参政时指出，"确保人民的知情权、**参与权**、**表决权**和监督权。……提高决策的透明度和市民参与度"。

3　　我们来看看现实中的市民参政体现在哪里？可以说中国在制定城市建设蓝图时就环境卫生问题召开公开**听证会**以及街道**居委会**或者工厂、学校等制定发展计划时真正实现了市民参政。

　　然而上述市民参政被指已形式化。甚至有报道指出由于地方政府和企业利益勾结，强行推行违法开发计划，形式化了的听证会已**沦**为地方政府或企业实现符合其自身利益的开发计划的手段。

4　　之所以会发生上述现象是由于中国没有具体规定市民参政的法令法规；政府的信息公开不充分；市民本身对参政议政缺乏经验及相应知识。

　　作为中国政府，应当重新审视信息公开，加大透明度，制订有关法律详细规定市民参政。而作为一个中国公民，则应具备当事者意识并不断提高自身的知识水平。

5　　2007 年 1 月 17 日国务院公布《**政府信息公开条例**》，自 2008 年 5 月 1

日起施行。推行政府信息公开，是为了保障公民、法人和其他组织依法获取政府信息，提高政府工作的透明度，促进依法行政，充分发挥政府信息对人民群众生产、生活和经济社会活动的服务作用。

新単語

中国語	ピンイン	日本語
参与权	cānyùquán	参与権
表决权	biǎojuéquán	意思表示権、表决権
听证会	tīngzhènghuì	公聴会
居委会	jūwěihuì	居民委員会、住民委員会、町内会
沦	lún	落ちぶれる、没落する
政府信息公开条例	zhèngfǔ xìnxī gōngkāi tiáolì	政府情報公開条例

日訳

1　中国において市民参政の現状はどうであるのだろうか。社会主義市場経済の進展により、1990年代半ばから市民参政が、社会のホット・イッシューの1つとなっている。

2　2007年10月に開催された中国共産党第17回全国代表大会の席上、胡錦濤国家主席は、「人民の知る権利、参与権、意思表示権、監督権を保障すべきである。……政策決定の透明度と市民参与の度合いを強める」と市民参政の拡充について言及している。

3　では、現実にはどのような場面で市民参政が見られるか。中国では、都市計画づくりの際に、環境・公衆衛生問題について公聴会を実施したり、町内会、または工場や学校などの職場単位における事業計画づくりといったレベルで市民参政が実現しているといえよう。
　ところが、市民参政は実際には形式化しているといわれる。時には、地方政府と企業が結託し、不適法な開発計画をごり押しし、形式的な公聴会は地方政府や企業に都合のよい開発計画を実現させるための手段に堕しているとの報道（批判）もある。

4　このような問題があるのは、中国には市民参政を規定する具体的な立法が存在せず、政府の情報公開が不十分であり、市民自身が立法や行政に参加することに関して未経験であり、知識が少ないということに起因する。
　政府は、情報公開のあり方を考えなおし、透明度を高め、市民参政を具体的に規定する関係法を制定していく必要がある。また、市民もあらゆる場面で当事者意識をもち、絶えず知識を高める必要がある。

5　　2007年1月17日に国務院は、「政府情報公開条例」を公布し、2008年5月1日から施行している。政府情報公開を推進するのは、公民、法人およびその他の組織が法に基づき政府の情報を得ることを保障し、政府の業務の透明度を高め、法による行政を促進し、人民大衆の生産、生活、経済社会活動に対する政府の情報の奉仕機能を十分に発揮させるためである。

❧ 用語の概念 ❧

政府信息公开的范围（政府の情報公開の範囲）
(1) 行政法規、規則および規範的文献
(2) 行政の事業性費用徴収項目、根拠、基準
(3) 政府が集中的に買い付けをする項目の目録、基準および実施状況
(4) 行政許可事項、根拠、条件、数量、手続、期限および行政許可申請時に提出すべきすべての資料目録ならびに処理状況
(5) 重要な建設プロジェクトの許認可および実施状況
(6) 生活保護、教育、医療、社会保障、就業促進に関する政策、措置および実施状況
(7) 環境保護、公共衛生、安全生産、食品・薬品、製品品質の監督検査状況

❧ 争点 ❧

1. 政府が自主的に公開する情報の範囲を定めているが、この概念に具体的にいかなる情報が含まれるのかは明らかではない。
2. 政府が公開する情報は、国の安全、公共の安全、経済の安全および社会の安定に危害を加えない範囲である。この概念は明らかであるとはいえない。

❧ 関連事項 ❧

　　行政机关对政府信息不能确定是否可以公开时，应当依照法律、法规和国家有关规定报有关主管部门或者同级保密工作部门确定。
　　行政机关不得公开涉及国家秘密、**商业秘密**、**个人隐私**的政府信息。但是，经**权利人**同意公开或者行政机关认为不公开可能对公共利益造成重大影响的涉及商业秘密、个人隐私的政府信息，可以予以公开。

新単語

中国語	ピンイン	日本語
商业秘密	shāngyè mìmì	商業秘密、事業秘密
个人隐私	gèrén yǐnsī	個人の秘密、個人情報、プライバシー
权利人	quánlìrén	権利人、権利者

要約

　行政機関は、国の秘密、商業秘密、個人の秘密にかかわる政府の情報については公開しない。しかし、権利者の同意を得て、または公開しないことが公共の利益に重大な影響があると認める場合には、これを公開する。

解釈と視点 and/or ワンポイント・アドバイス

1. 企業は、自らの生産、生活、科学研究などの必要に基づき、関係情報の公開を申請することができる。しかし、政府が、商業秘密、個人情報に関するものであり、公開によって第三者の利益が損なわれると判断するときには、非公開とされる。
　このような判断基準であると、政府による恣意的判断がなされる可能性が大きいのではないか。
2. 逆に中国企業からの申請については、外国企業の商業秘密に関することでも無条件で公開される懸念もなくはない。
　例えば、「商業特許経営管理弁法」（フランチャイズ経営管理弁法）に基づき、フランチャイズ経営を行う企業は、毎年1月に前年度に締結した契約の内容および経営状況について商務主管部門に届け出なければならない。フランチャイズ経営のノウハウにかかわる極めて重要な事項が商務部に届けられる。かかる情報の公開請求があった場合にどう判断されるのか。ノウハウ、企業秘密漏洩の心配がある。

第3課 联合国国际货物销售合同公约

（国連国際物品売買契約条約）

> 中国企業との国際物品売買契約に関して、準拠法を約定していない場合において、契約の履行等に関する紛争が発生したようなとき、「国際物品売買契約に関する国際連合条約」（ウィーン売買条約）が判断の基準として適用されることが多い。

課文

1. **申请人**（卖方；澳大利亚法人X）与**被申请人**（买方；中国法人Y）签订了羊毛买卖合同。
   其后被申请人未按照合同**约定**开立**信用证**。被申请人在与申请人方多次电话交谈中称由于市场变化和流动资金问题不能履行合同。

2. 申请人通过传真及信件方式向被申请人发出通知，指出被申请人的不履约行为给申请人造成了严重而持续的经济损失，要求被申请人赔偿申请人的损失。

3. 申请人主张，系争合同的**准据法**为《联合国国际**货物销售**合同**公约**》（以下简称《公约》）。被申请人则认为，当事人**仲裁**依据的是双方约定的《中国纺织品棉花交易示范合同条款》，仲裁庭应当以双方约定的适用法律来仲裁，这是双方的真实意思表示。

4. 根据两国所承担的《公约》义务，在双方未排除《公约》适用的情况下，《公约》应作为准据法适用于本案合同所发生争议的处理。《公约》未作规定的，鉴于买方所在国和仲裁地均在中国，根据最密切联系原则，应适用中国法律。

5. 对外经济贸易部关于执行《联合国国际货物销售合同公约》应注意的几个问题（1987外经贸法字第22号）规定如下：

根据公约第一条（1）款的规定，各公司与参加公约的国家的公司达成的货物买卖合同如不另做法律选择，则合同规定事项将自动适用公约的有关规定，发生纠纷或诉讼亦须依据公约处理。但公司亦可根据交易的性质、产品的特性以及国别等具体因素，与外商达成与公约条文不一致的合同条款，或在合同中明确排除适用公约，转而选择某一国的国内法为合同适用法律。

新単語

中国語	ピンイン	日本語
申请人	shēnqǐngrén	申立人
被申请人	bèishēnqǐngrén	被申立人
约定	yuēdìng	約定（する）
信用证	xìnyòngzhèng	信用状
准据法	zhǔnjùfǎ	準拠法
货物销售	huòwù xiāoshòu	物品売買
公约	gōngyuē	条約
仲裁	zhòngcái	仲裁

日訳

1　　申立人（売主；オーストラリア法人X）と被申立人（買主；中国法人Y）は、羊毛売買契約を締結した。
　　その後、被申立人は、契約の約定に従った信用状を開設しなかった。被申立人は、申立人と何回にもわたって電話で協議する中で、市場の変化および流動資金問題故に契約の履行ができないという。

2　　申立人は、ファックスおよび書簡により被申立人に通知し、被申立人の契約不履行により申立人に重大かつ継続的な経済損失が生じたことを指摘し、被申立人に申立人の損失を賠償するよう要求した。

3　　申立人は、紛争になっている契約の準拠法は「国連国際物品売買契約条約」（以下、「条約」という）であると主張する。被申立人は、当事者の仲裁の根拠は双方が約定した「中国紡織品・綿花貿易契約模範契約書約款」であり、仲裁廷は双方が約定した適用法により仲裁を行うべきで、それが双方の本当の意思であるという。

4　　両国が承認している条約の義務に基づけば、双方は条約の適用について留保していないので、条約が準拠法として本件契約から生じた紛争の処理に適用されるべきである。条約に規

定のないものは、買主所在国および仲裁地がいずれも中国であることに鑑みて、最も密接な関係という原則により、中国の法律を適用すべきである。

5　　対外経済貿易部の国連国際物品売買契約条約の執行において注意すべきいくつかの問題について（1987年外経貿法字第22号）は、以下のとおり規定している。

　　条約第1条1項の規定に基づき、各公司は条約加入国の会社と締結する貨物売買契約において別途法律を選択しない場合は、契約の規定する事項は自動的に条約の関係規定を適用し、紛争または訴訟が生じた場合には条約により処理する。ただし、公司が取引の性質、製品の特性および各国別の具体的な要因により、外国商人と条約の条文に一致しない契約条項を定めた場合、または契約において条約の適用排除を明記した場合には、某国の国内法を契約の適用法とする。

用語の概念

准据法（準拠法）

　最高人民法院は、2007年6月11日に同法院審判委員会第1429回会議において「最高人民法院の渉外民事または商事契約紛争事件を審理する法律適用の若干の問題に関する規定」（以下、「規定」という）を採択した。この規定は、2007年8月8日から施行されている。

　準拠法とは、国際私法によって、例えば、国際物品売買契約等の法律関係を規律する場合に選択し、適用する法のことをいう。国際契約においては、準拠法を定めておくことが非常に重要である。

　上記の規定により、準拠法の決定原則が定められた。準拠法を明らかにすることで、渉外的法律関係において紛争が生じたときの、解決方法・結果の予測可能性が高まることになる。

　外国企業は、中国企業との渉外的契約関係を結ぶ場合、実務上において必ずしも準拠法を明確に定めていない契約が散見されたが、紛争解決を円滑にするための予防法務としても準拠法を契約で明らかにしておくことが適当である。

争点

　ウィーン売買条約は、営業所が異なる国に所在する当事者間の物品売買契約について、これらの国がいずれもウィーン売買条約の締約国である場合、または国際私法の準則により締約国の方の適用が導かれる場合に適用される（ウィーン売買条約第1条1項）。

❧ 関連事項 ❧

> 关于上述仲裁案件双方在销售合同中明确约定，除非另有约定，《2000年**国际贸易术语解释通则**》适用于本合同及买卖双方的任何**争端**或**索赔**。仲裁庭认为，双方对以上两项法律适用事项的意见是一致的，没有分歧。因此，根据当事人意思自治的原则，仲裁庭认为，本案除了应当适用《2000年国际贸易术语解释通则》外，还应当适用中国法律。

❧ 新単語 ❧

中国語	ピンイン	日本語
国际贸易术语解释通则	guójì màoyì shùyǔ jiěshì tōngzé	貿易条件の解釈に関する国際規則（インコタームズ、International Rules for the Interpretation of Trade Terms）
争端	zhēngduān	争いの発端、紛争
索赔	suǒpéi	クレーム

❧ 要約 ❧

双方は、売買契約において、別途規定するほかは「貿易条件の解釈に関する国際規則2000」を本契約および売買双方のいかなる紛争またはクレームにも適用することを明確に約定している。仲裁廷は、双方は法律の適用事項に関して意見が一致しており、相違がないものと認めた。

❧ 解釈と視点 and/or ワンポイント・アドバイス ❧

中国は、1986年12月に国際物品売買契約条約（ウィーン売買条約）を批准した。この条約は、1988年1月1日から発効している。

日中間の物品売買契約について、日本が同条約に未加盟のときにおいても、日中間の売買契約の履行から紛争が生じ、中国国際経済貿易仲裁委員会に仲裁が申し立てられたときに、売買契約において準拠法が定められていない場合に、同委員会はウィーン売買条約を準拠法と認定したという事案がある。

現在、日本もウィーン売買条約の加盟国になったので、日中間の物品売買契約においてウィーン売買条約が適用されるケースは増えるものと予測される。

第4課 不可抗力

（不可抗力）

中国企業との国際取引および中国国内における事業遂行上において、契約書の中で不可抗力条項に関して、どのようなことに注意しておく必要があるだろうか。契約書の不可抗力条項には、火山爆発、山崩れ、雪崩、土石流、地震、台風、洪水、津波、戦争、ストライキなどが例示されている。

課文

1. 《民法通则》第107条规定："因**不可抗力**不能履行合同或者造成他人损害的，不承担**民事责任**，法律另有规定的除外。"

2. 《合同法》第117条规定："因不可抗力不能履行合同的，根据不可抗力的影响，部分或者全部**免除责任**，但法律另有规定的除外。当事人**迟延履行**后发生不可抗力的，不能免除责任。本条所称不可抗力，是指不能预见、不能避免并不能克服的客观情况。"

3. 《合同法》契约法第118条规定："当事人一方因不可抗力不能履行合同的，应当及时通知对方，以减轻可能给对方造成的损失，并应当在**合理期限**内提供证明。"

4. 不可抗力指当事人订立合同时不可预见，它的发生不可避免，人力对其不可克服的自然灾害、战争等客观情况。

5. 合同责任，是当事人违反合同约定所应承担的民事责任。
   当事人在什么情况下应当承担**违约责任**，涉及违约责任的**归责原则**问题。归责原则，是确定没有履行合同义务的当事人是否应当承担违约责任的规则，**有过错责任原则**和无过错责任原则。

6 　　在一般情况下，因不可抗力不能履行合同的，可以根据不可抗力的影响，部分或者全部免除责任，但法律另有规定的不在此限。

新単語

中国語	ピンイン	日本語
不可抗力	bùkěkànglì	不可抗力
民事责任	mínshì zérèn	民事責任
合同法	hétongfǎ	契約法
免除责任	miǎnchú zérèn	免責
迟延履行	chíyán lǚxíng	履行遅延
合理期限	hélǐ qīxiàn	合理的期限
违约责任	wéiyuē zérèn	違約責任
归责原则	guīzé yuánzé	帰責原則
有过错责任原则	yǒuguòcuò zérèn yuánzé	過失責任の原則

日訳

1 　　民法通則第107条は、「不可抗力により契約が履行できず、または他人に損害をもたらした場合には、法律で別途規定があるものを除き、民事責任を負わない」と規定している。

2 　　契約法第117条は、「不可抗力により契約が履行不能となった場合には、不可抗力の影響に基づき一部または全部の責任を免除する。ただし、法律が別途規定する場合を除く。当事者が履行遅延した後に不可抗力が発生した場合には、免責されない。この法において、不可抗力とは、予見不能、回避不能、かつ克服不能な客観的状況をいう」と規定している。

3 　　契約法第118条は、「一方の当事者は、不可抗力により契約を履行できなくなった場合には、遅滞なく相手方に通知し、相手方にもたらす可能性のある損害を軽減しなければならず、かつ合理的な期限内に証明を提出しなければならない」と規定している。

4 　　不可抗力は、当事者が契約を締結したときには予見できず、その発生を避けることができず、人の力では克服できない自然災害、戦争などの客観的状況をいう。

5 　　違約責任（契約責任）は、当事者が契約の約定に違反したときに負わなければならない民事責任をいう。
　　当事者が、どのような状況で違約責任を負うものとするのかは、違約責任の帰責原則の問題となる。帰責原則は、契約の履行義務のない当事者が違約責任を負担するか否かを確定す

る規則であり、これには過失責任原則および無過失責任原則がある。

6 　　　一般の状況下では、不可抗力により契約を履行できない場合には、不可抗力の影響に従って、一部または全部の責任を免除される。ただし、法律が別途規定する場合はこの限りでない。

用語の概念

事情変更 （事情変更）

　事情変更の原則とは、契約当時の社会事情や、契約成立の基礎となった様々な事情について、その後大きな変動が生じてしまい、契約をそのまま強制することが真の公平に反すると思うようになった場合、その契約を破棄して欲しい、または契約の内容を変更して欲しい、といった請求をすることができるという考え方をいう。

　中国には、事情変更の根拠法がないといわれる。それでも一般には事情変更が認められることがある。この場合には、信義誠実の原則の規定によっている。具体的には、中国民法通則第 4 条に「民事活動においては自由意思、公平、等価有償および信義誠実の原則を遵守しなければならない」という規定がある。また、契約法第 6 条に「当事者は、権利を行使し、または義務を履行する場合には、信義誠実の原則に従わなければならない」という規定がある。

争点

1. 2011 年 3 月 11 日に発生した東日本大震災およびこれを原因とする福島原子力発電所の事故は、不可抗力の事由とみなされるか。
2. さらに、この福島原子力発電所の事故に起因して発生している停電（計画停電を含む）、退避、出荷制限、放射能汚染、交通マヒなどは不可抗力の概念に該当するであろうか。

関連事項

> 　　　民用航空法第 124 条规定，因发生在民用航空器上或者在旅客上、下民用航空器过程中的事件，造成旅客人身伤亡的，**承运人**应当承担责任；但是，旅客的人身伤亡完全是由于旅客本人的健康状况造成的，承运人不承担责任。
> 　　　该事件包括因承运人过错而发生的事故，也含与承运人无关不可抗力，只要造成了旅客人身伤亡，承运人即使无过错，也要承担违约的民事责任。

🌿 新単語 🌿

中国語	ピンイン	日本語
承运人	chéngyùnrén	請負人

🌿 要約 🌿

　民用航空法は、航空機事故により旅客の身体に損害をもたらした場合には、責任を負わなければならないと規定している。航空会社の過失によらずに発生した事故であっても、旅客に対して無過失責任を負わなければならないものとしている。

🌿 解釈と視点 and/or ワンポイント・アドバイス 🌿

　不可抗力を主張するには、事件が、(1) 予見不能、(2) 回避不能、(3) 克服不能であることが必要である。そして、不可抗力による契約の履行に障害が生じた場合には、相手方に遅滞なく通知するとともに、損害拡大を防止する措置を講じておく必要がある。また、不可抗力であることの証拠として、政府の発表資料や報道機関の報道などを整えておくのがよい。

　ただし、不可抗力の概念は、常に不変の絶対的なものではない。不可抗力による抗弁に関して、過失責任の原則を広範に捉えすぎているという批判がある。従って、不可抗力や事情変更は、商業リスクとは異なることを認識しておかなくてはならない。

〈ハード・シップ条項〉

　国際取引契約において、ハード・シップ条項を設けていれば、この条項の適用を主張することも可能であろう。

　ハード・シップ条項とは、通常の取引上で発生するリスク以外の予期し得ない事態によって、契約の条件が一方の当事者に過重な負担となる場合において、合理性と公平性の基準に照らして、契約当事者が誠意を持って契約の修正について協議することを取り決める内容の条項である。

　現実的なビジネスの世界で、大きな状況の変化が発生した場合に、両当事者はこれに協力して対処し、妥当な解決を図る趣旨のハード・シップ条項を契約書に設ける場合が、英米法ではあまり見かけないが、大陸法の国々の間で多くなってきている（唐澤宏明『新版　国際取引——貿易・契約・国際事業の法律事務』同文館出版、平成15年、86頁）。

第 5 課　外貿代理制

（外貿代理制）

「外貿代理制」により中国貿易公司と取引を開始したところ、エンドユーザーの違約により、紛争が生じることが少なくない。外貿代理制度とは、どのようなものか。

課文

1　　X（新加坡 A 公司）与 Y（河北 B 贸易公司）于 1998 年 3 月 28 日通过传真达成了买卖锌铁板的合同。

　　合同签订后，X 根据合同规定于 1998 年 4 月 5 日开出**不可撤消**的即期信用证。但 Y 却未按合同约定的时间发运全部货物。

　　此后，X 多次向 Y 提出交涉未果，于 1998 年 11 月 20 日向中国国际经济贸易仲裁委员会申请仲裁。

2　　对此，Y 声称其于 1998 年 3 月 17 日与 C 工业用品公司（以下称 Z）签订了锌铁购销合同，但 Z 违反合同，不交货并提出涨价。Y 由于拒绝 Z 要求提高价格致使不能如期履行与 X 的合同。因此，Y 要求将 Z 列为本案的第三人。

3　　仲裁庭作出如下**裁决**。

　　仲裁必须以当事人之间的**仲裁协议**为基础，仲裁庭对案件的管辖、审理也仅限于当事人同意提交仲裁解决争议事项的范围。因此，仲裁庭无权追加第三人或接受第三人参加仲裁**程序**。

　　如果当事人的请求与案件第三人有法律上的利害冲突，而第三人不符合仲裁当事人的条件，可向法院提起诉讼。

　　因此，本案中，Y 将 Z 列为第三人的请求不成立。

　　Y 没有按照合同规定履行交货义务。因此，判决 Y 赔偿因未如期交货而给 X 带来的损失。

新単語

中国語	ピンイン	日本語
不可撤消	bùkě chèxiāo	取消し不能
即期信用证	jíqī xìnyòngzhèng	一覧払い信用状
裁决	cáijué	判断（判決とはいわない）
仲裁协议	zhòngcái xiéyì	仲裁合意
程序	chéngxù	手続き

日訳

1 X（シンガポールA公司）とY（河北B貿易公司）は、1998年3月28日にファックスで亜鉛鉄板の売買契約を締結した。

　契約に調印した後、Xは契約の約定に従って1998年4月5日に取消し不能の一覧払い信用状を開設した。しかし、Yは契約で約定した期間内にすべての貨物を引き渡さなかった。

　そこで、Xは、Yに対して何回も督促したが、依然として約定した内容が履行されなかったので、1998年11月20日に中国国際経済貿易仲裁委員会に仲裁を申し立てた。

2 これに対して、Yは、以下のとおりの主張をした。Yは、1998年3月17日にC工業用品公司（以下、「Z」という）と亜鉛鉄板の売買契約を締結した。ところが、契約の約定に反して、Zからの貨物引渡しがなかった。かつZから価格値上げ要求がなされ、これをYが拒否したので、Xとの契約を履行できなくなった。以上の事情のとおりであるから、YはZも本事案の第三者として仲裁に関与することを求めた。

3 仲裁廷は、以下のとおりの判断を下した。

　仲裁は、当事者間の仲裁合意を基礎としなければならず、仲裁による紛争解決に合意した事項の範囲においてのみ仲裁廷がこれを管轄し、審理する。従って、仲裁廷には、仲裁手続に第三者を加え、または第三者の参加を受け入れる権利はない。

　当事者の請求が事案の第三者と法律上の利害衝突があり、第三者が仲裁当事者としての条件を有していない場合には、法院に提訴をすることができる。

　以上からYがZも本事案の第三者として仲裁に関与することを求める主張は認容できない。

　Yは、売買契約の約定に従った貨物の引渡し義務を履行していない。よって、Yは、期日どおりに貨物をXに引き渡さなかったために生じたXの損失を賠償せよ。

🦋 用語の概念 🦋

外贸代理制（外貿代理制）

「外貿代理制」とは、対外貿易経営権を有さない中国国内企業が、商品の輸出入をしようとする場合、対外貿易公司にその輸出入を委託するというものである。

🦋 争点 🦋

外貿代理制により外国企業と中国対外貿易公司が対外取引契約を締結し、この契約の履行および契約にかかわって紛争が生じた場合において、当事者間に紛争を仲裁により解決するという仲裁合意があるとき、対外貿易公司に取引を委託した中国国内の企業を当事者として仲裁手続きに参加させることができるか否か。

仲裁は、当事者間に仲裁合意があることが、仲裁廷が仲裁管轄権を行使する法的根拠となる。仲裁合意によって規定されていない仲裁事項については、仲裁委員会は主体的に審理を行い、かつ判断をすることができない。従って、仲裁廷は、第三者が仲裁に参加することを受け入れる権利を有さない。

🦋 関連事項 🦋

> 伴随加入 WTO（世贸组织），中国政府修订了对外贸易法，将对外贸易经营权由原来的许可制改为**登记制**。这使得个人从事对外贸易经营活动也成为可能。但事实上，要想取得对外贸易经营权并非易事。

🦋 新単語 🦋

中国語	ピンイン	日本語
登记制	dēngjìzhì	届出制、登録制

🦋 要約 🦋

中国は WTO 加盟に伴い、対外貿易法を改正し、従来は許可制であった対外貿易経営権の取得を届出制に変更した。これにより、個人も貿易業務を行うことが可能になった。しかし、現実には対外貿易経営権の取得は容易ではない。

解釈と視点 and/or ワンポイント・アドバイス

　対中貿易取引の実務上においては、少なからず「外貿代理制」が採用されているという事情がある。このような契約の場合、しばしば外国企業の国際取引契約の真の当事者は中国国内の生産工場であるから、契約は外国企業と中国の対外貿易公司との間で締結されたものであっても、もし中国側に契約不履行が生じたら、契約上、外観上の当事者である対外貿易公司ではなく、生産工場に履行の要求をすべきであるという主張を中国の対外貿易公司がすることがある。

　このような対外貿易公司の主張が仲裁手続きにおいては認容されないことは上述したとおりである。しかし、このような取引形態であり、実質的な取引先との間で仲裁合意がない場合には、当該実質的取引先を代理人として仲裁に参加する、または参加させることがあり得る。

　このような方策が可能であるのか。もし可能であるなら、外国企業としては、仲裁判断の結果の執行ということを勘案しても、実質的な取引先を紛争相手方の代理人として仲裁に参加させるのが望ましく、このような方策を検討しておくのがいいということがいえそうである。

　もっとも、このような提案をするものの、この場合には第三者が自己の利益に重大な影響があるとして積極的に代理人として仲裁手続きに参加する意思がなければ実現しないのではないかと考える。そうであれば、実務的には難しい手法である。

参考

〈仲裁的优势〉

　　与其他争议解决方式相比，仲裁具有以下优点：

　●　当事人意思自治

　　在仲裁中，当事人享有选定仲裁员、仲裁地、仲裁语言以及适用法律的自由。当事人还可以就开庭审理、证据的提交和意见的陈述等事项达成协议，设计符合自己特殊需要的仲裁程序。

　●　一裁终局

　　商事合同当事人解决其争议的方式多种多样，但是，只有诉讼判决和仲裁裁决才对当事人具有约束力并可强制执行。仲裁裁决不同于法院判决，仲裁裁决不能上诉，一经作出即为终局，对当事人具有约束力。

　●　仲裁具有保密性

　　仲裁案件不公开审理，从而有效地保护当事人的商业秘密和商业信誉。

　●　裁决可以在国际上得到承认和执行

　　《承认及执行外国仲裁裁决公约》（1958 年《纽约公约》）现有缔约的国家和地区 146 个，根据该公约，仲裁裁决可以在这些缔约国得到承认和执行。此外，仲裁裁决还可根据其他一些有关仲裁的国际公约和条约得到执行。《纽约公约》于 1987 年对中国生效，中国在加入《纽约公约》时作出了商事保留和互惠保留。

第6課 加工贸易

（加工貿易）

中国内陸部農村地帯の都市化が進展している。内陸部が、加工貿易の新たなフロンティアとなりつつある。外国企業としては、中国における加工貿易の利用のあり方について再検討する必要がある。

課文

1 商务部关于加强加工贸易管理有关问题的通知（2007年）
    为进一步完善加工贸易管理，鼓励加工贸易企业优化结构、提高效益、**自主创新**、积极履行社会责任，限制和减少加工贸易企业从事能源消耗高、环境污染重、**附加值**低的生产加工，有效推进加工贸易**转型升级**，促进加工贸易健康发展，各级商务主管部门在加工贸易业务管理中要不断加强制度建设，**据实核查**加工贸易企业的经营资格和加工生产能力，把好企业**准入**关。

2   加工贸易是中国改革开放的战略选择，是承接多国籍企业转移、参与国际分工的重要途径。30多年来，加工贸易获得长足发展，为经济社会发展做出了重大贡献。当前，加工贸易发展面临着外部需求萎缩、经营成本上升、环境资源压力不断加大、国际竞争**愈加**激烈等多重压力，推动加工贸易转型升级成为当前和今后一段时期重要而紧迫的战略任务。

3   在推动东部地区加工贸易转型升级的同时，商务部会同人力资源社会保障部和海关总署等部门积极推动加工贸易向**欠发达地区**转移，开展了认定和培育加工贸易**梯度**转移重点承接地的工作。

4   通过承接加工贸易转移，中西部地区实现产业从无到有、从小到大、从低到高的**跨越式**发展，解决了劳动力本地就业，促进了产业和人口**集聚**，加快新兴工业化和城镇化进程，加速中部**崛起**和西部大开发。

新単語

中国語	ピンイン	日本語
自主创新	zìzhǔ chuàngxīn	自主開発
附加值	fùjiāzhí	付加価値
转型升级	zhuǎnxíng shēngjí	グレードアップを図る
据实	jùshí	事実に基づき
核查	héchá	綿密に調査・検査する
准入	zhǔnrù	参入を許可する
愈加	yùjiā	ますます、いっそう
欠发达地区	qiànfādádìqū	未発達地区
梯度	tīdù	ティア、レベル
跨越式	kuàyuèshì	長足の、飛躍的な
集聚	jíjù	集積する
崛起	juéqǐ	急に立ち上がる

日訳

1　商務部の加工貿易管理を強化する関係問題に関する通知（2007年）
　　加工貿易管理をさらに整備し、加工貿易企業の構造の優位化、効率の向上、自主創造、積極的な社会的責任の履行を奨励し、加工貿易企業が、エネルギー消費が高く、甚だしく環境を汚染し、付加価値の低い生産加工に従事することを規制かつ減少させ、効果的に加工貿易のグレードアップを図り、加工貿易の健全な発展を図るために、各級商務主管部門は加工貿易業務管理において絶えず制度を構築することを強化し、加工貿易企業の経営資格および加工生産能力を綿密に調査し、企業の参入をしっかりチェックしなければならない。

2　加工貿易は、中国が改革開放を進める上で戦略的に選択したものであり、多国籍企業の移転を受け入れ、国際分業に参画する重要な方途であった。三十余年来、加工貿易は長足の発展を遂げ、経済社会の発展に重要な貢献をしてきた。現在、加工貿易の発展は外需の萎縮、経営コストの上昇、環境資源圧力の不断の拡大、国際競争の一層の激化といった様々な圧力に直面しているところ、加工貿易のグレードアップを推進することは、現在および今後一定期間において重要かつ喫緊の戦略的任務である。

3　東部地区の加工貿易のグレードアップを推進すると同時に、商務部は、人力資源社会保障部および税関総局などの部門とともに未発達地区への加工貿易の移転を積極的に推進し、加工貿易のレベルに応じた重点的承継地の認定および育成業務を展開した。

4　加工貿易の移転を承継することで、中西部地区は、産業の無から有、小から大、低から高へと長足の発展を実現し、労働力の地元就業を解決し、産業および人口の集積を促進し、新

興産業および都市化の進展を加速させ、中部の発展および西部の大開発を速めた。

用語の概念

加工貿易（加工貿易）

　加工貿易は、1978年の「対外加工組立業務を展開する試行弁法」により開始された。1979年には前記の試行弁法に代わるものとして「委託加工および中小型補償貿易を対外的に展開するための弁法」が公布、施行され、本格的に始まった。日本において一般に生産委託と呼ぶ取引形態である。

　中国は、以下の3つに委託加工貿易を類型化している。

（1）来料加工

　外国企業が一定の原材料、補助材料、部品、デバイスおよび包装材料を提供し、さらに必要な場合には、若干の設備、儀器、工具、金型などを提供し、中国の企業が外国企業の要求する品質、規格に基づき加工し、完成品を生産する。

（2）来様加工

　外国企業が、仕様、柄、規格、品質、数量などの要求を指示し、中国企業がすべて現地の原材料などを用いて、自らの加工設備および工具を用いて、製品を生産する。

（3）来件組立

　外国企業が中国企業に組立に必要な部品、デバイスなどを提供し、中国企業が外国企業の要求に基づいて、組立を行う。

争点

1. 生産委託のメリットおよびデメリットとして何が考えられるだろうか。製品のコスト削減にはいいが、中国市場開拓はできない。
2. 現在、中国は、加工貿易企業の認定管理の整備をしている。すなわち、加工貿易企業の経営状況および生産能力を審査することとしており、「加工貿易企業経営状況および生産能力証明」（以下、「生産能力証明」という）に基づき加工貿易業務資格の認定、許認可を行っている。「生産能力証明」には、環境保護、エネルギー消費、従業員の雇用、設備レベルなどの指標が含まれ、これらによって経営状況および生産能力が審査される。

関連事項

加工貿易转型升级取得积极成效（2011年）
　　一是**劳动密集型**产品出口效益提高，二是经营主体由单一向多元转变，三是

产业链由短向长转变，四是生产模式由代加工为代设计、代加工一体化转变，五是市场结构从单一依赖国外向两个市场转变，六是人力资源持续升级，七是中西部地区占比不断提高。

新単語

中国語	ピンイン	日本語
劳动密集型	láodòngmìjíxíng	労働集約型
产业链	chǎnyèliàn	産業連関

要約

加工貿易のグレードアップによる効果（2011年）

　(1) 労働集約型製品輸出の向上、(2) 経営主体の多様化、(3) 産業連関の進展、(4) 生産モデルの転換、(5) 国内市場の開拓、(6) 人材資源のレベルアップ、(7) 中西部地区の比重増大。

解釈と視点 and/or ワンポイント・アドバイス

1. 加工貿易契約の実務上の留意点

　加工貿易契約には、一般に以下の条項が記載される。
(1) 加工組立：来料または来件の名称、規格、品質、数量、納期、納品方法など。
(2) 加工後製品の名称、規格、品質、数量、納期、納品方法。原材料、部品の損耗率、廃品率など。
(3) 外国企業の提供する設備および技術
(4) 加工賃
(5) 支払通貨および支払方法
(6) 運送および保険

　上記の契約条項のうち、とりわけ注意しておきたいのが、技術移転と製品の品質管理の問題である。

　加工貿易は、一見単純な加工であるように見えるかも知れないが、当然ながら粗雑な組立方では合格品はできない。例えば原材料を中国で調達する場合には、この原材料の品質がスペックに適合したものであり、その加工も精密であることが要求される。加工技術の指導に日本の企業は、相当の歳月を費やしている。このような初歩的なことから技術指導が長い間行われなければならない。

2. 中国で加工貿易を行う場合の今後の考え方

　中国政府は、「導入外資の質の向上と優位な（産業）構造を重視し、より多くの先進技術、管理経験およびハイレベルの人材を導入する。多国籍企業が先端的な製造・研究開発部門をわが国に移転するように誘導し、（導入した）外資が速やかに中西部、東北地区など旧工業基地および産業政策に適合した領域に拡大発展するようにする」と述べている。

131

第7課 技术转让合同让与人的义务

（技術供与契約のライセンサーの義務）

技術供与契約においては、重要用語の定義をしっかりと行い、製品の品質保証を求められる場合には、品質保証する条件として、ライセンサーの指定する原材料や部品などの使用環境のとおりの使用であり、勝手な技術改良などを施さず、マニュアルどおりの操作がなされる場合に保証するというように具体的、明確な約定をする必要がある。

課文

1　　某修理厂（X）与某开发公司（Y）签订一项**技术秘密**转让合同。
　　合同中约定：(1) Y 向 X 提供全部技术资料图片并派技术人员到 X 进行培训和**调试**样机。(2) X 向 Y 支付**技术转让费** 3 万元，X 如调试失败，达不到设计要求，Y 应退还全部转让费。(3) 自合同生效之日起，一方如违约，应向对方支付转让费的 1‰ 违约金。

2　　合同签订后，X 即付给 Y 转让费 3 万元，同时收受全部技术图纸，并开始按图纸生产样品。在生产样品过程中，X 发现图纸中有错误，生产出的样品无法使用。

3　　于是 X 派人与 Y **协商**，未达成一致意见。X 遂诉至法院，要求（1）与 Y 解除合同（2）退还全部转让费（3）支付违约金（4）赔偿因其错误造成的损失。

4　法院的判决
　　(1) 中止 X 与 Y 的技术转让合同。
　　(2) Y 须向 X ①退还全部转让费②支付违约金③赔偿因其错误造成的损失。

5　分析讨论
　　技术转让合同包括专利权转让合同、商标权转让合同、技术秘密转让合

同。作为技术转让合同的**让与人**一方的主要义务，是按照合同的约定将技术成果转让给受让人，对其转让的技术成果应担保无瑕疵。

6　　那么具体要保证什么呢？在中国，技术转让合同的让与人应当保证所提供的技术是完整无误和有效的，能够达到约定的目标。

　　此合同在履行上存在**漏洞**。即即使让与人提供的技术本身没有问题，但由于中国厂方周边环境（原材料的质量有问题，部件的质量、规格有问题）不佳也可能导致无法生产预期的产品。此时，技术转让合同的让与人往往要承担违约责任，被**勒令**赔偿经济损失。

新単語

中国語	ピンイン	日本語
技术秘密	jìshùmìmì	ノウハウ
调试	tiáoshì	試運転
技术转让费	jìshùzhuǎnràngfèi	ライセンス料、ロイヤリティ
协商	xiéshāng	協議
让与人	ràngyǔrén	ライセンサー、譲渡人
漏洞	lòudòng	抜け道
勒令	lèlìng	強いる、強制的に〜させる

日訳

1　　某修理工場（X）と某開発公司（Y）は、技術供与契約を締結した。
　　契約では、以下のことを約定した。（1）Yは、Xにすべての技術資料図面を提供し、技術者を派遣し、デモ機械の操作技術を指導し、デモ機械の試運転を行う。（2）Xは、Yにライセンス料3万元を支払う。ただし、Xが試運転に失敗し、生産された製品が設計基準に満たない場合には、Yはライセンス料を全額返還する。（3）契約発効の日から一方が違約をした場合には、もう一方にライセンス料の1‰の違約金を支払う。

2　　契約に調印した後、Xは、Yに3万元を支払い、同時にすべての技術資料図面を受領し、図面に従ってサンプルの試作を開始した。サンプルの試作過程において、Xは図面に錯誤があり、生産されたサンプルは所期の品質・性能に満たないことが分かった。

3　　そこで、Xは、技術者をYに派遣し協議を行ったが、双方の意見は一致しなかった。このため、Xはやむなく法院に訴えを提起し、（1）Yとの契約解除、（2）ライセンス料の全額

返還、(3) 違約金の支払い、(4) 所期の製品が生産されずに発生した損害の賠償を Y に対して請求した。

4 法院の判決

(1) X の Y とのライセンス契約解除の請求を認める。

(2) Y は、X に対して、①ライセンス料を全額返還し、②違約金を支払い、③所期の製品が生産されずに発生した X の損害を賠償せよ。

5 分析と検討

ライセンス契約の概念には、特許権使用許諾、商標権使用許諾、ノウハウ供与などの契約が含まれる。これらの契約において、ライセンサーは、契約の約定に従って、ライセンサーが保有しているライセンスをライセンシーに供与し、その供与されるライセンスには瑕疵がないことを保証しなければならない。

6 ここで保証する内容とは何か。中国は、ライセンス契約のライセンサーは、提供した技術が完全、確か、有効で、契約に定められた技術目標を達成することを保証しなければならないとしている。

ここに契約履行上の落とし穴がある。すなわち、技術供与自体には何ら問題がなくても、中国側の工場の周辺環境が悪い（原材料の質、または部品の品質や規格に問題がある）ことから、所期の完成品が生産されないということがある。このとき、往々にしてライセンサーの責任にされ、損害賠償を請求されるということがある。

✧ 用語の概念 ✧

技术转让费（ライセンス料、ロイヤリティ）

技術使用料の支払い方法としては、(1) 一括支払い方式、(2) ランニング・ロイヤリティ方式、(3) 一括支払いとランニング・ロイヤリティの結合方式、(4) クロス・ライセンス方式が代表的なものである。このほか、イニシャルの支払いを受けることにも注意したい。

✧ 争点 ✧

1. 技術供与に関しては、「技術輸出入管理条例」（2001 年 12 月 10 日公布、2002 年 1 月 1 日施行）により規律されている。
2. 最高人民法院は、2004 年 11 月 30 日に「技術契約紛争事件を審理する適用法の若干の問題に関する解釈」（关于审理技术合同纠纷案件适用法律若干问题的解释）を発布した。この解釈は 2005 年 1 月 1 日から施行されている。

❧ 関連事項 ❧

> 技术进出口应当符合国家的产业政策、科技政策和社会发展政策，有利于促进我国科技进步和对外经济技术合作的发展，有利于维护我国经济技术权益（中华人民共和国技术进出口管理条例第四条）。
>
> 在与中国企业签订技术转让合同时，应当准确定义重要用语；在被要求保证产品质量时，应当明确具体地约定保证产品质量的条件，如在让与人指定的使用环境下使用让与人指定的原材料、部件等；不随便进行技术改良；严格按照**操作手册**进行操作等等。

❧ 新単語 ❧

中国語	ピンイン	日本語
操作手册	cāozuòshǒucè	マニュアル、ハンドブック

❧ 要約 ❧

技術輸出入は、中国の産業政策に適合していなければならず、中国の経済技術権益の維持・保護に有益なものでなければならない。

技術供与契約においては、重要用語の定義、品質保証の要件の定め方、技術改良、マニュアルに従ったオペレーションの要求などについて明確に約定すべきである。

❧ 解釈と視点 and/or ワンポイント・アドバイス ❧

1. 重要用語の定義

技術供与協議の中で最も基本となるのが、契約書中で用いられる重要用語の定義についてである。一般に技術供与契約においては、移転するノウハウとは何を指すのか漠然としているために、その混乱を避けるために用語の定義が欠かせない。さらに、技術供与契約は、往々にして技術ノウハウの供与に際して、ノックダウン方式が用いられるケースが多いため、「製品」「部品」「商標」などの用語についても詳細な定義をしておくことが必要である。

2. 技術情報、ノウハウ、技術サービス

特許権の譲渡、特許出願権の譲渡、特許の実施許諾、ノウハウの譲渡、技術サービスおよびその他の方法による技術の移転が含まれる。

3. その他重要事項

以上のほかに、保証責任（技術水準の保証、第三者保証）、商標の使用許諾、秘密保持、技術改良などにも注意が必要である。

第8課 加强外商投资项目管理

(外商投資プロジェクトの管理強化)

国家発展改革委員会と商務部は、「外商投資産業指導目録」を発布した。新ガイドラインは、(1) いかなる特徴を有し、(2) いかなる狙いで策定されたものなのか、(3) 外国企業にいかなる影響をもたらすか。

課文

1　　经国务院批准，国家发展改革委、商务部12月24日发布第12号令，全文公布《外商投资产业指导目录（2011年修订）》，自2012年1月30日起施行。

2　　中国已成为全球第二大引资国。新《目录》统筹国内发展和对外开放，重点强调优化外资结构，推动科技创新、产业升级，对中国实施"十二五"规划，提高利用外资水平，调整优化经济结构，在更高层次、更大范围参与国际合作和竞争将发挥积极的促进作用。

3　　本次《目录》修订，主要有以下调整和变化：
　　一是进一步扩大对外开放。以开放促改革、促发展，营造良好的投资环境。新《目录》增加了鼓励类**条目**，减少了限制类和禁止类条目。同时，取消部分领域对外资的**股比限制**。

4　　二是促进制造业改造提升。将高端制造业作为鼓励外商投资的重点领域，促进外商投资使用新技术、新工艺、新材料、新设备，改造和提升传统产业。

5　　三是培育战略性新兴产业。抓住国际战略性新兴产业发展机遇，鼓励外商投资节能环保、新一代信息技术、生物、**高端装备**制造、新能源、新材料、新能源汽车等战略性新兴产业，提升中国承接国际产业转移的层次和水平，培育国际合作和竞争新优势。

6　　四是促进服务业发展。积极引导外商投资服务业，推动产业结构调整。

7　　五是促进区域协调发展。贯彻落实"十二五"规划《纲要》提出的推进新一轮西部大开发、全面振兴东北地区等老工业基地，大力促进中部地区崛起等部署，继续实行差别化的产业导向政策。

新単語

中国語	ピンイン	日本語
条目	tiáomù	細目、項目
股比限制	gǔbǐxiànzhì	出資（株式）持分比率
高端装备	gāoduānzhuāngbèi	ハイエンド装置

日訳

1　　国務院の認可を得て、国家発展改革委員会と商務部は、12月24日に第12号令を発布し、「外商投資産業指導目録（2011年改正）」（ガイドライン）の全文を公布した。これは、2012年1月30日から施行される。

2　　中国は、すでに世界第2位の外資受入れ国である。新ガイドラインは、国内の発展と対外開放を統一的に計画し、外資構造の優位化を重点的に図り、科学技術のイノベーション、産業のグレードアップを推進し、中国の「第12次5カ年計画」の実施において外資利用レベルを高め、経済構造の優位化を図り、さらに高いレベルで、かつ広範に国際協力と競争に参与することに関して積極的な推進機能を発揮させるものである。

3　　今回の「ガイドライン」の改正には、主に以下のとおりの調整および変化がある。
　　第一に、さらに対外開放を拡大する。開放をもって改革、発展を促進し、良好な投資環境を整える。新ガイドラインは、奨励項目を増やし、制限および禁止項目を減らした。同時に一部の分野において対外投資の出資比率制限を取り消した。

4　　第二に、製造業の改造のレベルアップを促進する。ハイエンドの製造業を外商投資を奨励する重点分野とし、外商投資が新技術、新生産工程、新素材、新設備を使用することを促し、旧来型産業を改造し、レベルアップする。

5　　第三に、戦略的新興産業を育てる。国際戦略的新興産業の発展機会を掴み、省エネ・環境保護、新世代の情報技術、生物、ハイエンド装置製造、新エネルギー、新素材、新エネルギー

自動車などの戦略的新興産業への外商投資を奨励し、中国の国際産業誘致の階層およびレベルの向上を図り、国際協力および競争における新たな優位性を育む。

6　　第四に、サービス業の発展を促す。外商がサービス業に積極的に投資するようにし、産業構造の調整を推進する。

7　　第五に、地域の協調的発展を促進する。「第12次5カ年計画」要綱が提起した新たな西部大開発、東北地区などの旧工業基地の全面的振興、中部地区の迅速な発展といった任務を貫徹実行し、差別化された産業誘致政策を継続的に実行する。

用語の概念

現代服务业（現代的サービス業）

現代的サービス業には、以下のものが含まれる。

人民生活の利便性と生活の質向上を目標にし、積極的に不動産、公共サービス、商業貿易流通など生活面におけるサービスを発展させ、日増しに増大する消費需要を満たす事業。都市と農村公共施設の建設を強化し、社会就業、社会保障サービスと科学、教育、衛生、体育などを推進する公共サービス事業。

争点

1. 中国のローエンド製造業の製品が、今まで以上に先進資本主義国に輸出されることはなく、むしろ輸出余地は飽和状態になりつつあるとも考えられる。
2. 外資投資の方向性をハイエンド製造業、戦略的新興産業、現代的サービス業へと導き、中国企業の技術力の強化、国際競争力の強化に役立てたいというのが、中国政府の考え方にある。
3. 中国の各地で最低投資密度という言葉が、頻繁にいわれるようになっている。最低投資密度とは、外国企業が中国に投資をし、土地を購入する場合には、投資密度により投資総額規模を要求するものとし、例えば、江蘇省蘇州新区では、1平方メートル当たり7500元の総投資を基準とするというものである。小規模投資の外資は、もう来なくてよいという意思表示にも見受けられる。

関連事項

国务院关于印发工业转型升级规划（2011～2015年）的通知
　　编制和实施《规划》，是推进中国特色新型工业化的根本要求，也是进一步

> 调整和优化经济结构、促进工业转型升级的重要**举措**，对于实现我国工业由大到强转变具有重要意义。
>
> "十二五"时期推动工业转型升级，要以科学发展为主题，以加快转变经济发展方式为主线，着力提升自主创新能力，推进信息化与工业化深度融合，改造提升传统产业，培育壮大战略性新兴产业，加快发展生产性服务业，调整和优化产业结构，把工业发展建立在创新驱动、集约高效、环境友好、惠及民生、内生增长的基础上，不断增强我国工业核心竞争力和可持续发展能力。

新単語

中国語	ピンイン	日本語
举措	jǔcuò	措置

要約

　この計画の発布の趣旨は、中国の特色ある工業化の根本的なニーズに応え、さらに経済構造を調整・優位化し、工業構造の転換およびグレードアップを促進するための重要な措置であり、工業大国、工業立国を行う上での必然的な方途である。

解釈と視点 and/or ワンポイント・アドバイス

1. 中国政府は、導入外資の質を向上させ国際競争力において優位な産業構造を重視し、より多くの先進技術を有する外資を誘致しようとする。
2. 外資誘致に関して中国政府は、対外開放政策を導入した当初とは異なり、(1)「量から規模」、すなわち、外資企業の誘致件数を一生懸命に追求していた時代から、外資企業の投資規模が大きい案件の誘致に転換し、(2)「量から質」、すなわち、前述同様に投資件数よりも進出する外資の技術力がいかに先端的なものであるのかを追求するようになり、(3)「産業選別から企業選別」、すなわち、奨励産業であれば誘致奨励をしていたところを、奨励産業であっても個々の企業の技術レベル、固有技術がいかに先端的であるのかを追求するように戦略を転換してきている。
3. 国務院は、「工業構造の転換・グレードアップ計画（2011～2015年）」を発布した。中国は、この計画をもって開放を拡大し、改革を深化させ、工業構造を転換・グレードアップするための強大なドライビング・フォースにするという。このとき、「2つの資源、2つの市場」を十分に活用し、外需を安定させ、内需を拡大し、内需と外需の均衡のとれた発展を図りたいとしている。
4. 中国進出を検討する企業は、中国の産業（立地）政策を十分に検討した上で、進出地区、進出形態などについて決定することが従来にも増して重要になる。

第 9 課　发展战略性新兴产业——何谓投资领域的新增长点？

（戦略的新興産業を発展させる——有望な投資分野）

中国政府は、2015 年までに戦略的新興産業を基本的に構築し、当該産業の GDP に占める割合を 8％に引き上げ、2020 年には 15％にまで引き上げようとする。外資にとって有望な投資分野に変化はあるだろうか。

課文

1　　2010 年 10 月 10 日，中国国务院颁布了《关于加快培育和发展战略性新兴产业的决定》。

2　　战略性新兴产业是指环保、新材料、新能源、生物科学、新一代信息技术、高端装备制造、新能源汽车等产业。根据决定，到 2015 年，战略性新兴产业增加值占中国国内生产总值的比重力争达到 8％，到 2020 年达到 15％左右。

3　　中国发展战略性新兴产业的背景何在？执行决定是否存在障碍？目前，中国处于怎样一个经济、社会环境之下呢？

4　　中国正处于转换发展战略，**力图**社会安定的重要时期。由于工业化及城市化的迅速发展，中国正面临人口、资源、环境的三重压力。从前的发展模式已或多或少地呈现出其局限性，而经济结构和资源环境的矛盾日益加大也是不可否认的事实。

5　　因此，为了实现和保持社会安定，中国有必要加快培育和发展战略性新兴产业。在发展战略性新兴产业上还存在以下几个难题有待解决。

6　　第一，全国各地经济发展水平不均衡，难以实行统一的战略性新兴产业发展。希望发展较低水平产业的地方经济仍然存在。第二，没能构建产官学联合体系。缺乏对知识产权的保护。第三，基础产业及技术水平还未完全成

型。第四，市场经济的力度存在问题。第五，财政、金融政策的支持体系还不健全。第六，推动与外国政府、企业实行国际合作的体制还不健全。

7　　尽管如此，进入第 12 个 5 年计划的中国正处于经济、社会环境的转型期，也是实现社会安定的重要时期。因此，中国将举国发展战略性新兴产业。可以说战略性新兴产业诸领域正是外国企业对中投资的新增长点。

新単語

中国語	ピンイン	日本語
力图	lìtú	努めて～しようとする

日訳

1　　国務院は、2010 年 10 月 10 日に「戦略的新興産業を迅速に育成・発展させることに関する決定」を発布した。

2　　戦略的新興産業とは、環境保護、新素材、新エネルギー、バイオテクノロジー、新世代情報技術、ハイエンド設備製造、新エネルギー自動車の各産業分野をいう。2015 年までにこれらの戦略的新興産業の付加価値額の GDP に占める割合を 8％に引き上げ、2020 年には 15％にまで引き上げるとする。

3　　戦略的新興産業を発展させようとする背景は何か。決定を執行する上での障害はないだろうか。今、中国はどのような経済・社会環境にあるのか。

4　　中国は今、発展戦略を転換し、社会の安定を図る重要な時期にさしかかっている。このようにいうのは、工業化および都市化の急速な発展のために、中国が、人口・資源・環境の 3 つの圧力に直面しているからである。これまでの発展モデルは、すでに多かれ少なかれ限界が露呈し、経済構造および資源環境の矛盾が大きくなってきていることも否定できない事実である。

5　　そこで、社会の安定を実現し保つ上でも戦略的新興産業の育成と発展を図る必要がある。戦略的新興産業を発展させるには、解決すべき以下のような様々なボトルネックもある。

6　　第一に、各地方の経済発展レベルが不均衡であり、一律に戦略的新興産業を発展させることはできそうにない。これよりも低いレベルの産業を発展させたい地方も依然ある。第二に、

産官学の共同体制が構築されていない。知的財産権の保護も欠けている。第三に、基礎となる産業・技術レベルも十分に整っているとはいえない。第四に、市場経済の力量にも問題がある。第五に、財政・金融政策による支援体制も不備である。第六に、外国政府・企業との国際協力を進めるための体制が整っていない。

7 それでもなお第12次5カ年計画に入るこの時期は、経済・社会環境の転換期にあり、社会の安定を図る重要な時期でもある。それゆえ、中国は国を挙げて戦略的新興産業の発展に取り組む。外国企業が対中投資をする際には、戦略的新興産業の諸分野が有望であるといえよう。

用語の概念

战略性（戦略的）

戦略性（戦略的）とは、鄧小平が「大局的であっても具体的であっても、およそ任務を担うものは事務主義者ではなく戦略家として、大局に目を配り、事物の本質および発展趨勢を見極めなければならない」と述べたことから広く使われるようになった言葉である。

米中は「戦略的パートナーシップ」であり、日中は「戦略的互恵関係」であるというように使用されることもある。

争点

1. 世界銀行グループの一機関である国際金融公社（IFC）は2010年7月に「Investing Across Borders 2010」と題した報告を発表し、中国を含む87カ国の投資環境について評価した結果、中国は外資に対する規制が最も多い国の1つであるとした。
2. それでも、米中全国貿易委員会（US-China Business Council）が2010年に実施した同委員会加盟企業に対するアンケート調査によると、対中投資をしている企業のうち88％が利益を上げており、このうち81％の企業の利益率は他の国における利益率よりも高いという。そして、有望な海外投資先として85％の企業が、中国を第1位に選んでいる。

関連事項

中国粗钢总产量为5.68亿吨，水泥总产量为16.5亿吨，分别占世界总产量的43％和52％。而这些能源的绝大部分被中国国内消费。一次能源的消费量为31亿吨，占世界能源总消费量的17.5％。然而中国的GDP为34亿元（约合4.7兆美元），仅占世界的8.7％。这说明中国能源消费效率低，国内资源正走向枯竭，而现行的产业发展结构也终会**走投无路**（引用的数据均为2009年末统计数据）。

中国用仅占世界 9%的耕地养活着 20%的世界人口。2030 年，中国人口预计达到 16 亿，那时候人均耕地面积将比现在减少 10%。另外，中国的环境污染问题也令人担忧。

❦ 新単語 ❦

中国語	ピンイン	日本語
走投无路	zǒu tóu wú lù	行き詰まる、万策つきる

❦ 要約 ❦

　中国の粗鋼生産は 5 億 6800 万トン（2009 年。以下、データは 2009 年末時点のものである）、セメント 16 億 5000 万トンでそれぞれ世界の総生産量の 43%、52%を占め、ほとんどが国内で消費されている。一次エネルギーの消費量は 31 億トン（標準炭換算）で世界のエネルギー総消費量の 17.5%を占めている。しかし、中国の GDP は 34 億元（約 4 兆 7000 万ドル）と世界の 8.7%でしかない。このことは、中国のエネルギー消費効率が悪く、国内のエネルギー資源が枯渇しつつあり、現在の産業発展モデルはいずれ行き詰まるであろうことを表している。

　世界の 9%しかない耕地面積で世界の人口の 20%を養っている。2030 年には総人口が 16 億人になると予想されており、この場合には 1 人当たりの耕地面積は現在から相対的に 10%減少することを意味する。このほか中国の環境汚染も深刻である。

❦ 解釈と視点 and/or ワンポイント・アドバイス ❦

1. これからの有望な投資分野は、情報通信、コンピュータ・ソフト開発、医薬、新エネルギーといった発展チャンスが高い産業である。化学繊維、原材料（鉄鋼、非鉄金属など）、紡織、不動産、金融といった業種は難しい局面が続きそうである。投資方式では、独資企業や合弁企業の設立といったグリーン・フィールド投資が主要な方式であり、M&A はさほど増えそうにない。
2. 中国が奨励する分野への外資投資については、許認可手続が簡素化される。次のような通知が発布されている。

　例えば、「外商投資行政許可を簡素化し、規範化することに関する通知」、「外商投資株式会社、企業変更、審査認可事項を委譲することに関する通知」、「外商投資のオンライン許可サービス・システムの開始に関する通知」、「省級商務主管部門および国家級経済技術開発区が一部のサービス業の外商投資企業の審査項目の審査および管理に責任を負うことに関する通知」、「外商投資の審査・認可業務をさらに改善することに関する通知」、「外国企業が投資性公司を設立する際の審査・認可権限を下部機関に委譲することに関する通知」、「外国企業がベンチャー投資企業、ベンチャー投資管理企業を設立する際の審査・認可権限を下部機関に委譲することに関する通知」などがある。

第10課 对内陆省份招商引资热潮的忧虑

（内陸省の外資誘致ブームに対する憂慮）

中国の内陸部都市政府が外資を誘致するために非常に好条件の優遇政策を打ち出している。外資企業は、外資誘致の優遇政策の内容だけにとらわれることなく、しっかりとしたマーケティングを行った上で企業進出するか否かを判断するのが適当である。

課文

1　　在2008年世界金融危机之中，中国内陆省份地方政府推出了一系列优惠政策以吸引外商投资。中西部地区和东北部地区的地方政府也大力**招徕**日本的中坚和中小企业。
　　中国内陆省份地方政府是否真的能够提供如此优惠的条件？在作出投资决策时是否存在一些注意事项？下面我们来具体谈一谈。

2　　现在，中国的内陆省份**掀起**新一轮招商引资热潮。有关负责部门声称能够为外资企业提供延长企业所得税减免年限、降低土地使用权转让费用、负责整顿基础设施、支付援助金等各种优待条件。

3　　种种**迹象**表明上述优惠政策并非虚假。然而中央政府的有关人士指出：一部分不具备财力和相关产业实力的中西部省份为了吸引外资以图经济发展，出台了一些不切实际的政策。

4　　另外也有不乏为了引进外资而**刻意**整顿基础设施或者根本不具备退税财政实力的内陆省份。一旦走到了无力支撑的地步这些优惠政策极有可能被取消。而事实上，尽管已有大量工业园区被开发，然而由于与自然保护区**接壤**而无法建造工厂、甚至在完成建厂后却被迫搬迁的例子已为数不少。

5　　可以说为了实现中国政府使国内GDP达到8%的目标，中国采取了大力吸引外资的措施。政府有关官员指出：中国的GDP增长目标为8%时，各县级政府的增长目标为10%，而下达给主管招商引资部门的任务指标为18%。

6　　　在外商投资下降的趋势之下，有关主管部门为了完成任务，不得不硬着头皮出台一系列不切实际的优惠政策。

新単語

中国語	ピンイン	日本語
招徕	zhāolái	招致、誘致
掀起	xiānqǐ	巻き起こす
迹象	jìxiàng	兆し、様相
刻意	kèyì	極力～する、苦心する
接壤	jiērǎng	境界を接する

日訳

1　　2008年の世界金融危機の中にあって、中国の内陸部の省レベルの地方政府が外資を誘致するために一連の優遇政策を打ち出している。中西部地区や東北地区の地方政府からも、日本の中堅・中小企業に対して多くの勧誘がある。
　　内陸省の地方政府は、本当にこのような好条件が提供できるのだろうか。投資決定に際して注意すべき問題はないのだろうか。この点について、検討する。

2　　今、中国の内陸部各省で、新たな外資誘致ブームが起こっている。関係担当部門は、外資企業のために企業所得税の減免期間を延長し、土地使用権譲渡費用を引き下げ、インフラ整備に責任を負い、助成金を支給するなど、様々な優遇政策を提供するという。

3　　様々な様相からして上述の優遇政策は、虚偽のものではない。しかし、中央政府の関係者は、一部の中西部の内陸都市は、その財政力や関連産業における実力がないのに、外資を誘致し経済発展を図りたいがために、無理な政策を打ち出していると指摘している。

4　　外資誘致のためにわざわざインフラ整備をしたり、地方財政に入った企業所得税を外資企業に還付したりすることができるだけの財政基盤が全くない内陸省もある。一度優遇政策に行き詰まってしまった場合、この優遇政策が取り消されるということもあり得る。事実、工業園区（工業団地）が随分と開発されているが、自然保護区と隣接しているところで、工場建設が許可されない土地であったりすることがあり、工場建設後に移転を迫られるということも少なくない。

5　　中国政府のGDP8％という成長目標達成のため、中国は外資を大いに誘致する措置をとったといえよう。ある政府関係者は、国のGDP成長率目標が8％であるときには、県レベル

の成長率目標は10％とされ、外資誘致担当部門の任務は18％の伸びを指標として与えられていると述べる。

6 　　外資の投資意欲が減退している中で、このような指標が任務として与えられるため、関連主管部門は無理をして一連の現実離れした外資優遇政策を策定している。

用語の概念

土地使用权（土地使用権）

中国において土地の私有は認められていない。全民所有または集団所有である。ただ、現在では、土地の所有権と使用権を分離し、使用権の譲渡が認められている。そこで、外資系企業が企業立地する場合、この土地使用権を取得する必要がある。土地使用権に関しては、土地管理法と同実施条例により規定されている。

この土地使用権は2種類ある。1つは有償払下土地使用権であり、もう1つは無償割当土地使用権である。有償払下土地使用権とは、国から有償で払下げを受けた土地について、使用料を支払い、一定期間使用することを認められた権利である。この土地の特徴として、土地使用権者は、この土地を譲渡し、賃貸し、または抵当権を設定することができる。無償割当土地使用権とは、国から特定の使途に限って無償で、期限の定めなく使用することを認められた権利である。この土地の特徴として、その使用者は、この土地を譲渡し、賃貸し、または抵当権を設定することができない。

争点

1. 内陸省の外資誘致ブームの弊害として、(1) 産業構造が不合理化し、過剰生産、重複建設という問題が生じること、(2) 緩い環境基準で企業誘致をするため、周辺の環境が悪化しているということなどがある。環境悪化に外資企業には何ら問題がなくても、このことが明確に立証できない場合、共同不法行為責任が問われることもある。
2. 外資企業としては、外資誘致の優遇政策の内容だけにとらわれることなく、十分なマーケティングを行った上で企業進出するか否かを判断するのが適当である。

関連事項

黑龙江省宁安市在其**网页**公布的招商引资优惠政策表明：投资者到该市市区办生产加工型企业，可按行政**划拨**方式办理用地手续，免缴土地使用费。

再如吉林省珲春边境经济合作区时了解到：该区就外资企业纳入地方财政的企业所得税实行从开始纳税的年度起，两年全额退还、其后三年退还一半的政策。

新単語

中国語	ピンイン	日本語
网页	wǎngyè	ホームページ
划拨	huàbō	割当て

要約

　黒竜江省寧安市がホームページ上で公表している外資誘致のための優遇政策では、生産加工型企業に対しては、行政割当方式で用地手続きを行い、土地使用費は免除するとしている。

　また、吉林省琿春辺境経済合作区は、企業所得税のうち地方財政に納入された所得税については、納税年度から起算して、2年間はその全額を還付し、その後3年間は半額還付するとしている。

解釈と視点 and/or ワンポイント・アドバイス

1. 多くの外国企業は、中国の巨大なマーケット、13億人市場に魅せられて、中国に進出する。最近では、中国で生産したものを自国または第三国に輸出する企業よりも、中国国内市場をターゲットにした企業のほうが成功しているとも言われる。しかし、この成功を摑むのは容易なことではない。それは、地区封鎖（地方保護主義とも言われる）が存在するからである。
2. 各地方政府が他地区の製品およびサービスを排除し、当該地区の製品およびサービスについて特別な保護を与え、市場を分割する規定は、撤廃されなければならない。とりわけ、(1) 他地区の製品およびサービスについて費用を徴収する行為、(2) 技術、検査、認証、許認可などの名目による障壁、(3) 当該地区の製品使用などを指定する行為は、重点的取締対象とする。

参考

　云南大理白族自治州州长赵立雄强调，在加快滇西中心城市建设的进程中要始终坚持"不忘掉自己"。他要求大理城市建设必须具有生态化、山水化、园林化、文化多元化等（人民日报海外版，2003年11月8日）。

　为了缩小东西部经济差距，中国加大西部开发力度，而这也可能导致仅凭GDP增长率来衡量经济增长。就此现象，最近提出应该反省或者反对西部地区盲目追求GDP增长以实现城市化建设的意见日趋增多。

第 11 課　流通业的发展离不开扩大内需

（流通業の発展が内需拡大に不可欠）

中国は、第12次5カ年計画で、これまでの外需依存型経済から内需拡大による持続的成長を図ることを目標とする。この場合、(1)「外資導入の調整」と (2)「内需拡大」が重要な政策課題となる。

❧ 課文 ❧

1. 自 2000 年起，中国的流通业以年均 12% 的速度持续增长。2015 年社会消费品零售总额更被预计超过 320000 亿元。

2. 产生上述现象的原因是由于中国的中等收入层不断扩大，其消费明显增多。据波士顿咨询集团试算，2010 年～2020 年中国的中等收入层将增至 9 千万人。所谓中等收入层是指年收入 6 万元人民币以上的人。到那时，与 2008 年时上海规模相当的城市也将多达 800 个。

3. 近年来，中国政府为了扩大内需，加大物流、商流领域的基础设施建设投资力度。中国为了保持经济平稳较快增长，必需**摆脱**外需依赖，扩大内需。而物流、商流领域基础建设落后却成为扩大内需的"**绊脚石**"。

4. 中国国内尽管道路建设突飞猛进，然而仍然远远不够。改革开放以前，中国几乎不存在**覆盖**全国的流通业，而即使现在也仅有少数几个企业。而这些企业也仅是为执行国家计划而完成物流和商流任务，并不具备市场经济的经验。没有明确的商品发送、保管机制和库存管理系统，也因此产生了效率较差、成本偏高等一系列问题。

5. 此外，地方保护主义以及环境问题也不容忽视。譬如在上海等大城市，由于可能造成交通堵塞，货车白天被禁止进入市区。

6　　　鉴于上述情况，企业参与流通业市场异常艰难。不少外资企业被迫自己发送商品。不得不说中国的流通体制还未被完全构建。为了解决流通问题，企业不得不寻找优秀的物流、销售企业作为合作伙伴。若非如此，纵然生产出再优质的产品也无法送到消费者手中。

7　　　中国政府必须更积极地发展流通业。大力推出吸引外资的政策也必不可少。中国国内的物流、商流进一步得到改善后，外资企业的中国市场销售机会也将进一步扩大。

新単語

中国語	ピンイン	日本語
摆脱	bǎituō	脱却する
绊脚石	bànjiǎoshí	ボトルネック、桎梏、足かせ
覆盖	fùgài	被覆

日訳

1　　2000年以降、中国の流通業は、年平均12％以上の伸びを示している。2015年の社会消費財小売り総額は32兆元を超えると見込まれている。

2　　これは、中国の中間所得層が絶えず拡大し、彼らの消費が著しく伸びていることによる。ボストン・コンサルティング・グループの試算によると、2010年から2020年に中国の中間所得層は9000万人になる。中間所得層という基準は、年収6万元以上の者と定義されている。このとき、2008年時点の上海クラスの都市が、全国で800都市を数えるようになるだろう。

3　　近年、中国政府は、内需拡大のために物流・商流に関するインフラ投資を拡大している。安定した比較的高い経済成長を維持するためには、外需依存型の経済から脱却し内需を拡大する必要があるが、物流・商流インフラが未整備であることが内需拡大のボトルネックとなっている。

4　　中国国内は道路整備が進んでいるとはいえ、まだまだ不十分である。改革開放以前の中国においては、全国を網羅する流通業もほとんど存在せず、現時点でもわずかの企業しかない。これら企業も、国家計画に従って、物流・商流を担っているだけであったため、市場経済における経験がない。商品の配送システム、保管システム、在庫管理などは十分に確立されておらず、このために業務効率が悪く、コストが高いという問題も存在する。

5　このほか、地方保護主義や環境問題も看過できない。例えば上海など多くの大都市で交通渋滞の原因になることから、日中にトラックが市内に入ることを禁止しているという事情もある。

6　以上のような事情から、企業の流通業への参入がなかなか進んでいない。少なからぬ外資企業は、自前で商品配送を行っている。中国の流通システムは、完全に構築されているとはいいがたい。企業は、流通問題に対処するために有能な物流・販売会社をパートナーとして見つけなければならない。そうでないと、いくら良い商品を生産しても、ユーザー、消費者の手元に届けられないことになってしまう。

7　中国政府は、より積極的に流通業の発展を図る必要がある。このとき、外資の当該分野への参入を積極的に推進する政策も必要である。中国国内の物流・商流がより一層改善されたとき、外資の中国市場への商品販売チャンスも、なお一層拡大することにもなる。

用語の概念

流通业改革（流通業改革）

中国で本格的に流通業改革が始まったのは、2004年に「流通業改革発展綱要」が発布されてからである。この綱要を基礎として、様々な改革が行われている。国務院は、2005年8月3日に「流通業の発展に関する若干の意見」を発布した。

流通業改革に関する政策的文献には、例えば、以下のものがある。

国務院弁公庁の「チェーン経営の発展を促進する若干の意見に関する通知」（国弁発［2002］49号）、国家発展改革委員会などによる「我が国現代物流業の発展に関する意見」（発改運行［2004］1617号）、国務院弁公庁の「電子商務発展を速めることに関する若干の意見」（国弁発［2005］2号）などである。

争点

中国商業聯合会は、2011年1月5日に商業分野の展望を発表した。主要ポイントは、以下のとおりである。

（1）流通発展モデルの転換をする。（2）インターネットショッピングが大きく成長する。（3）シルバー市場の開拓に消費拡大の突破口がある。（4）グリーン・低炭素に配慮した小売業が発展する。（5）食の安全を最優先した流通・追跡システム構築のテスト事業を展開する。（6）消費ニーズの違いに合わせた小売り業態が形成される。（7）都市小売りサービス業の集積モデルが転換する。（8）流通コストが高止まりして、コストの引き下げが期待される。

関連事項

　2012年1月5日至6日，全国商务工作会议在北京召开。2012年商务系统要重点抓好以下几点，着力扩大城乡居民消费工作。
　（1）完善促进居民消费的政策。总结家电下乡和**以旧换新**经验，及时研究制定替代接续政策。（2）坚持扩大消费与培育品牌相结合。（3）推进城乡现代流通体系建设。（4）扩大居民服务消费。（5）促进网络购物等新型消费业态发展。

新単語

中国語	ピンイン	日本語
以旧换新	yǐ jiù huàn xīn	買い換え

要約

　「内需拡大」に関して、商務部は、消費の拡大を2012年の主要任務とする決定をした。
　家電下郷（農村における家電製品購入奨励政策）および買い換えに代わる消費振興政策を定める。

解釈と視点 and/or ワンポイント・アドバイス

　商務部の流通業改革の重点は、以下の3点である。
（1）情報化の推進によって、チェーン店経営、物流配送および電子商務を発展させる。このうち、電子商務については、国務院弁公庁の「電子商務発展を速めることに関する若干の意見」および「電子署名法」に基づき、流通分野における電子商務を広める。
（2）フランチャイズ経営に関する立法を進め、フランチャイズ経営の秩序を整頓し、規範を定める。
（3）卸売業の発展。これも情報化を図り、チェーン方式を採用し、現代的・効率的な卸売業としての機能を高めることが目標である。
　流通業の改革・発展ということに関しては、中小流通企業の問題についても十分な検討が必要である。全国流通業企業総数の99％以上は中小企業であり、この中小企業の販売額は全社会消費財小売り総額の90％以上を占めているからである。
　住民の消費構造は変化している。サービス業の割合が高まり、飲食業、ホテル業、美容業、家庭サービス業などが成長している。しかし、中国の消費率は全体的には低く、先進諸国の平均60％には遥かに劣る。今後、国民経済の成長に伴う所得向上で、サービス業の発展には大きな潜在力がある。

第12课　网络交易引发的课题

（インターネット取引の課題）

経済産業省は、2011年6月に2010年度の「電子商取引（EC）に関する市場調査」を発表した。この調査によると、日本の事業者から中国の消費者に向けたEC市場の規模は2020年には最大1兆2600億円と、2010年の13倍に拡大するとの見通しが示されている。

课文

1　　近年来，互联网交易在中国迅速发展。由于无店铺亦可加入市场这一特点，日本的中小企业也对中国的网络交易倍加关注。

2　　网络交易是否真的没有问题？在这里笔者想探讨一下实际网络交易中存在的问题及为避免问题发生如何建立有效的监管工作机制。

3　　先看一案例。因交通事故而失去行走能力的陈某（X）通过淘宝网向刘某（Y）买了一部轮椅。谁知产品货到后却发现轮椅不仅是旧的，而且根本不能正常使用。

4　　X向Y要求退货，可是Y却以产品本身没有任何质量问题，不能正常使用是由于X的使用不当为由，拒绝退货。
　　X无奈之下只好找到了淘宝网的**消费者维权中心**寻求帮助，希望维权中心充当中介人与Y交涉。维权中心工作人员在与Y的交涉中了解到，Y在淘宝网销售该产品已有五六年，从未出现过任何质量问题。并且Y坚持此次的问题是由于X对产品的使用不当。

5　　维权中心工作人员决定启动"全网购物保障计划"中的"先行赔付"条款。此条款是指，先认定投诉成立并赔付投诉方，之后再详细审查投诉内容。根据此条款，X从淘宝网得到了退款。

6　　　淘宝网有针对买家与卖家之间纠纷的消费者保障政策。根据这个保障政策，在一定程度上可以避免纠纷。

7　　　但是，消费者保障政策是淘宝网自发制定的制度，中国法律中还没有明确规定网络商家责任及义务的法规。因此，有必要充分考虑使用网络交易的买家与卖家之间、及他们双方与网站之间的权利以及义务问题。

8　　　中国的网络交易主要存在以下问题。
　　　第一，网络交易市场主体不规范。即使没有经营执照也可以进行网上交易，导致卖家信用不透明。第二，也因此，违法广告、销售假冒伪劣商品、合同欺诈以及非法使用肖像权、著作权等行为频发。第三，对网上违法交易行为调查取证难。查找违法当事人也很困难。第四，取缔网上违法行为的执法依据不足。

9　　　现行的法规有《互联网上网服务营业场所管理条例》、《互联网信息服务管理办法》以及《无照经营查处取缔办法》等，但是不能做到与实际的网络交易一一对应。中国国家工商行政管理总局正在准备制定加强网络商品交易及有关服务行为监管工作的规定。

新単語

中国語	ピンイン	日本語
消费者维权中心	Xiāofèizhě wéiquán zhōngxīn	消費者権益保護センター

日訳

1　　近年、中国でネット取引が急速に拡大している。中国に店舗を持たずに中国市場に参入する機会が得られ、日本の中小企業もネット販売に対する関心を高めている。

2　　このネット販売に問題はないのか。ネット販売の実際上の課題とトラブル防止のための有効なセーフティーネットの形成について検討する。

3　　あるトラブル事例がある。交通事故により下半身不随になった陳某（X）は、淘宝ネットを通じて劉某（Y）から車椅子を購入した。商品が自宅に配送され、これを開梱したところ

商品は中古で、しかも全く使用できないことが判明した。

4 　　Xは、車椅子の返品をYに要求したが、Yは品質には何ら問題がなく、Xの使用方法に誤りがあることが原因であるとして、取り合うことがなかった。
　　そこで、Xは、淘宝ネットの消費者権益保護センターに申立てをし、Yとの交渉を仲介するように依頼した。淘宝ネットのクレーム処理担当者はYと交渉をしたが、Yは過去5、6年間も同様商品を淘宝ネットで販売しており、これまでクレームが生じたことはなく、今回のクレームはXの使用方法の誤りによるものであるとの主張を固持するのみであった。

5 　　淘宝ネットのクレーム処理担当者は、「全国ネット商品購入保障計画」に基づく「先行賠償」約款を適用することとした。この約款とは、クレームを申し出た消費者に、まずクレームが成立するものとして損害を賠償し、その後にクレーム内容の適否を検証しようとするものである。Xは、この約款に基づき、損害賠償を淘宝ネットから受けた。

6 　　淘宝は、このような売主と買主との間のトラブルについて、消費者の権益を保護するためのシステムを構築している。これにより売主と買主との間のトラブルは、ある程度まで回避することが可能である。

7 　　しかし、これは淘宝ネットの自主的な制度であって、中国法においては、なおネット業者の責任および義務について明確な規定は存在しない。したがって、ネット販売を利用しようとする売主と買主との間、または彼ら双方とネット業者との間の権利・義務について十分に検討しておくことが不可欠である。

8 　　ネット販売に関しては、主に以下の問題点が指摘される。
　　第一に、(1) 主体について規律されていないことである。特段の営業許可証を取得することもなく事業を始められるので、経営者の信頼性が明らかではない。第二に、(2) そうであるために違法な広告、ニセモノ商品の販売、契約詐欺、または肖像権や著作権の権利侵害行為などが発生していることである。第三に、(3) これらの違法取引などの調査・取締りが難しいことである。違法行為者の特定もなかなかできない。第四に、(4) この取締りのための法的根拠も不十分である。

9 　　現在、「インターネット・サービス営業場所管理条例」、「インターネット情報サービス管理弁法」、「無許可経営処分取締弁法」などの関連法規があるが、まだ現実の取引の動きに適応しきれていない。工商行政管理総局は、インターネット商品取引および関係サービス監督管理業務を強化するための規定を準備中である。

✿争点✿

消費者保護の関係では、クーリングオフ、ニセモノに対する損害賠償（不法行為法）も問題とな

るだろう。
　B2B（企業間取引）というスキームである場合には、比較的に大型の商品が取扱われることが多く、または、大量、高額であることが多い。このような場合には通常の通関手続きがとられるケースが多くなる。そうであると、関税および増値税の支払いが発生する。商品によっては、検疫など商品検査の対象となるものもあるであろう。

関連事項

> 近年来从致力于推进电子商务、网络购物健康发展的角度，我们加强了相关标准的建设。目前已经出台了《电子商务模式规范》、《网络交易服务规范》这样一些标准，同时还有一些要求在相关的文件里做了规定，比如说第三方交易平台服务规范，是以商务部文件的形式下发的。为适应电子商务、网络购物发展的需要，我们今后将加大这方面标准的制定力度，比如已经列入计划的《网店信用评价指标》、《网络团购企业管理规范》、《网络团购企业信用评价体系》、《电子商务营销运营规范》。电子商务不仅包括平台本身，还有经营服务商、配套服务商等多个方面，其权责、义务，将来除了在相关法规里进行完善外，在相关标准里也要进行细化和补充。

要約

　商務部は、「電子商務モデル規範」、「インターネット取引サービス規範」などの基準を制定している。さらに電子商取引における当事者間の権利義務、詳細な基準を定めるために「電子商務経営販売運営規範」、「インターネット店舗信用評価基準」、「インターネット団体購入企業管理規範」などを制定することを決定した。

解釈と視点 and/or ワンポイント・アドバイス

　中国におけるインターネット利用は、information superhighway から entertainment superhighway になっていると指摘される。
　こうした状況の中で、モバイル・インターネットをマーケティングに利用している企業も増えている。
　ただ、気をつけなければならないのは、企業の商品やサービスに不満を持った消費者が、時に掲示板などで誹謗中傷を行ったり、消費者で企業にデモを仕掛けようといった呼び掛けがなされることもあることである。

第13课　品质管理——试看《侵权责任法》的影响

（品質管理——権利侵害責任法の影響）

> 権利侵害責任法の制定は、市民の人身、財産に関する権益を保護しようとすることが最大の目的である。同法は、企業における製品の品質・安全管理面にも影響を及ぼす。

课文

1　　产品的质量和安全是决定企业成长、发展的重要因素。那么中国的产品质量、安全监督机制是如何形成的呢？2010年7月1日《侵权责任法》（中华人民共和国第十一届全国人民代表大会常务委员会第十二次会议于2009年12月26日通过并公布）开始实施，该法又会对企业的产品品质和安全管理造成怎样的影响呢？

2　　在中国，产品安全监督体制以1993年公布、2000年修正的《产品质量法》为依据。政府和民间的有关部门负责监督和管理质量检查、认证及处分。

3　　国家质量监督检验检疫总局在2008年对2万204家企业的2万2214种产品进行的抽样质量检查中发现产品的合格率为94.18%。工商管理局在2003年到2008年的六年中共查处**假冒**伪劣产品63.35万件。消费者协会在2008年共受理投诉438万次。

4　　前不久**曝光**的"三鹿奶粉事件"是一例典型的产品质量案件。
　　在中国何以存在如此之多产品质量问题呢？中国**社科院**企业社会责任研究中心指出原因主要在于五个方面：(1) 企业缺乏社会责任意识和质量管理意识；(2) 法律制度不健全，处罚**偏轻**；(3) 企业内部的监督管理机制不完善；(4) 质量基准低或者根本不存在；(5) 社会舆论力量薄弱等5个方面。

5　　我们来看一下为什么说处罚偏轻。《产品质量法》规定对违法产品处以货值金额三倍以下的罚款，但是对不法商家来说即使这样也不会亏本。据2007

年的调查数据显示因贩卖假冒产品被罚金额仅为所得利润的 1/3。

6　　　上述现状该如何解决呢？我们认为保障人民生活安全是当前的重大课题。中国必须尽快完善各种相关法律法规，防止质量问题发生并在质量问题发生时能够及时有效地解决。

7　　　《侵权责任法》的制订成为当务之急。据称《侵权责任法》出台的最大动力即为"三鹿奶粉事件"。

8　　　《侵权责任法》中有关产品责任规定如下。
　　　"因产品存在缺陷造成他人损害的，生产者应当承担侵权责任。"（第41条）
　　　"因销售者的过错使产品存在缺陷，造成他人损害的，销售者应当承担侵权责任。"（第42条）
　　　"明知产品存在缺陷仍然生产、销售，造成他人死亡或者健康严重损害的，被侵权人有权请求相应的惩罚性赔偿。"（第47条）

9　　　尽管《侵权责任法》中没有明确规定赔偿金额，但标明将较以往严惩。
　　　今后，预计中国在质量监督、管理方面措施会公开有质量安全问题的企业和产品名单；还将不断健全消费者举报制度。
　　　而作为企业则要将社会责任融入到经营理念中，构建完善的企业内部控制机制。

新単語

中国語	ピンイン	日本語
假冒	jiǎmào	ニセモノ
曝光	bàoguāng	露出、発生
社科院	Shèkēyuàn	社会科学院（国のシンクタンク）
偏轻	piān qīng	軽すぎる

日訳

1　製品の品質および安全は、企業が成長し、存続していく上で最も重要な要素である。では、中国において、製品の品質・安全の監督システムはどのように形成されているのか。2010年7月1日から「権利侵害責任法」（2009年12月26日に第11期全国人民代表大会常務委員会第12回会議において採択、公布）が施行されているが、同法の施行は、企業における製品の品質・安全管理にどのような影響を及ぼすだろうか。

2　中国における製品安全監督システムは、1993年に公布され、2000年に改正された「製品品質法」に基づいている。そして、政府および民間の関係部門が、品質の検査・品質認証・懲罰などの監督管理を担っている。

3　国家品質監督検査検疫総局が2008年に2万204社の2万2214品目について抜取り品質調査を行ったところ、製品の合格率は94.18％であった。工商行政管理局は、2003年から2008年の間にニセモノ・劣悪商品63万3500件を摘発した。消費者協会は、2008年に438万人回のクレームを受理した。

4　最近発生した「三鹿粉ミルク事件」問題は、製品の品質に関する典型的な事件である。
　中国にはなぜこのように多くの製品品質問題が存在するのか。中国社会科学院企業社会責任研究センターは、その原因が（1）企業の責任意識、品質管理意識の欠如、（2）法制度の不備、罰則のあまさ、（3）企業内部の監督管理体系の不備、（4）品質基準の低さ、または不在、（5）世論の力不足にあると指摘する。

5　罰則のあまさということに関しては、例えば、「製品品質法」では、違法商品には商品価値の3倍以下の罰金を科すとされているが、これは違法行為者が処罰されてもなおコストに見合う基準になっている。2007年のデータでは、ニセモノを販売したことによる罰金は、実際にニセモノ販売で利益を得た金額の3分の1でしかない。

6　このような現状にいかに対処するか。市民生活の安全を保障することが喫緊の課題である。中国はなるべく早く各種の法規を整え、品質問題の発生を予防し、発生した場合にはすぐさま効果的に処理する必要がある。

7　そこで、「権利侵害責任法」の制定が急がれた。「権利侵害責任法」が制定された背景には、真っ先に「三鹿粉ミルク事件」の影響があったといわれている。

8　「権利侵害責任法」における製品責任に関する規定は以下のとおりである。
　「製品に欠陥が存在したために他人に損害をもたらした場合には、生産者が権利侵害の責任を負わなければならない」（第41条）
　「販売者の過失により製品に欠陥が生じ、他人に損害をもたらした場合には、販売者が権

利侵害の責任を負わなければならない」(第42条)

「製品に欠陥が存在することを明らかに知りながら製造・販売を続け、他人を death させ、または他人の健康に対して重大な損害をもたらした場合には、被権利侵害者は、相当の懲罰的賠償を請求する権利を有する」(第47条)

⑨　権利侵害責任法には損害賠償の額を明確に規定していないが、従来よりも罰則を厳格にしようという趣旨である。

今後、品質監督・管理の施策として、品質安全問題があった企業および製品名を公示し、さらに、市民からの通報制度を拡充するといった方向に行くだろう。

企業として社会的責任を経営理念に組み入れ、企業内部統制システムを構築していく必要がある。

用語の概念

侵权責任法（権利侵害責任法）

「権利侵害責任法」は、日本の「不法行為法」に相当するものである。市場経済においては、個人の自由な経済活動が基本であり、これを法が保障する。民法は、契約自由の原則により活動の自由を規整している。しかし、経済活動は、他人の権利、利益を侵害しない範囲で行われるものであり、従って、この活動・行為の限界や輪郭を「権利侵害責任法」により規律する必要がある。

争点

消費者の権利意識とトラブルの増加

消費者の権利意識が高まり、これに伴って紛争も増加している。消費者の権益を保護することを目的に「中国消費者協会」が設立されたのが1984年12月で、以来、全国には県レベル以上の消費者協会が3254あり、専従職員は2万7000人余りいる。消費者からの訴えの処理で多忙を極めている。

「消費者権益保護法」は、中国消費者協会設立10年後の1994年1月1日から施行されているが、この法律の施行により、消費者の権利意識も高まっている。実際のクレームが最も発生しているのは、食品、医薬品、住宅に関するものである。

解釈と視点 and/or ワンポイント・アドバイス

「権利侵害責任法」や「消費者権益保護法」を根拠とする訴えの範囲が広くなる傾向である。中国進出企業は、消費者訴訟が生じた場合の紛争処理法をあらかじめ検討しておく必要がますます高まっている。

第14課 侵犯知识产权案件

（知的財産権侵害事件）

知財保護の意識が高まりつつあるとはいえ、知財侵害がなくなり、ニセモノ商品の氾濫した状態がなくなるといえるか、回答を求められると悩ましい。品質がある程度まで確保されればニセモノでも安いもののほうがいい、ニセモノと知りつつあえてこれを買う、という文化がある。ニセモノを生産することは犯罪であるという意識も希薄である。

∞ 課文 ∞

1　　近日，使用类似商标案件获法院**重判**。此类案件的焦点在于是否构成侵权。我们先来看具体案件。

2　　中国的"凤凰牌"自行车由金山公司和上海凤凰公司拥有商标专用权进行生产、销售，"凤凰牌"还于1991年被评为中国**驰名商标**。

3　　然而上海凤凰公司，于2008年12月发现天津市某自行车厂在生产和销售标有"香港凤凰"字样的自行车。上海凤凰公司认为，"香港凤凰"可能造成消费者误解，生产"香港凤凰"品牌的自行车厂，**涉嫌**侵权，遂以商标侵权为由向法院提起诉讼，请求法院判令天津市某自行车厂立即停止使用"凤凰"商标。

4　　据了解，"香港凤凰"是在香港成立的香港凤凰自业有限公司在香港注册的商标。天津市某自行车厂买下了商标的使用权，生产和销售"香港凤凰"牌自行车。

5　　法院认为，因香港凤凰自业有限公司**系**在中国香港取得的企业名称，在中国内地的使用行为违反中国的法律和**扰乱**中国的经济秩序，依据知识产权的地域性原则，天津市某自行车厂在中国内地使用"香港凤凰"标识，与上海凤凰公司在先注册的"凤凰"商标产生冲突，天津市某自行车厂在内地的使用行为构成了对原告的商标侵权行为。因此，判决天津市某自行车厂立即

停止使用"香港凤凰"字样；并一次性赔偿原告上海凤凰有限公司经济损失人民币2万元。

6　　之前，有过中国企业在日本地方城市注册与日本某汽车公司名字相同的公司后，其中国企业称得到该没有实体的日本法人使用商标许可，并仿佛受日本某汽车公司委托而开始在中国生产和销售与日本某汽车公司相同商标的汽车事件。针对这一事件，日本某汽车公司首先要在日本向日本的法院提起诉讼要求吊销中国企业在日本注册的无实体公司，然后再花费大量时间、人力及财力在中国提起商标侵权的诉讼。

7　　如果说此次对"凤凰"商标侵权案件的判决，表明为销售模仿名牌商品而在中国内地以外的国家地域成立没有实体的公司并注册商标，之后在中国内地生产和销售该商标商品属商标侵权行为，将会受到法院禁止生产和销售制裁。那么，可以说使用类似商标案件得到了重判。

8　　在中国，为何知识产权侵权案件多发呢？
　　2009年11月底，中国国务院总理温家宝在访问江苏省高科技企业、研究所时讲话说要迅速转换发展模式、调整产业结构、提高发展水平，最重要的是不断加强企业的知识产权竞争力。

9　　而事实上，知识产权侵权案件以每年30%的速度递增。有专家指出在中国的传统观念中，为了全中国的经济发展，知识产权是公有的这一思想依然**根深蒂固**。企业也都以自己利益为先而不惜触犯法律。而即便受到惩处，所缴纳罚金也远远不及利益庞大也是原因之一。

新単語

中国語	ピンイン	日本語
重判	zhòng pàn	厳格な（重い）判決
驰名商标	chímíng shāngbiāo	著名商標
涉嫌	shèxián	嫌疑を受ける
系	xì	〜である（＝是）
扰乱	rǎoluàn	かき乱す、妨害する
根深蒂固	gēn shēn dì gù	根が深い

日訳

1 　最近、類似商標の使用につき、従来以上に厳しい判決が中国の法院で言い渡された。この事案の争点は、権利侵害を構成するか否かであった。事件は、次のとおりのものであった。

2 　中国で「鳳凰」ブランドの自転車は、金山公司と上海鳳凰公司が商標登録し、生産・販売しており、加えて1991年には中国の著名商標として評価されている。

3 　ところが、2008年12月に上海鳳凰公司は、天津某自転車工場が「香港鳳凰」というブランドで自転車を生産・販売していることを知った。そこで、上海鳳凰公司が、「香港鳳凰」は、消費者に商品を誤認させ、「香港鳳凰」ブランドを生産する自転車工場は権利侵害の疑いがあるとして、商標権侵害の訴えを法院に起こし、「鳳凰」商標の使用差止めを請求した。

4 　「香港鳳凰」は、香港で設立された香港鳳凰自業有限公司が登録した商標である。天津の某自転車工場が、この商標の使用権を買い取り、生産・販売していた。

5 　法院は、この事実について以下のとおりの判断をした。
　香港鳳凰自業有限公司は、香港で登記された会社であり、この会社の登録商標を中国内地で使用する行為は、中国の法律に違反し、中国の経済秩序を混乱させる。知的所有権の地域性の原則により、天津某自転車工場が「香港鳳凰」という商標を中国内地で使用することは、上海鳳凰公司が先に登録した商標「鳳凰」と衝突し、これは原告に対する商標侵害行為であると認定できる。従って、天津某自転車工場は「香港鳳凰」の使用をただちに停止し、上海鳳凰公司に損害賠償として2万元を一括して支払え。

6 　以前、中国企業が日本のカーメーカーと同じ名称の企業名を日本の地方都市で登記し、この中国企業が、実体のない日本法人から商標使用許可を得て、かつあたかも日本のカーメーカーの委託を受けているように見せかけ、中国国内で同じ商号の自動車を生産・販売するという事件があった。この際には、日本のカーメーカーはまず日本国内で登記された企業の登録抹消訴訟を日本国内で起こし、その後、多くの時間、手間、コストをかけて中国で商標侵害の訴えを提起しなければならなかった。

7 　今回の「鳳凰」商標侵害事件の判決によると、著名商標を模した商品を販売する目的をもって、中国内地の外で実体のない会社、商標を登記し、その後この商標により中国内地で商品を生産・販売する行為は商標侵害行為として差し止められることになると考えてよいということになる。そうであれば、類似商標の使用につき、従来以上に厳しい判決が言い渡されることになるといえよう。

8 　中国で知的所有権侵害が多いのはなぜか。
　2009年11月末に温家宝国務院総理が、江蘇省のハイテク企業、研究所を訪問した際に、

経済発展モデルを速やかに転換し、産業構造を調整、グレードアップするために最も重要なことは、企業の知的所有権における競争力を強化することであると発言している。

9　ところが現実には、知的所有権侵害事件が毎年30％以上のペースで増えている。中国の伝統的観念には、全中国の経済発展を図るためには知的所有権は公有のものである、という意識がまだ根強くあると指摘する専門家もいる。また、企業が自らの利益を優先させるために違法行為を辞さないということもある。違法が摘発され罰金を支払ってもなお利益のほうがはるかに大きいという法律の不備もある。

用語の概念

驰名商标（著名商標）

　著名商標とは、中国において市民に広く認知され、高い名声を有する商標をいう。中国の消費者に認知されていれば、未登録商標であっても著名商標として保護の対象となる。
　日本の商標法では、需要者、取引者に広く知られている商標を「周知商標」といい、周知商標のうち、特に著名なものを「著名商標」という。

争点

　最高人民法院は、知的財産権事案の管轄制度を調整することとし、2010年1月28日に「地方各級人民法院が管轄する第一審知的財産権民事事案の調整に関する通知」を発布し、知的財産権に関する民事事案の審級管轄基準を調整した。
　外国企業が中国における知的財産権侵害事件について中国で裁判をする場合の影響はあるか。
　第一に、(1) 裁判管轄権、第二に、(2) 判決の効力について注意する必要がある。詳細は上記通知を参照いただきたいが、高級人民法院が統一的に第一審を管轄することが基準となる。また、上記では取り上げていない争点として、第三に、(3) 中国企業からの濫訴への備えという問題も出てきそうである。

解釈と視点 and/or ワンポイント・アドバイス

　知的所有権保護に関して、外国企業はいかなる対策を採ることができるか。
(1) 特許権、商標権の申請、登録をしておくことが肝要である。
(2) 所有権侵害があった場合には、法的手段に訴えることが大切である。
(3) 司法プロセスをしっかりと理解し、把握し、司法判断が公平、公正に行われるかを確認することが必要である。

第 15 課　商业惯例

（商取引慣行）

中国では、リベートなどが商取引慣行として根付いている。この中には商業賄賂と認定されるものがある。中国政府は、商業賄賂撲滅活動を強化している。中国進出企業は、社内の管理体制を整備し、商業賄賂行為が行われないように監督する必要がある。

課文

1　某音响生产厂家为使自家产品能在某零售店销售，向零售店支付了其要求的员工培训费、服装费、饭费等各种费用共计 7 万元。半年后该生产厂家在与零售店解除合同时，又被以签订合同时的入场费为由从货款中扣除 2 万元。

2　2006 年 7 月，中国家乐福（总部所在地：上海）宣布对全国的 75 家超市进行经营战略调整。

3　家乐福的所谓"调整经营战略"是指承认并消除各个超市的中国经理收取供货厂家商业**贿赂**的现象。

4　对供货厂家而言，被家乐福接纳即可达到极高的宣传效果。因此，为数众多的厂家都争相与家乐福的采购负责人拉关系，请求其购买自家产品。

5　这时，商品的质量和价格并非判断标准，实际成为判断标准的则是如何与采购负责人搞好关系。而向采购负责人行贿则成为搞好关系的重要手段，也成为众多厂家的竞争项目。

6　对上述中国商业惯例，家乐福一直采取默认态度。但是伴随中国政府取缔商业贿赂力度不断加大，家乐福对商业贿赂现象已不能继续坐视不理。

7　　　加强取缔商业贿赂是指中国共产党成立中央治理商业贿赂领导小组，专门调查商业贿赂案件并商讨对策。全国人民代表大会常务委员会法制工作委员会也提出有关商业贿赂犯罪的刑法修改草案并在全国人民代表大会常务委员会上进行审理。

8　　　零售店与供货商之间的商业贿赂关系不是个人与个人的关系，而实际上是企业与企业之间的关系。也因此，仅取缔个人的商业贿赂行为是不够的，从而出台了《零售商供应商公平交易管理办法》。

新单語

中国語	ピンイン	日本語
贿赂	huìlù	賄賂

日訳

1　　　ある音響機器メーカーは、小売店に自社商品を取り扱ってもらうために、従業員訓練費、服装費、食費など各種名目で請求された費用、計7万元を支払ったという。そして、半年後に小売店との契約を打ち切ったときには、契約時の入場費として売掛金から2万元が控除されてきた。

2　　　カルフール中国（本部：上海）は、2006年7月に中国全国75のスーパーでマネジメントの改善を図るという発表をした。

3　　　カルフールのいうマネジメントの改善とは、各地のスーパーの中国人マネージャーが、商品の買付に際して、売り手から商業賄賂を受け取っていたことを認め、このような収賄行為をなくすことをいう。

4　　　商品を供給するメーカー側にとっては、カルフールに納品することが認められることは自社の製品をアピールする上でこの上なく有利だといえる。そこで、これら多くのメーカーはこぞってカルフールの買付担当者とコネをつけ、自社製品の購入を頼み込むわけである。

5　　　この際に商品の品質や価格だけが勝負の判断基準になるのではない。実際には買付担当者にいかに取入るか、どれだけ賄賂を包むことができるかということが重要で、その競い合いがしばしばある。

6　上述の中国の商業慣行に対して、カルフールはずっと黙認する態度をとってきた。しかし、最近中国政府が商業賄賂に関する取締りを強化しつつあるのを受けて、カルフールとしても商業慣行として黙認、座視できなくなった。

7　商業賄賂に関する取締り強化とは、中国共産党中央が商業賄賂撲滅指導グループを組織し、商業賄賂事件を専門的に調査し、対策を検討していることである。全国人民代表大会常務委員会法制工作委員会も、商業賄賂に関する刑法改正案を示し、全人代常務委員会で審議を行っている。

8　小売商と供給商の間の商業賄賂という関係は、個人レベルではなく、企業同士の関係である。そこで、個人の商業賄賂をなくすための管理だけでは不十分であるとの認識から、「小売商と供給商との公平取引管理弁法」が制定されることになった。

用語の概念

商業賄賂（商業賄賂）

　商業賄賂は、「反不正競争法」（日本の不正競争防止法に相当する）において、商品を販売・購入するために帳簿外で財物またはその他手段を相手方に供与または収受することをいうと規定されている。

　また、販売促進費、宣伝費、スポンサー費、科学研究費、労務費、コンサル費、手数料、国内外視察費用等の科目を利用して精算しても、商業賄賂と認定されることがある。

争点

1. 「小売商と供給商との公平取引管理弁法」《零售商供応商公平交易管理办法》が、2006年7月13日に商務部で採択され、発展改革委員会、公安部、税務部および工商行政管理局の同意を得て、同日公布され、2006年11月15日から施行されている。
　　弁法の立法趣旨は、小売商と供給商との間の取引が不平等であり、常に小売商の立場が強く、供給商の商品を扱う際に無謀な費用の支払を供給商に強要することが著しく多いので、このような商取引慣行を改め、公平な取引を保障しようとすることである。
2. それでも、あるチェーンストア経営協会の幹部は、現代的な商業取引・流通システムがしっかりと形成されていないので、根本的な問題は解決されないという。小売商と供給商の問題だけでなく、仲立営業、問屋営業、および運送営業なども含めて業界の整備が必要であると指摘する。

❦ 関連事項 ❦

　2007年5月～2008年2月，广州百事可乐先后与佛山市禅城区好多多百货商店、佛山市新一佳百货超市有限公司等47家零售商签订果汁进场协议及促销陈列协议。零售商向供应商（广州百事可乐）要求陈列和**堆放**系列商品。广州百事可乐则支付投放陈列费、**进场费**共24.79万元，取得了305.32万元销售收入，赚取了65万元利润。

　佛山市治理商业贿赂办公室认为，广州百事可乐上述行为属于商业贿赂。佛山市工商局依法对广州百事可乐作出责令改正、没收违法所得65万元、罚款5万元的行政处罚。

❦ 新単語 ❦

中国語	ピンイン	日本語
堆放	duīfàng	（商品を）積み上げる
进场费	jìnchǎngfèi	入場料、エントリーフィー

❦ 要約 ❦

　広州ペプシコーラは、47社の小売業者に入場料や陳列販促費を支払い、（この結果として）不当に65万元の販売収入による利益を得ていた。仏山市治理商業賄賂弁公室は、これは商業賄賂に該当し、違法所得であるとして利益を没収し、広州ペプシコーラに過料を科した。

❦ 解釈と視点 and/or ワンポイント・アドバイス ❦

　中国における商業道徳観念、腐敗問題は、先進資本主義国のものとは異なる。主に腐敗の原因は、会社の所轄官庁の官僚による権力の不公正な利用、会社従業員の個人の利得目的というものが多い。人脈（コネ）社会といわれるように、ビジネス上も官庁の担当者とのコネ、取引先担当者とのコネがものをいうということは様々な調査で明らかにされている。

　商業賄賂が多い分野は、建設工事、土地の払い下げ、医薬品の販売、政府買い付け、資源開発、出版事業、銀行の信用貸付、証券、保険、通信、電気事業などであるという。政府の許認可権限が多い分野に集中しているといえそうである。

　中国進出外資企業は、ビジネス・インテグリティにおいて、最も考慮しなければならない問題は、中国人従業員に商業道徳意識をもたせ、商業賄賂の贈収という慣行をやめさせることである。

第16課　商务部否决可口可乐收购汇源

（コカ・コーラによる匯源公司の買収否決）

> 「独占禁止法」が、2008年8月1日から施行されている。外国投資者は、企業買収方式により中国市場に参入することが増えている。
> 独禁法は、外国投資者の中国企業買収にどのような影響を及ぼすことになるのか。独禁法により事業者が集中する場合には、事前に申告する必要があることが定められている。

課文

1　　中国商务部2009年3月18日正式宣布，否决了美国可口可乐公司（简称可口可乐）根据《**反垄断法**》第27条及《国务院关于**经营者集中**申报标准的规定》2008年9月18日提交的**收购**中国汇源果汁集团有限公司（简称汇源）案。

2　　鉴此，可口可乐不得不放弃价值24亿美元的收购计划。
　　中国商务部在确认经营者集中将对市场产生不利影响时指出：第一，如果收购成功，可口可乐有能力把其在碳酸饮料行业的**支配地位传导**到果汁行业。第二，如果收购成功，可口可乐对果汁市场的控制力会明显增强。第三，如果收购成功，会使中小果汁企业没有能力再进入这个市场，**挤压**国内中小企业的生存空间，抑制国内其它企业参与果汁市场的竞争。

3　　就中国商务部禁止可口可乐收购汇源决定，新浪网的网上调查显示有72.8%的人支持，并且出现了"（这一决定）斩断了民族品牌受侵的恶梦"的网上评论。

4　　我们并不认为中国商务部否决收购案是为了迎合民众情绪，而不得不说中国鉴定垄断及经营者集中的标准还很暧昧模糊。

5　　某市场调查公司数据显示，汇源拥有纯果汁市场46%及中浓度果汁市场39.8%的份额，果汁品牌中市场占有率第一。可口可乐拥有果汁市场25.3%

的份额，与汇源共同占据果汁市场的 70%。

6　　　　可以说中国商务部在作出否决收购决定时，是深入分析了市场竞争状态，全面考察了对消费者的影响、国内中小企业的进入市场机会以及竞争政策与产业政策的统一和平衡的。

7　　　　也因此，中国商务部在作出决定时没有单单以碳酸饮料市场份额为依据，而指出"可口可乐有能力把其在碳酸饮料行业的支配地位传导到果汁行业"。

新単語

中国語	ピンイン	日本語
反垄断法	fǎnlǒngduànfǎ	独占禁止法
经营者集中	jīngyíngzhě jízhōng	事業者集中
收购	shōugòu	買収
支配地位	zhīpèi dìwèi	支配的地位
传导	chuándǎo	伝導、伝播する
挤压	jǐyā	押し出す

日訳

1　　2009年3月18日、商務部は、米国コカ・コーラ社が2008年9月18日に「独占禁止法」第27条と国務院の「事業者集中の申告基準に関する規定」の定めに基づき提出していた中国匯源果汁集団有限公司の買収計画を認容しない決定を下した。

2　　これによって、コカ・コーラ社は、24億ドルを投ずる匯源公司買収計画を放棄せざるを得なくなった。
　　商務部は、事業者集中が市場に不利益を生じると判断した根拠として、次のことを指摘している。
（1）買収が成功すると、コカ・コーラは炭酸飲料業界におけるその支配的地位を果汁飲料業界にまで拡大する可能性がある。
（2）同様に、果汁飲料市場でも大きな支配力を得る。
（3）同様に、国内の中小果汁メーカーの市場参入機会が阻害され、中小企業の生存余地が狭まり、他業種からの参入も難しくなる。

3　　この商務部の決定について新浪網が行ったネット上のアンケートでは、72.8％が商務部の

決定を支持している。そして、「中国の民族ブランドが侵害される悪夢を断ち切った」というような書き込みが見られる。

4　　商務部が上記のような世論に屈して買収案を否決したとは思わないが、独占状態および事業者集中の判断基準は、なお曖昧であるといわざるを得ない。

5　　あるマーケティング会社のデータによると、匯源は、100％果汁飲料市場の46％、中濃度果汁飲料市場の39.8％を占め、当該業界ではトップである。コカ・コーラは、果汁市場の25.3％を占めていて、両社で果汁飲料市場の70％のシェアを占めるという。

6　　商務部の上記決定は、市場の競争状態を子細に分析し、消費者に対する影響および中小企業の市場参入機会を勘案し、競争政策と産業政策の統一およびバランスを総合的に考えたものであるといえよう。

7　　そうであるから商務部の決定は、単に炭酸飲料市場におけるシェアを見ただけではなく、「コカ・コーラが炭酸飲料業界におけるその支配的地位を果汁飲料業界にまで拡大する可能性がある」ということを指摘している。

用語の概念

收购（買収）

　買収は、中国語で"收购"と表記され、これは英語のAcquisitionの訳語である。Acquisitionの中国語訳としての"收购"は、一般に（1）ターゲット企業の株式取得（Stock Acquisition）と（2）資産買収（Asset Acquisition）の2つの方式を意味する。

争点

1. 独禁法は、事業者が集中し、市場における支配的地位を濫用し、公平な競争を阻害することを禁止する。このため、事業者集中の概念を明らかにし、事業者の集中が生じる場合には、事前に国務院の独占禁止執行機関に申告しなければならないと定められている。
2. 独禁法の争点として、（1）行政独占の問題、（2）事業者集中の概念、ガイドラインの基準、（3）独禁法執行機関の実体と権限、（4）事業者集中の調査と法院への訴えの関係、および濫訴の危険が指摘できる。

ᓀ 関連事項 ᓀ

> 企业收购是得到法律承认的，是企业的市场行为，政府应**谨防**过度干预。可口可乐利用其支配地位强迫零售店等**搭售**、**捆售**，其结果导致消费者被迫接收高价产品并不能作为判断会限制国内中小企业进入市场、抑制中国国内果汁市场的有效竞争、从而不利于该行业发展的标准。
>
> 中国商务部的决定似乎行政干预比重过大，凸显外资收购中国企业难度，也将影响外国对中投资的热情。

ᓀ 新単語 ᓀ

中国語	ピンイン	日本語
谨防	jǐnfáng	慎重に防ぐ
搭售、捆售	dāshòu、kǔnshòu	抱き合わせ販売

ᓀ 要約 ᓀ

　企業買収は法的にも認められた行為であり、企業買収は企業の市場行為であるから、このことに政府が過度に干渉することは慎むべきであると考える。

　商務部の決定については、行政裁量が大きすぎるという問題があるのではないか。外国企業の対中投資意欲を減退させることにもなりはしないかと懸念される。

ᓀ 解釈と視点 and/or ワンポイント・アドバイス ᓀ

　ネスレ（本社：スイス）は、2011年7月5日に中国最大の菓子メーカーの徐福記国際の買収に向けて予備交渉をしていることを明らかにした。一方、徐福記国際は、7月11日に同社の公式サイト上で公告を掲載し、ネスレと正式に提携合意に署名を行ったと発表した。徐福記国際はシンガポールに上場しており、時価総額は32億シンガポール・ドル（約2100億円）である。ネスレは17億ドルで徐福記の60%の株式を取得し、徐福記の創始者である徐一家が40%を保有する。

　ネスレは、世界中でその他企業のM&Aを行っている。中国においては、「買収狂」と呼ばれている。中国飲料水業界トップ10社の雲南大山飲水公司、および八宝粥および蛋白飲料の大手である銀鷺集団の買収を完了したところである。

　商務部は、2011年12月にこの買収計画を認可した。

第17课　劳动争议

（労働紛争）

中国において労働争議が非常に多く発生している。労働争議がエスカレートし、企業が操業停止に追い込まれているケースも少なくない。

なぜ、労働紛争が多いのか。

課文

1　　众所周知，近年来劳动争议不断增多。究竟原因何在？

　　不久前，媒体报道了上海一起劳动争议案。该案原告工人对其工作单位提出40亿元的精神损害赔偿，在劳动争议案件中创下了最高赔偿金额。

　　下面介绍案件概况。本文希望通过分析案件，找出劳动争议不断增加的原因。

2　　上海市一名女子（X）从1998年起至2010年的13年，在某香港公司上海代表处（Y）工作。13年前，X的基本**月薪**为4000元人民币。这一年，X和上海市对外服务有限公司（Z）签订劳动合同，约定由Z派遣X到Y工作。此后，X一直在Y工作，Y每月15日支付X当月工资。

3　　从2005年4月起，Y支付X基本月薪为人民币7380元（税前）。同时，Y将X的年薪增加至95940元人民币。

　　2006年1月，X怀孕，同年10月17日，产下一女。

　　2006年4月27日，Y致函X，指责其**旷工**及严重**违纪**，将其工资调整为每月2500元。同时，Y要求X归还Y的文件及财产等。其后，Y以X工作态度没有好转为由解除了与X之间的**聘用**关系。Z也与X解除了劳动关系。

4　　X向黄浦区劳动争议仲裁委员会申请仲裁。X的申诉内容如下。

（1）Y按照X月薪7380元的标准，补付X自2006年5月起至2006年9月止的工资差额2.44万元。

（2）Y恢复与X的劳动关系。

5　黄浦区劳动争议仲裁委员会审理后，裁决对 X 的申诉请求不予支持。
　　X 不服，诉至上海市黄浦区法院（以下简称黄浦区法院）。

新単語

中国語	ピンイン	日本語
月薪	yuèxīn	月給
旷工	kuànggōng	無断欠勤する、勤務態度が悪い
违纪	wéijì	規律違反
聘用	pìnyòng	雇用

日訳

1　労働紛争が増え続けていることは周知のとおりである。なぜ、労働紛争が多いのか。
　最近、上海市において、ある労働紛争に関する裁判事案が伝えられた。この事案は、原告労働者が会社に対して精神的損害賠償額40億元を請求したというものである。労働紛争事件としては過去最高額の事案である。
　以下、この事案の概要を紹介する。事案の分析を通して労働紛争が増えている問題の所在を指摘する。

2　上海市のある女性社員（以下、「X」という）は、1998年から2010年までの13年間、某香港法人上海駐在員事務所（以下、「Y」という）で勤務していた。13年前の基本給は月4000元であった。このとき X は、上海市対外服務有限公司（以下、「Z」という）と労働契約を締結し、Z の派遣社員として Y において勤務することになったものである。その後、X は一貫して Y で勤務をし、Y は毎月15日にその月の給与を支払っていた。

3　2005年4月から、Y は X に毎月の基本給7380元（源泉徴収前）を支払うこととした。また、Y は、X の年俸を9万5940元に増額した。
　X は、2006年1月に妊娠し、同年10月17日に女の子を出産した。
　2006年4月27日、Y は、X に対して（妊娠後の）X の勤務態度が怠慢であり、かつ規則に違反している（この場合は、就業規則に違反しているという意味）として厳重注意をし、毎月の基本給を2500元に改定することを書面で告げ、同時に Y は、X に X が所持している Y の文書および資産を Y に返却するように指示した。その後 Y は、X の勤務態度が改まらないので、契約を解除した。Z も X との労働契約を解除した。

4　そこで X は、Y を相手取って、黄浦区労働紛争仲裁委員会に仲裁を申し立てた。X の請求内容は、以下のとおりである。

(1) Yは、Xに対して、YのXに対する基本給月額7380元を基準として、2006年5月から2006年9月までの間について、（実際に支給した2500元との）賃金差額2万4400元をXに支払え。
(2) Yは、Xとの雇用関係を回復せよ。

5 　　黄浦区労働紛争仲裁委員会は、（仲裁廷を組織し、）審判の後、Xの請求を棄却する判断を下した。
　　Xは、この仲裁判断を不服として、上海市黄浦区人民法院（以下、「黄浦区法院」という）に訴えを提起した。

用語の概念

劳动争议（労働紛争）

　労働紛争／労働争議は、従業員による使用者に対する集団的行為だけを意味するものではない。労働紛争は、一般に以下の3つの類型に分類することができる。

個人紛争、集団紛争、団体紛争

個人紛争	集団紛争		団体紛争
従業員1、2人	同3人以上30人未満	同30人以上	労働組合

　　　　　　　　　　　⇩　　　　　　　　　　　　　　　⇩
　　　　　　　　一般的紛争処理手続　　　　　　　　特別紛争処理手続

労働争議仲裁委員会事案処理規則		労働組合労働紛争処理
案件審理（第25～35条）	特別審理（第36～44条）	参加試行弁法

　以上から分かるとおり、中国語の"劳动争议"は、日本の労働争議とは概念が異なる。

争点

1. 企業内において労働争議を未然に防止するためには、人事労務管理に関する制度設計上の問題もある。
2. 外資企業において労働争議が労働集約型産業に集中するのは、中国人を管理職として登用することが遅れているということに原因の1つがある。現地化の推進をより積極的に進めることが求められる。

関連事項

　　1997年3月北京通县中国新加坡合资的麦克菲精密电子工程有限公司发生了**罢工**事件（北京市昌平县总工会"坚持**疏导**的方针、旗帜鲜明地依法维护职工的合法利益：北京市麦克菲公司工会领导职工停工与老板谈判始末"1997年4月11日）。

　　职工罢工的背景在于该公司新方总经理长期拖延不签劳动合同和**集体合同**、不发劳保用品致发生工伤事故并经常侮辱中国员工，致使**劳资**矛盾尖锐。

　　1997年3月24日下午，劳资双方在《复工协议》上签字，次日，全体职工正式复工。至此，工会领导的停工谈判这一集体争议行为取得了完全的成功。

新単語

中国語	ピンイン	日本語
罢工	bàgōng	ストライキ
疏导	shūdǎo	緩和する、融和する
集体合同	jítǐhétong	労働協約
劳资	láozī	労働者と資本家

要約

　1997年3月に発生したストの背景は、シンガポール企業側が派遣した総経理が、労働者と労働契約、労働協約を締結せず、労働保護備品を支給しないために労働者が業務上負傷し、かつ、中国人労働者を侮辱する行為が日常的にあったため、労資の矛盾が拡大していたことにあった。

解釈と視点 and/or ワンポイント・アドバイス

　労使（および労資）コミュニケーションをうまくとっていないと、労働者による訴えが多くならないとも限らない。社内の人事労務管理システムを再構築する必要がある。

第 18 课　劳动争议滥诉实态

（労働紛争濫訴の実態）

> 　　第17課の事案で仲裁で敗訴した女性社員（X）は、この仲裁判断を不服として、上海市黄浦区人民法院に訴えを提起した。法院はどのような判決を言い渡したのだろうか。
> 　　労働者の権利意識の高まり、労働紛争解決にかかわる調停仲裁、民事訴訟の法手続上の問題、労使コミュニケーションと社内紛争処理制度といった問題がある。

❧ 課文 ❧

1　　2007 年 7 月 26 日，黄浦区法院对此案作出如下判决。
（1）Y 按照 X 月薪 7380 元的标准，补付 X 自 2006 年 5 月起至 2006 年 9 月止的工资差额 2.44 万元。
（2）对 X 的其他诉请不予支持。

2　　2006 年 10 月，X 再次向法院提起诉讼，其诉请如下。
　　"Y、Z 的行为违反了中国现行法律的规定，并损害了 X 的精神健康，损害了 X 的名誉，侮辱了 X 的人格尊严。因此，要求 Y 支付精神损害赔偿 40 亿元。"

3　　黄浦区法院审理后认为，40 亿元的精神损害赔偿有**悖**于中国现行的劳动法律、法规的规定，不支持 X 的诉求。
　　X 不服，向上海市第二中级人民法院提起上诉。上海市第二中级人民法院审理后也认为，该诉求无事实与法律依据，维持黄浦区法院判决，对 X 的诉求不予支持。

4　　中国《劳动争议调解仲裁法》第 53 条规定：劳动争议仲裁不收费。劳动争议仲裁委员会的经费由财政予以保障。在中国，农民工等因无力负担仲裁费用而放弃申诉的事件**屡见不鲜**，此规定旨在救援此类社会弱者。《劳动争议调解仲裁法》的立法本意是妥当的，但是也出现了一些滥用现象。由于不收

費，提出高价赔偿请求即使败诉也无损失，因而在劳动者中产生了"不诉白不诉"的错误倾向。

新単語

中国語	ピンイン	日本語
悖	bèi	違反する
屡见不鲜	lǚ jiàn bù xiān	よく見られ、珍しくない

日訳

1 　黄浦区法院は、2007年7月26日に以下のとおりの判決を言い渡した。
　(1) Yは、Xに対して、YのXに対する基本給月額7380元を基準として、2006年5月から2006年9月までの間について、実際に支給した2500元との差額2万4400元をXに支払え。
　(2) Xのその他の請求は棄却する。

2 　2006年10月、Xは、黄浦区法院に対して、Yを相手取って上記の賃金紛争にかかわる訴えを再び提起した。Xの主張は、以下のとおりである。
　「YおよびZの行為は、中国の法律の規定に反しており、Xの身体、精神的健康を害し、名誉を棄損し、人格の尊厳を侮辱するものである。従って、Yは、Xに対して精神的損害賠償金40億元を支払え」

3 　黄浦区法院は、審理の後、Xの40億元という精神的損害賠償請求は、中国の現行の労働法規の規定に明らかに適合しないとして、Xの請求を棄却した。
　Xは、黄浦区法院の判決を不服として、上海市第二中級人民法院に上訴した。上海市第二中級人民法院は、Xの上訴に対して、審理の結果、Xが主張する事実および法的根拠がないとして、黄浦区法院の判決を支持し、Xの請求を棄却した。

4 　労働紛争調停仲裁法は、第53条で「労働紛争仲裁は費用を徴収しない。労働紛争仲裁委員会の経費は財政が保障する」と定めている。中国においては、農民工などが仲裁費用を自ら負担できる経済力がないために、仲裁申立てを断念していることも少なくなく、こうした社会的弱者を救済しようということから定められた規定である。この立法趣旨は適当であるが、一部にこの制度を濫用する向きがある。労働者は、訴えの費用がかからないので、高額な請求をしてみて、敗訴しても元々であって何も失うものはなく、だめもとで仲裁申立てをし、訴訟を提起しようという良からぬ傾向が生じている。

🍃 用語の概念 🍃

劳动争议仲裁不收费（労働紛争仲裁は費用を徴収しない）

　民事訴訟における訴訟手数料も低額である。労働紛争事案の場合、高額な損害賠償請求でありながら、中国の法律の規定では労働者が法院に訴えを提起する手数料（法院の訴訟受理費）は10元でしかない。

🍃 争点 🍃

1. 企業内において人事労務管理のあり方を再考し、労使コミュニケーションを円滑にするようにしなければならないが、当面の労働争議に対して中国政府が今後の対策として企業に推奨しているのが、労働協約、賃金集団協議制度である。
2. 実務上は、労働協約とはいうものの賃金集団協議制度の導入といえそうである。これは、企業内部の賃金分配制度、賃金分配方法、年間の平均賃金水準およびその調整幅、賞与・手当て・補助などの分配方法などの事項について規律することを内容としている。
3. しかし、今日の問題として検討されなければならないのは、抜打的ストライキをいかに規整するかということである。企業単位で考えれば、日本の労働協約の内容と同様のものを作成することで対応可能である。すなわち、(1) 組合を唯一の交渉団体として認定し、かつ、(2) 組合活動に関する規定、(3) 労使協議会の討論内容、招集その他手続、(4) 団体交渉の要件、手続、(5) 正当な争議行為の概念および手順について、労働組合と約定しておくことである。

🍃 関連事項 🍃

1. 为什么劳动争议在不断增多？我们可以认为是出于以下几个原因。
   第一，(1) 劳动者权利意识增强
   第二，(2) 劳动争议调解仲裁法仲裁申请手续的相关问题
   第三，(3) 民事诉讼诉讼手续的相关问题
   第四，(4) 律师的品质问题
   　伴随中国《劳动法》、《劳动合同法》的制订，劳动者权利意识觉醒，正当、合法地主张和维护自己的权利**无可厚非**。问题在于上述（2）-（4）。

2. 在中国，律师也在不断增多。刚刚取得律师资格而还没有客户的律师有时会竞相奔向劳动争议。由于仲裁或者诉讼的受理费几乎为零，这些律师便希望在胜诉后从高额赔偿金中获取收入，因而出现了煽动劳动者提起诉讼的问题。此外，也有为了获得实际经验而让刚刚取得律师资格的律师无偿接受劳动争议的律师事务所。

新単語

中国語	ピンイン	日本語
无可厚非	wú kě hòu fēi	むやみにとがめることはできない

要約

1. なぜ、労働紛争が多いのか。第一に、(1) 労働者の権利意識の高まりである。第二に、(2) 労働紛争調停仲裁法による仲裁申立手続きに関する問題である。第三に、(3) 民事訴訟における訴訟手続きに関する問題である。第四に、(4) 弁護士の質の問題である。
2. 中国で弁護士も増えている。クライアントを持っていない者が、労働紛争を追いかけているということもある。仲裁または訴訟受理費がほとんどかからないので、勝訴判決を得たときの成功報酬でいいという弁護士もいる。また、弁護士登録したばかりの者に訴訟実務を学習させるために、労働紛争を無償で引き受けさせている法律事務所もある。

解釈と視点 and/or ワンポイント・アドバイス

1. 労使コミュニケーションをうまくとっていないと、労働者による訴えが多くならないとも限らない。社内の人事労務管理システムを再構築する必要がある。
2. では、どのような人事労務管理システムを構築するのがよいのか。人材を確保し、また離職されないように企業に留めておくに際しては、魅力ある企業文化をもつことが有用である。魅力ある企業文化とは、労働者同士および労働者と管理職とがコミュニケーションしやすく、互いに真摯に関心を持ち合い、チームで仕事ができるような環境が形成されているということである。このとき、使用者と全労働者で目標を共有化するということも重要である。

第19课　争议解决——从自主交涉妥协型到积极援助请求型

（紛争解決——自主交渉妥結型から先鋭援助要請型へ）

中国は、コンフリクトが生じた場合、互譲互利の精神で解決に導くとされているが、最近では必ずしもそうではない。むしろ対立を先鋭化して、バーゲニングパワーを獲得し、交渉を有利に進めようとする意識が強く働いていそうである。

課文

1　　致力于和谐社会建设的中国，在包括商务纠纷在内的各种争议发生时，就如何使问题调解、说服，中国社会的意识层面实际却与政府的期待背道而驰。
　　也就是说，有关纠纷解决，正在从过去的自主交涉妥协型向积极援助请求型变化。

2　　所谓自主交涉妥协型，就是发生纠纷时当事人双方通过自主交涉或通过中立的第三方的调解，避免矛盾激化，兼顾考虑直接当事人及周围关系，摸索解决策略的争议解决方法。

3　　相对而言，积极援助请求型是指，纠纷发生时，将事情通过媒体对外公开，使矛盾激化，**咬紧**对方微小的错误，从而获取**谈判主导权**，使双方交涉向对己方有利的方向发展的做法。

4　　一些案例可令人感受到自主交涉妥协型正在向积极援助请求型转变。比如：2007年日资 M 电池工厂员工罢工事件。
　　据日本国内报道，发生罢工的原因是该工厂不向员工公开体检结果。但事实上，问题并非如此简单。

5　　说起来，事件要**追溯**到 2006 年 8 月，该公司某资深员工 X 在体检中被检查出尿**镉**超标。体检 2 个月后，该员工被**调配**到公司财会部门。在所有员

工的体检结果不一定都予公开的情况下，对于镉中毒的担心在与员工 X 同场作业的工人中扩散开来，继而引发了工人集体辞职的骚乱。不止如此，2007年1月1日网络出现了题为《M 电池工厂重金属超标，影响员工身体健康》的文章，事情通过网络媒体在外界传播。

　　工厂1月4日停产至12日恢复生产，遭罢工8天。罢工期间，工厂通过采取重新体检等措施才使事态得以控制。

6　　事件发生后，M 电池工厂将员工的安全补助从原来的2元增加到20元，其中18元为"特殊岗位津贴"。这也是本次事件的处理结果。纵然 M 电池工厂在通知员工身体检查结果方面，做法存在不当，该事件也实在令人感到员工有借机将事情闹大，以此作为要求提高补贴金额的**谈判资本**之嫌。

新単語

中国語	ピンイン	日本語
咬紧	yǎojǐn	しっかり咬む、つかむ
谈判主导权	tánpàn zhǔdǎoquán	バーゲニングパワー
追溯	zhuīsù	遡る
镉	gé	カドミウム
调配	diàopèi	割り当てる、配分する
谈判资本	tánpàn zīběn	バーゲニングパワー

日訳

1　　和諧社会を目指す中国であるが、ビジネストラブルを含めて様々な紛争が生じたときに、これをいかに調停、説得するかについて、社会の意識は実際には政府の思惑とは逆行しているように思われる。

　　すなわち紛争解決に関して、従来の自主交渉妥結型から先鋭援助要請型へと転換していると思われることである。

2　　自主交渉妥結型とは、トラブルが生じたときに当事者間の自主的交渉を通じて、または中立的第三者が当事者の間に立って矛盾の激化を避け、直接当事者だけでなく、周囲の関係も配慮しながら解決策を模索する紛争解決法をいう。

3　　これに対して、先鋭援助要請型とは、トラブルが生じたとき、メディアなどを使って、こ

とを外部に公にし、矛盾を激化させ、交渉相手方の些細な誤りを叩き、もってバーゲニングパワーを獲得し、交渉を有利に進める方法をとろうとすることを言う。

4　自主交渉妥結型から先鋭援助要請型へと転換しつつあるのではないかと思わせるケースとして、例えば、2007 年の日系 M 電池工場における従業員によるストライキ発生事件がある。
　日本で報じられたところでは、同工場の健康診断結果が従業員に開示されなかったことが原因でストライキが発生したということである。しかし、実際にはもう少し複雑な問題がある。

5　そもそもは、2006 年 8 月の健康診断の際に勤続年数の長い労働者（X）の尿から標準値以上のカドミウムが検出されたことに遡る。この健康診断の 2 カ月後に当該労働者は会計部門に配置転換になった。すべての従業員の健康診断結果が必ずしも開示されなかったところ、X と同じ作業現場で働く労働者たちにカドミウム中毒になるのではないかという不安が走り、これら労働者が集団辞職するという騒ぎに発展した。さらに、2007 年 1 月 1 日に「M 電池工場の重金属基準値超過、労働者の健康に影響」という文章がネット上で配信され、ネットという媒体を通じて外部に広まることになった。
　同工場は 1 月 4 日に生産が停止し、12 日に再開するまで 8 日間ストライキとなった。このストライキの間、健康診断のやり直しを決定するなどの措置を講じることでストライキは収拾された。

6　事件発生後、M 電池工場は、労働者の安全手当を従来の 2 元から 20 元に増額し、うち 18 元が「特殊勤務手当」である。これが今回の事例の結末でもあり、M 電池工場の身体検査結果に関する通知の仕方に不適当なところがあったにせよ、これを利用し、ことを荒立てて、手当て増額を勝ち取るためのバーゲニングパワーとしたとの嫌いがある。

用語の概念

岗位津贴（職場手当）
　特殊な業務、とりわけ体力や特殊能力を消耗する業務に従事する労働者に対して支給される手当。例えば、高温手当、有毒有害物取扱手当、特殊技能手当、夜勤手当などがある。

争点

1. 労働者が権利・利益を主張する場合、いかにバーゲニングパワーを獲得しようとするのか。
2. 企業にはいかなる対策があるだろうか。

関連事項

中华人民共和国工会法
　　第二十七条　企业、事业单位发生停工、怠工事件，工会应当代表职工同企业、事业单位或者有关方面协商，反映职工的意见和要求并提出解决意见。对于职工的合理要求，企业、事业单位应当予以解决。工会协助企业、事业单位做好工作，尽快恢复生产、工作秩序。

新単語

中国語	ピンイン	日本語
協助	xiézhù	協力・支援する、援助する

要約

中華人民共和国労働組合法
　第27条　企業・事業体に操業停止、サボタージュが生じた場合、工会（労働組合）は職員・労働者を代表して企業・事業体または関連方面と協議し、従業員の意見と要求を伝達し、かつ解決の意見を提出しなければならない。従業員の合理的意見に対し、企業・事業体はこれを解決しなければならない。工会は企業・事業体と協力して仕事をよく進め、生産や仕事の秩序をできる限り早く回復させる。

解釈と視点 and/or ワンポイント・アドバイス

1. 労働争議の原因には多様なものがある。
　（1）法律の不備や解釈上、運用上の問題もあれば、（2）従業員・労働者の労働法関係の規定の不理解や資質の問題もあり、（3）使用者・企業の労働法関係の規定の不理解や人事労務管理上のレベルの低さということもあり、（4）企業（使用者および従業員）を取り巻く外部環境の変化といったことなど、様々な要因があり、これらが複数関連して労働紛争が生じる原因となる。
2. 労働組合は、労働組合法第27条に見られるように生産の秩序を維持するために労働者を代表して、使用者と協議し、問題を解決する機能を果たす。必ずしも使用者と敵対する存在として定められている訳ではない。企業は工会をうまく活用する方法を考えることが賢明である。

19　争議解決――从自主交渉妥協型到積極援助請求型

第20課 诉讼社会——诉权的滥用

（訴訟社会——訴権の濫用）

中国は訴訟社会化してきている。中国進出外資企業は、訴訟社会中国への備えを必要以上にしなければならず、経営管理上のリスク、負担が増している。

❧ 課文 ❧

1. 中国诉权滥用问题凸显。诉权滥用是指，恶意向审判机构提起诉讼，或向检察机构告发。这里的恶意是指，一方争议当事人对并不存在特别诉讼利益或并无正式证据时，以故意加害对方当事人权益为目的的行为。

2. 之所以成为严重问题，是由于以上概念描述的诉权滥用现象最近在中国多有发生，并因此造成了国民经济负担。所谓造成国民经济负担是指，法院在受理案件众多的情况下，诉讼数量进一步增加，造成人民法院人员、预算不足，导致国民纳税负担加重。

3. 例如，以下案例中的诉权滥用现象。
   法国达能与娃哈哈集团纷争升级，陷入**泥潭**。
   娃哈哈集团董事长宗庆后表示将对2007年7月3日就任达能娃哈哈合资公司董事的范易谋（法国达能亚太地区副总裁）等干部提起诉讼。起诉理由中指出，达能集团3名董事在与合资公司有竞争关系的其他食品公司兼职的行为违反了《公司法》规定的董事竞业禁止义务。

4. 这一起诉发生在法国达能与娃哈哈集团纠纷不断升级的过程中。当事人双方和平相处时没有提出的问题，在诉讼**口水战**白热化时却成为提起诉讼的理由。最终，世人无法明确案件是否存在实际的诉讼利益。

5. 诉权滥用开始引起特别关注源于深圳"富士康"事件。
   2006年6月《第一财经报》载文称，鸿富锦精密工业（深圳）有限公司

（富士康科技集团的台湾独资子公司）强迫女性劳工超时加班。介于此，该公司对《第一财经报》的 2 名采编记者向深圳市中级人民法院提起了诉讼，状告其侵害名誉权，并索赔 3000 万元，要求法院**查封**、冻结 2 名记者的私人财产（存款、股票等）。

6　　　　对于这起诉讼（3000 万元的损害赔偿金额及查封个人财产等诉求）是否具有法律依据，2 名记者是否应为本案的适格被告等问题，人们议论纷纷，该案可能存在诉权滥用。

新単語

中国語	ピンイン	日本語
泥潭	nítán	泥沼
口水战	kǒushuǐzhàn	合戦
查封	cháfēng	差し押さえる

日訳

1　　中国で訴権の濫用ということが問題になっている。訴権の濫用とは、悪意をもって裁判所に訴えを提起し、または検察に告発することをいう。ここで悪意とは、紛争当事者の一方が、一般には特段の訴えの利益も、また、さしたる証拠もないと思われるようなことでも、相手方の権益に故意に危害を加えることを目的とする行為をいう。

2　　このことが重大な問題であるというのは、上記概念の訴権の濫用が最近の中国で多発し、このことが国民経済の負担にもなっているからである。国民経済の負担になっているというのは、法院が非常に多くの事件を受理している状況下で、さらに訴訟が増加し、人民法院の人員・予算不足を起こし、国民の税負担が増しているということである。

3　　例えば、以下のような訴権の濫用と考えられる事件がある。
　　仏ダノンと娃哈哈集団との間の紛争がエスカレートし、泥沼化の様相を呈した。
　　娃哈哈集団の宗慶後董事長（取締役会長）は、2007 年 7 月 3 日にダノン・娃哈哈合弁会社の董事（取締役）に就任しているファベール・アジア太平洋担当上級副社長ら幹部を提訴する方針を明らかにした。仏ダノン側の董事 3 人が、合弁会社と競合関係にある他の食品会社の董事を兼務していることは会社法で規定している董事の競業禁止に違反しているというのが理由である。

4　この訴えは、仏ダノンと娃哈哈集団との間の紛争がエスカレートする中で行われたものである。当事者間にトラブルが発生していないときには問題とされていなかったものが、訴訟合戦の中で新たな訴えの理由となった。果たして実質的な訴えの利益があるのか否か、一般には判然としない。

5　訴権の濫用ということがとりわけ注視され始めたのは、「深圳"富士康"事件」からである。2006年6月に「第一財経報」が、深圳の鴻富錦精密工業有限公司（同社は、台湾の富士康科技集団の全額出資の子会社）で女子労働者が過酷な残業を強いられているという記事を掲載した。そこで、同公司が「第一財経報」の2人の記者を相手取って、深圳市中級人民法院に名誉侵害の訴えを提起し、3000万元の損害賠償を求め、かつこのために法院に2人の記者の個人財産（銀行預金、株券など）の差押さえ、凍結を要求した。

6　このような訴え（3000万元の損害賠償額や財産の差押さえなど）に法的根拠があるのか否か、訴訟当事者（被告）も2人の記者が適当であるのか否かなど様々な疑義があり、訴権の濫用の可能性がある。

用語の概念

竞业禁止（競業禁止、競業避止）

　中国会社法第61条は、「董事・経理は、その会社と同類の営業もしくは会社に損害を与える活動への従事を自ら行いまたは他人のために行ってはならない。これらの営業もしくは活動をしたときは、その収入は会社に帰属させなければならない」と規定している。

争点

　競業禁止に関しては、会社法における規定のほかに、例えば合弁会社のパートナー間でも当事者の契約により競業禁止を約定することができる。
　例えば、(1) 経営範囲を明確に規定すること、(2) 類似の経営範囲となる関連会社の設立禁止などである。関連会社の概念についても定めておく必要がある。

❦ 関連事項 ❦

　《关于境内企业承接服务**外包**业务信息保护的若干规定》已于 2009 年 10 月 22 日经中华人民共和国商务部会议和工业和信息化部审议通过，公布，自 2010 年 2 月 1 日起施行。

　　第六条　**接包方**应通过与员工，特别是涉密人员签订保密协议、竞业禁止协议，以及与涉密的第三方人员签订保密协议等措施确保信息安全。

　　第七条　接包方应当加强对员工的信息安全培训，增强员工的保密意识，避免泄漏保密信息事故的发生。

❦ 新単語 ❦

中国語	ピンイン	日本語
外包	wàibāo	外注、アウトソーシング
接包方	jiēbāofāng	請負人

❦ 要約 ❦

　商務部は、「国内企業によるアウトソーシングサービス業務の請負に関わる情報保護に関する若干の規定」を発布した。同規定第 6 条は、請負人は、従業員、とりわけ秘密情報に係わる従業員と秘密保持契約および競業禁止契約を締結すること、秘密情報にかかわる第三者と秘密保持契約を締結すること等の施策を通して情報の安全性を確保しなければならないと規定している。

❦ 解釈と視点 and/or ワンポイント・アドバイス ❦

1. 法意識国際比較研究会が、日米中の法意識を比較する中で、訴訟利用行動について調査したところ、「裁判に訴えること」を「望ましい」または「どちらかといえば望ましい」と答えた者の和と、「望ましくない」または「どちらかといえば望ましくない」と答えた者の和をパーセント比較すると、日本は 38％対 18％に対し、中国は 71％対 20％であった（藤本・河合・野口・太田「日本人の法意識——アメリカ・中国との対比から」『ジュリスト』No.1297、2005.9.15、59 頁）。
2. 紛争が生じたときには法的手段をとることについて、中国人に躊躇はない。こうした側面からも中国における訴訟リスクは高まっている。
3. 競業禁止は、会社法や労働法において規律されている。司法実務上、競業禁止条項が合理的であるか否か、いかなる判断基準を適当とするのかについて統一的な見解は示されていない。
4. 競業禁止は、公平な競争秩序を確保する上で重要であるが、労働者の職業選択の自由ないしは生存権と衝突することもある。

第 21 课　通过判决解决争议的可信度——关注关系学

（裁判による紛争処理の信頼性——関係学に注意）

> 裁判は、公正、公平に行われなければならないものである。しかし、中国の裁判は人脈が判決を左右するといわれ、このような事例の存在も知られている。

課文

1　　在中国遭遇纠纷该如何处理呢？如果是法律纠纷，会立刻想到**对簿公堂**吧。为什么呢，因为我们认为法院审判是公正和公平的。

2　　但就这一点，各国的法学家、实业家、外国企业却多有质疑。因为在中国，实务中的审判并没有公正、公平地进行。究其原因，"关系"在中国社会备受重视，根据有无关系或关系**亲疏**作出判决的现象可以说是**司空见惯**。所谓"关系"，简言之就是人脉、**门路**。

3　　中国国内有关人士也持有这种看法。2004 年 8 月 18 日北京市高级人民法院对下级法院颁布了禁止性规定，严禁法官根据与当事人及其律师的相互关系作出判决，表示对违反规定者给予立即**撤职**的处分。

4　　该规定由以下 6 条构成：
(1) 严禁接受当事人及其律师的宴请、**请托**、钱物及其他任何形式的财务支付。
(2) 严禁向当事人及其律师泄露合议庭评议、审判委员会讨论案件的具体情况及尚未决定与宣判的裁判内容。
(3) 严禁违反**回避**规定，审理与本案当事人及其律师有亲朋、同学、师生、同事等关系的案件。
(4) 严禁参加由当事人及其律师出资的各种非公务活动。
(5) 严禁为当事人介绍律师和为律师介绍代理案件。
(6) 严禁私自单独会见当事人及其律师。

5　　其实，上述规定中并未出现任何新鲜内容（引发社会关注的"关系"事件，例如：宁夏羊绒事件）。早在上世纪90年代初，最高人民法院就颁布了同样的规定（通知）。今天，上述规定再次出台，表明依靠"关系"的现象并未得到改观。

6　　中国的审判环境何时能够得以净化？是否有不依靠法院审判的纠纷解决方法？笔者认为在华开展商务活动的日本企业有必要就该问题进行探讨。

新単語

中国語	ピンイン	日本語
对簿公堂	duìbù gōngtáng	法廷で裁判を受ける
亲疏	qīnshū	親しい人と疎遠な人
司空见惯	sī kōng jiàn guàn	珍しくない、よくあること
门路	ménlù	コネ
撤职	chèzhí	免職（にする）
请托	qǐngtuō	頼み込む
回避	huíbì	回避（する）

日訳

1　　中国において紛争が生じた場合、どのように処理すればよいのか。法的紛争処理ということであれば、すぐに想起するのが裁判であろう。なぜなら、裁判は、公正、公平であるとの認識があるからである。

2　　しかし、この点について諸外国の法学者、実務家、外国企業から疑問が呈されることが多い。中国では実務上、公正、公平な裁判が行われていない。なぜなら、中国においては「Guanxi（関係）」が重要視され、この関係の有無や緊密度によって、判断されることが多いといえそうだからである。「Guanxi（関係）」とは、簡単に言えば人脈、コネクションのことである。

3　　この認識は、中国国内の関係者にも存在する。2004年8月18日に北京市高級人民法院は、下級裁判所に対して、裁判官が訴訟当事者および弁護士との不当な関係により、判決を下すことを厳格に禁止し、違反した場合には直ちに解任するとの規定を発布した。

4　　この規定は、以下の6項目からなる。

(1) （裁判官は、）訴訟当事者および弁護士から接待、請託、金銭およびその他のいかなる方式の財務支払いも受けてはならない。
(2) （裁判官は、）判決を下す前に訴訟当事者および弁護士に審議内容を明らかにしてはならない。
(3) （裁判官は、）訴訟当事者または弁護士と親戚、友人、同級生、師弟、同僚関係などがある場合には、回避（自発的に当該事件の担当から退く）しなければならない。
(4) （裁判官は、）訴訟当事者または弁護士が出金する、公務にかかわりない各種の活動（例えば、旅行やパーティ）に参加してはならない。
(5) （裁判官は、）訴訟当事者に弁護士を紹介し、および弁護士に訴訟事件を紹介してはならない。
(6) （裁判官は、）訴訟当事者および弁護士と私的に面会してはならない。

5　実は、以上のような規定は、何も新しいものではない（このような「関係」が問題視された事件に例えば、寧夏カシミア事件がある。Bersani, Enforcement of Arbitration Awards in China, *China Business Review*, May-June 1992, pp6-10）。1990年代の初めにすでに最高人民法院が同様の規定（通達）を発布している。今日、上記のような規定が再び発布されるということは、相変わらず「Guanxi（関係）」がなくなっていないということである。

6　中国における裁判上の問題は、いつになったら浄化されるのだろうか。裁判によらない紛争解決手段はあるのか。対中ビジネスを行う日本企業は、これらの点について検討することが必要であると考える。

用語の概念

"回避"与"忌避"（「回避」と「忌避」）

回避とは、事件を担当する裁判官が、事件について公正な判断をするのに影響を及ぼす可能性のある事情がある場合に自ら裁判手続からの退出を申し出る制度をいう。また、当事者が申し立て、裁判からの退出を請求する「忌避」という制度もある。この回避・忌避制度は、裁判官の独立、公正さを確保するために設けられた制度である。

争点

1. 中国は訴訟手続の透明度を高め、司法の公正を実現して欲しい。
2. このためには、(1) 直接・公開の質疑と挙証、(2) 判決文の公開、(3) 司法解釈の整理、編纂および公布を実現して欲しい。
3. 当事者に対する証拠提出命令権（証拠提出を正当な理由なく拒否させない）や証人と鑑定人の出廷制度も必要である。

❧ 関連事項 ❧

　司法制度是政治制度的重要组成部分，司法公正是社会公正的重要保障。
　社会公平正义的维护应当落实到每一起案件的办理过程中，体现在每一个司法行为上。由于中国经济社会发展不平衡、司法人员司法能力存在差异、地方保护主义观念尚未根除等原因，司法裁量权的行使不透明、司法行为**不规范**等现象依然存在。

❧ 新単語 ❧

中国語	ピンイン	日本語
不规范	bù guīfàn	規律されていない（日本語で「規範」は名詞としてしか使用しない）

❧ 要約 ❧

　司法の公正は社会の公正を保障する。社会の公平正義は各事件の処理（審判）において確保されなければならないが、司法人員の能力の差、地方保護主義などの要因のため、十分に規律されていない。

❧ 解釈と視点 and/or ワンポイント・アドバイス ❧

1. 外国企業が中国において裁判制度による紛争処理をする場合には、ただ単に法院に訴えを提起し、その結果を待っていればよいというものではない。
2. 各種の方法で勝訴を得るための努力が必要である。様々な関係を持つ弁護士を雇用すること、または商務部や省・市政府の幹部とのコネづくりによって彼らの関係ネットワークに参入することも時には必要である。

第 22 课　回避用法院审判处理纠纷——美中调解的尝试

（裁判による紛争処理を避ける——米中間の調停の試み）

中国においては、契約から紛争が生じた場合には、国益を優先させるという判断のもとで当事者間の生産的関係を維持することを重視しようとする文化が根付いている。そこで、紛争発生時に、当事者間の関係を破綻させたままで終わらせないような調停による紛争解決法を好む傾向がある。

课文

1　　2004年"美中商事**调解**中心"成立，该机构由中国国际贸易促进委员会与美国公共资源争议解决机构（本部设于纽约）合作设立。

2　　在美中企业纠纷中，比起中国的法院审判，美国企业更**青睐**于调解解决的安全性。于是两大机构经协商就调解中心开设达成一致。企业当事人双方的争议，由第三方机构美中商事调解中心通过调解的方式解决。

3　　中国重视维护生产关系的文化根深蒂固，更乐于选择调解的方式。而**崇尚**个人主义的美国及其企业，在订立合同、处理纠纷时则会依法律规则行事，倾向于信赖法的强制力。

4　　但是，通过调解解决企业间纠纷的思想，在欧美也屡见不鲜。1980年，《联合国国际贸易法委员会（UNCITRAL）调解规则》通过。该规则规定，调解员"在试图友好地解决争议时"，要站在中立、公正的立场上，遵循客观、公平和正义的原则，考虑当事人的权利、义务、贸易惯例，以及有关争议的各种情况，协助当事人友好地解决其争议。

5　　调解制度，是第三者以中立的立场介入当事人争议，协助双方达成和解的制度，是当事人寻求自主解决争议的制度。**维系**友好关系并解决争议是其显著特点。而贸易关系的维系和继续则有利于当事人的长期利益。正因如此，调解作为国际贸易争端的有效解决手段被寄予**厚望**。

6　　美国仲裁协会主席兼 CEO William K. Slate II 指出，仲裁员及代理人对不同国家文化及习惯差异的理解对于有效解决国际贸易争议至关重要。为顺利处理双方争议，日中应共同培养理解两国文化及习惯差异的仲裁员及代理人。

新単語

中国語	ピンイン	日本語
调解	tiáojiě	調停
青睐	qīnglài	親しみのある愛情に満ちたまなざし（＝青眼 qīngyǎn）
崇尚	chóngshàng	尊ぶ
维系	wéixì	維持する、つなぐ
厚望	hòuwàng	大きな期待をする

日訳

1　　2004年に「米中調停センター」（The US-China Business Mediation Center）が設置された。これは、中国国際貿易促進協会と米国の International Institute for Conflict Prevention and Resolution（本部：ニューヨーク）の両機関により設置されたものである。

2　　米中企業間の紛争において、中国の法院で裁判をするのに比べ、米国企業は、調停による解決の安全性を好ましく思う。そこで、両機関の協議で調停センターの設置合意に至ったものである。当事者企業間の紛争を第三者機関である米中調停センターが調停をし、解決を図ろうとする。

3　　中国は生産的関係を維持することを重視しようとする文化が根付いており、調停をそもそも好む傾向がある。一方、米国のような個人主義的である国・企業は、契約や紛争処理に際しては法によるルールどおりに行われること、法の強制力に信頼をおこうとする。

4　　しかし、企業間の紛争を調停により解決しようとする思考が、欧米にも生じつつある。国連商取引委員会（UNCITRAL）は、1980年に UNCITRAL 調停規則を採択した。それによると、調停人は、「紛争を友好的に解決しようと試みるに当たり」、独立した公正な立場において、客観性、公平および正義の原則を指針とし、当事者の権利義務、取引慣行および紛争の諸事情を考慮に入れつつ、紛争の友好的解決を求める当事者を援助するとされている。

5　　調停は、第三者が中立的な立場で当事者の中に立って、折り合いをつけさせようとする制度であり、当事者の自主的・自治的解決を図る制度である。従って、友好関係を維持しつつ

紛争を解決しようとする点に特徴がある。取引関係を維持・継続することが、当事者にとって長期的には利益に適うと考えられる。かかる理由により、調停は国際取引紛争の有効な解決手段として、もっと活用されることが期待される。

6 　　アメリカ仲裁協会のプレジデント兼CEOであるウィリアム・K・スレートⅡは、国際商事紛争処理を効果的に解決するために、仲裁人や代理人が国による文化や習慣の違いを理解しておくことが大変重要であると指摘している。日中間の紛争処理が円滑に進むために、日中協働で国による文化や習慣の違いを理解した仲裁人や代理人の育成が望まれる。

用語の概念

調解（調停）

中国語では、調停を"調解"と表記し、以下のように定義している。

「双方または多数当事者の間で生じた民事権益紛争につき、当事者の要請により、または法廷もしくは大衆調停組織が、和解が可能であると見なす場合において、訴訟を減少させるため、法廷または大衆調停組織が、取り持ち、説服（説伏）教育し、当事者を相互に了解させ、紛争を解決することである」

なお、中国語の"調停"は、国際投資紛争処理に関して、当事者に対する拘束力のない勧告的性質をもつ、政府による政治的解決方法の1つである（『中国大百科全書（法学）』中国大百科全書出版社、1984年、236頁）。従って、中国においては「調停」と「調解」は意味が異なる。

争点

1. 中国における国際商事紛争解決の方式として利用される調停は、実務上は中国国際商会調停中心（調停センター）による機関調停が中心である。
2. 調停には、紛争当事者が長期間にわたってビジネスを継続してきており、また、今後も継続する意向がある場合には、当事者間の友好関係を損なわないという優位性がある。
3. 欧米でも調停の利用が多くなってきている。米国は訴訟社会といわれる。米国における訴訟率が高いのは、代替的紛争解決手段が欠如しているのがその理由である。調停が、今、代替的紛争解決手段として注目されている。

関連事項

　　一直以来，在签订两国间仲裁机构合作协议，实施共同调解方面，中国屡有建树。目前，已分别与法国工业产权局、意大利仲裁协会、**汉堡**调解中心、韩国

商工会议所、加拿大商务委员会、纽约调解中心、伦敦国际仲裁院等机构联合开设调解中心。

为了维系日中企业在国际贸易中长期友好的贸易关系，比起裁判或仲裁，调解不失为一种值得期待的好方法。但是，日中之间通过调解解决争议的案例却**凤毛麟角**。2004 年，日本汽车工业会与中国汽车工业协会为解决**仿制**摩托车问题联合成立了争议解决机构"日中摩托车知识产权纠纷调解组织"，但其合作关系非常有限。日中之间拥有不少近似的法文化和法意识，以此为背景，笔者认为应进一步加强双方争议解决方面的合作。

新単語

中国語	ピンイン	日本語
汉堡	Hànbǎo	西ドイツ・ハンブルグ
凤毛麟角	fèng máo lín jiǎo	鳳凰の毛と麒麟の角（希有であるものの喩え）
仿制	fǎngzhì	模造する

要約

中国においては、従来から二国間の仲裁機関で協力協定を締結し、共同で調停を実施しようという動きがある。

日中企業間には国際取引に関して長期的な友好的取引関係の維持を考慮し、裁判や仲裁よりも調停を望ましいとする考えがある。日本自動車工業会と中国汽車工業協会との間で、2004 年にコピー二輪車問題を扱う紛争解決機関「日中二輪車知的財産権紛争調停組織」が設立されたが、極めて限定的な協力関係である。日中の法文化・意識が類似している場面が少なくないところ、もっと紛争処理における協働があってもよいのではないか。

解釈と視点 and/or ワンポイント・アドバイス

1. 中国において国際商事紛争を専門的に調停する機関に「中国国際経済貿易促進委員会／中国国際商会調解中心」がある。
2. 中国において国際商事紛争を処理する場合、あるケースでは調停によることが望ましいと考える。あるケースというのは、(1) 裁判や仲裁によっては、勝訴しても必ずしも履行が確保できないと考えられるようなときや、(2) 係争金額が比較的に小さく、(3) 紛争当事者間で長期的なビジネスを継続する可能性が高く、(4) 多少の妥協はしても早期解決を図ることがコスト的にも有利であると考えられるようなケースである。

第 23 课　松下向海尔转让三洋电机事业

（パナソニック、ハイアールに三洋電機の事業を譲渡）

今後ますます中国企業による M&A は増えそうである。このとき、日中双方ともに中国企業による対日 M&A の実務の展開状況を知る必要があると考える。

課文

1　　2011 年 10 月 18 日，三洋电机与海尔集团达成最终协议，将家用、商用洗衣机和家用冰箱事业，以及在东南亚 4 国的家用电器销售事业转让给中国海尔集团公司。

2　　虽然三洋电机持有在日本、中国、越南及其他东南亚各国的白色家电生产、销售事业，但松下集团考虑到其与集团内部事业重合，鉴于集团结构改革势在必行，遂商讨将这部分事业转让给海尔。

3　　另一方面，"一直以成为白色家电事业世界**枭雄**为目标"（杜镜国副总裁）的海尔集团，则做出了三洋电机的研发、生产和销售对实现海尔的成长战略意义重大的判断。

4　　三洋电机与海尔签署协议的主要内容如下：
(1) 三洋电机将所持有的生产、销售家用和商用洗衣机的"三洋 AQUA 股份公司"以及生产家用洗衣机的"湖南电机股份公司"的股份转让给海尔。
(2) 三洋电机将所持有的设计与开发家用电冰箱的"海尔三洋电器株式会社"，以及生产家用电冰箱的"海尔电器泰国株式会社"的股份转让给海尔。
(3) 三洋电机将在东南亚生产、销售家用电冰箱和洗衣机等家电事业的"三洋 HA　Asean 有限公司（越南）""三洋印度尼西亚股份公司""三洋印度尼西亚销售股份公司""三洋菲律宾股份公司"以及"三洋销售及售后

服务股份公司（马来西亚）"转让给海尔。
(4) 海尔可以在一定期限内在越南、印度尼西亚、菲律宾、马来西亚销售"SANYO"品牌的电视及洗衣机、冰箱等特定家用电器产品。

5　　2010年1～7月，中国企业对日本企业的并购案例达22件，该件数超过美国跃居首位。据1985年后的累积统计，对日企业并购案件共99例（仅中国大陆企业），其中不乏对LAOX（乐购士）、RENOWN等大型企业的收购及资本合作。

新単語

中国語	ピンイン	日本語
枭雄	xiāoxióng	才知が優れた者、リーダー （= 魁首 kuíshǒu、翘楚 qiáochǔ）
跃居～	yuèjū~	一躍～になる

日訳

1　　2011年10月18日、三洋電機は、中国海爾集団公司（ハイアールグループ）への家庭用・業務用洗濯機事業、家庭用冷蔵庫事業および東南アジア4カ国における白物家電販売事業の譲渡に関し、ハイアールと最終合意に至った。

2　　三洋電機は、白物家電製造・販売事業を日本、中国、ベトナムその他東南アジア各国において展開しているが、これはパナソニックグループ内の重複事業となっており、パナソニックの構造改革の必要性から、これらの事業につきハイアールに譲渡することが検討されてきた。

3　　一方、ハイアールは、「世界の白物家電事業のリーダーとなることを目標にしている」（杜鏡国副社長）ところから、三洋電機の研究開発、製造・販売拠点を活用できることはハイアールの成長戦略に非常に重要であるとの判断があった。

4　　三洋電機とハイアールが合意した主な内容は以下のとおりである。
(1) 家庭用ならびに業務用洗濯機の製造・販売会社「三洋アクア株式会社」、および家庭用洗濯機の製造会社「湖南電機株式会社」の三洋電機が保有する株式をハイアールグループに譲渡する。
(2) 家庭用冷蔵庫の設計・開発会社「ハイアール三洋エレクトリック株式会社」、および家

　　　　庭用冷蔵庫の製造会社「ハイアール・エレクトリック・タイランド株式会社」の三洋電機が保有する株式をハイアールグループに譲渡する。
　(3) 東南アジアにおける、冷蔵庫・洗濯機などの製造・販売会社「三洋HAアセアン有限会社（ベトナム）」、製造会社「三洋インドネシア株式会社」、販売会社「三洋インドネシア販売株式会社」、「三洋フィリピン株式会社」、「三洋セールス・アンド・サービス株式会社（マレーシア）」をハイアールグループへ譲渡する。
　(4) ハイアールに対して、ベトナム、インドネシア、フィリピン、マレーシアで一定期間、「SANYO」ブランドの洗濯機・冷蔵庫を含む特定の白物家電およびテレビを販売することを許諾する。

5　　2010年1～7月期に中国企業による対日M&Aは22件を数え、米国を抜いて中国がトップになった。1985年以降の累計では、99件にのぼる（中国大陸企業のみの数字）。ラオックスやレナウンのような大企業に対するM&A、資本業務提携も見られるようになってきている。

用語の概念

中国海尔集団公司（中国ハイアールグループ）
　ハイアールグループは1984年に設立され、中国山東省青島市に本社を置く家庭用電化製品のグローバル企業である。2010年の全世界での総売上は207億米ドルであった。ハイアールは家庭用電化製品事業として冷蔵庫、洗濯機、エアコン、給湯機、台所用品、テレビ、コンピュータ、携帯電話、および「U-HOME」シリーズ製品の研究開発、製造、および販売を行っている。

争点

　中国企業は、海外直接投資により、(1) 国際エネルギー資源の開発および加工に関する協力を深化させ、(2) 国外における技術研究開発を行い、(3) 国際的な販売ネットワークを確立し、(4) 著名ブランドを確立し、(5) グローバル経営のレベルを向上させたい考えである。
　中国企業の対日M&Aは、少子高齢化した日本社会の中で、市場が飽和状態となり、日本国内での市場拡大の余地がなくなり、苦しい経営を強いられ、中国およびアジアなどに新たな市場を開拓する必要に迫られているという日本企業の事情にも適う側面がある。
　中国企業は、日本企業との間のM&Aまたは資本業務提携には、様々な投資障壁が存在するということを認識して投資をする必要もある。日本企業は、中国企業から熱い視線を注がれている。中国企業と資本提携する場合には、企業の組織再編、経営手法の調整ということも生じる。中国企業による海外M&Aのすべてが成功している訳ではない。この理由は、経営や労働に対する意識の乖離、経営システム、企業組織論の違いということがある。

関連事項

1. 一些日本企业发出了中国威胁论的言论，但中国企业的并购行为却似乎将势不可挡。此时，笔者认为日中双方有必要学习了解中国企业开展对日企业并购业务的具体情况，而不只是高呼中国威胁论。努力构筑互惠**双赢**的资本合作关系是十分必要的。
2. 笔者认为中国企业在并购日本企业或与日本企业开展资本合作时，会意识到由中国企业主导将会遭遇各种投资壁垒，转而进行直接投资行为。而日本企业无疑正在受到中国企业的热切关注。

新単語

中国語	ピンイン	日本語
双赢	shuāngyíng	ウィン・ウィン

要約

　日本企業には中国脅威論を唱えるものもある。しかし、日中双方ともに中国企業による対日 M&A の実務の展開状況を知る必要があると考える。ウィン・ウィンの資本業務提携関係を築く努力が必要であると考える。
　中国企業は、対日 M&A に際してさまざまな投資障壁が存在するということを認識して、投資をすることであろう。

解釈と視点 and/or ワンポイント・アドバイス

　これまでの日中 M&A は、日中双方の企業価値を高めるウィン・ウィンの関係が形成される友好的な M&A となっている。中国企業は、(1) 中国におけるブランド力、(2) 販売手法などの経営力、(3) 技術力を強化できるような企業を買収してきた。
　ただし、このような関係が今後も不変であるといえるか否かについては、保障はない。中国国内で技術力をつけ、高付加価値製品を生み出す力を付け、中国市場を確保し、資本力を強化した企業が、日本にグリーンフィールド投資をすることも考えられる。また、このような企業が、日本企業を買収するようになることも考えられる。
　外国企業が海外に進出し、企業経営をする場合には、常に企業統治、人事労務管理、技術・ノウハウの移転などの問題が存在する。日中双方の企業は、いずれも対日 M&A に関しても同様の問題があるであろうことを想定しておく必要がある。

第24课　中国企业对日直接投资不断增加

（増える中国企業の対日直接投資）

中国企業の対日直接投資が増えている。中国企業の対日直接投資を積極的に誘致している地方自治体もある。日本に進出した中国企業には、地元に根ざした企業になってもらいたい。

課文

1　　据日本财务省统计，中国企业（仅大陆）对日直接投资额2010年达到276亿日元，是5年前的20多倍。虽然这与美国2780亿日元的投资相比相差甚远，但预计今后国外投资会不断增加。除并购外，增加对日直接投资前景看好。

2　　2012年1月24日，日本贸易振兴机构（JETRO）报，山东省青岛市包装制品生产商"即墨市金龙塑料复合彩印有限公司"在鸟取县大山町设立现地法人。

3　　"即墨市金龙塑料复合彩印有限公司"在青岛即墨市设有总公司和工厂，以生产食品包装袋、礼品盒、收缩带、塑料薄膜等产品为主。该公司注册资本1000万元，工厂面积55000平米，建筑面积25000平米，员工约200名，年销售额6000万元（2009年）。产品8成销往国外，其中约一半出口到日本。

4　　鸟取县及下属大山町3月1日与该厂商在县知事公邸举行合作协议签字仪式。其日本法人公司名称为"鸟取通商包材株式会社"。注册资本6000万日元，投资额约1亿日元（原计划投资5000万日元），主营**聚丙烯**、**聚乙烯**袋生产。鸟取工厂最初雇用10名员工，将来计划增至20～30人。首年度销售目标额6000万日元。

5　　根据JETRO掌握的信息，该公司金岩军总经理就在鸟取县投资办厂一

事表示，"因为原料从日本进口，在日本设立生产、销售基地能够大幅削减销售成本"，并对扩大业务表现出积极的态度。

6　　　中国某工业机械制造商 X 公司最近在日本直接投资设厂（独资）。该公司产品主要针对美国等海外国家出口。X 公司表示，"日本制造"在美国更容易赢得信赖，有利于扩大销售。X 公司将零部件从中国出口到日本，日本工厂只进行组装作业。

7　　　投资中国的某大型生产商采取了与 X 公司相同的事业计划。为享受"日本生产"的品牌效应，将中国工厂生产的零部件出口到日本，仅在日本进行组装，之后标以"日本生产"进行销售。

8　　　面临产业空洞化的日本，如能吸引中国企业对日直接投资，既可以促进闲置设施的有效利用，又可创造就业机会，想像相信着力于推动对华招商引资的日本地方自治体也将不断增加。

新単語

中国語	ピンイン	日本語
聚丙烯	jùbǐngxī	ポリプロピレン
聚乙烯	jùyǐxī	ポリエチレン

日訳

1　　日本の財務省の統計によると、中国企業（大陸のみ）の対日直接投資額は 2010 年に 276 億円となり、5 年前の 20 倍以上になった。米国の 2780 億円に比べると遥かに少ないが、今後対外投資はますます増えると考えられる。M&A だけでなく直接投資による対日進出が増えるものと予測される。

2　　2012 年 1 月 24 日に日本貿易振興機構（JETRO）は、山東省青島市の包装資材メーカーである「即墨市金竜プラスチック印刷有限公司」が、鳥取県大山町に現地法人を設立したと報じた。

3　　「即墨市金竜プラスチック印刷有限公司」は、青島即墨市に本社と工場があり、主に食品包装袋、ギフトバッグ、収縮ラベル、フィルムなどを生産している企業である。同社は、資本金 1000 万元、主工場敷地 5 万 5000 平方メートル、建物 2 万 5000 平方メートル、従業員

約200名、年間売り上げは6000万元（2009年）である。生産の8割を海外向けに販売し、そのうち約半分を日本に輸出している。

4 　　鳥取県と大山町は3月1日に同社との協定書調印式を知事公邸で行った。日本法人の社名は、「鳥取通商包材株式会社」となる。資本金は6000万円、投資額は約1億円（当初は5000万円）で主にポリプロピレン・ポリエチレン袋の製造を行う。従業員は、当初10名程度で将来的には20〜30名程度にする。初年度の売上高は6000万円を目標にしている。

5 　　JETROによると、鳥取県への進出について、同社の金岩軍社長は「原料を日本から輸入しており、日本に製造、販売拠点を持つことは大幅な販売コストの削減につながる」と語り、事業拡大に意欲を示したという。

6 　　中国の工作機械メーカーX社は、最近、日本に直接投資をし、工場（独資）を設立した。同社の製品は、主に米国等諸外国に輸出されている。X社が日本に工場を設立したのは、メイド・イン・ジャパンのほうが米国で信頼度が高くなり、よく売れるからであるという。X社は、日本の工場では中国から日本に輸出した部品を組み立てるだけの作業をする。

7 　　中国に進出している大手のメーカーもXと同様の事業計画を立てている。メイド・イン・ジャパンというブランド力を享受するため、中国の工場で生産された部品を日本に輸出し、日本で組み立てだけを行い、メイド・イン・ジャパンとして販売する。

8 　　産業の空洞化に直面している日本が、中国企業の対日直接投資を受け入れることができれば、遊休施設の有効利用を促し、雇用を生み出す効果も期待できるとして、中国企業誘致を推進する地方自治体も増えてくるものと推測する。

用語の概念

国外直接投资（海外直接投資）

　2004年7月1日、国務院が公布した「行政審査認可の保留が必要な項目に対する行政許可を設定することに関する決定」（2004年7月1日実施）によって、中国企業の海外投資は行政許可項目と定められている。

　その後、国家発展改革委員会、商務部および国家外貨管理局は「国外投資プロジェクト審査認可暫定管理弁法」（2009年10月9日公布・実施）、「国外投資管理弁法」（2009年5月1日実施）などの行政法規・部門規則を実施して、中国企業の対外M&Aプロジェクト（金融類を除く）の審査範囲・権限およびその手続等を定めている。

争点

　国有資産監督管理委員会の統計によると、中国企業の海外投資は増えているが、盲目的な投資により巨額の損失を生じさせたり、企業の責任者が横領・着服をしたりといったことで国有資産を不当に流失させている事件が非常に多く、これをいかに規律するかが大きな問題となっている。

そこで、国有資産管理委員会が「中央企業の国外国有資産監督管理暫定弁法」を制定、公布し、国有資産が入っている海外企業については、企業情報の開示を要求し、国有資産管理委員会がM&A後の被買収企業の監督・管理をしようとしている。
　会社の機関設計は、日本の会社法によって規律されるとはいうものの、取締役会、監査役会といったフォーマルな機関以外の組織については、親会社の意向により流動的になることもありそうである。

関連事項

　自实施"走出去"战略以来，中国企业对外投资发展迅速。截止2011年底，中国境外投资存量4248亿美元，当年境外投资747亿美元，比2010年增长8.5%（其中非金融类境外投资686亿美元，同比增长14%），居发展中国家首位。
　中国企业在境外投资规模迅速扩大的同时，水平也在不断提高，主要体现在以下三方面：一是领域扩大，呈现宽领域的境外投资格局。二是范围不断扩大。中国境外投资分布在177个国家和地区，**多双边投资**合作机制日趋完善，政府间围绕投资合作的交流更加活跃和丰富。三是投资方式愈加灵活多样。

新単語

中国語	ピンイン	日本語
多双边投资	duōshuāngbiān tóuzī	2または2カ国・地域以上の多角的投資

要約

　2011年末までの中国の海外投資残高は、4248億ドルと発展途上国で首位になっている。
　中国企業の海外投資は、(1) 分野が拡大し、(2) 投資先国・地区が拡大し、(3) 投資方式が多様化している。

解釈と視点 and/or ワンポイント・アドバイス

　日本におけるM&A方式は、(1) 対象企業の全部または一部の株式を取得するか、または (2) 対象企業の事業譲渡を受ける方式がある。このうち、(1) 対象企業の株式取得方式は、さらに (1)-①対象企業の発行済株式の取得、(1)-②対象企業の増資の引受け、(1)-③吸収合併、(1)-④株式交換、(1)-⑤TOB（上場企業のみ）の5方式がある。
　中国企業による対日M&Aに関しては、上記の (1) および (2) のうち、現実には (1)-①と②の方式が考えられる。理論的には③、④、⑤の方式によることも可能であるが、中国企業が日本企業のM&Aをしようとする場合、中国の関係政府部門に計画案を提出し、許認可を得なければならない。この場合、現時点においてはなお、中国におけるM&Aに関する規定が不明確であるという問題がある。

第一部 日本語訳例・解答例

第 1 课　客户资信调查及答复函

课文 I　　　　　　　　　　顧客信用調査依頼状

華夏銀行御中

　慧聡外貿進口社が弊社との取引口座開設を希望しています。同社は貴行の名前と住所を証明者として弊社に提供してきました。もし貴行が弊社に同社の信用に関する詳しい資料をご提供いただけるのであれば、非常にありがたく存じます。

　弊社は貴行が提供してくださる情報を必ず極秘扱いとし、貴行はいかなる責任を負うものでもございません。よって、弊社の連絡用住所と切手を貼った返信用封筒をお送りいたします。

　ご返信をお待ちいたします。

佳美社
XXXX 年 10 月 20 日

课文 II　　　　　　　　　　顧客信用調査回答

佳美社御中

10 月 20 日付貴状受け取りました。

　貴状にてご指摘がありました当該会社について調査いたしました。同社との取引は注意深く検討する必要があると申し上げざるを得ません。

　同社は歴史ある会社ではありますが、すでに 3 年連続赤字で、負債は 2 億 5 千万元にも達しており、過去 3 年、常に支払を遅延していました。同社の赤字は杜撰な管理により惹き起こされたものだと私どもは見ております。

　同社との取引は細心かつ慎重にすべきであることを貴社に提案したいと思います。しかしながら、これは私どもの個人的な見解にすぎず、さらなる調査をされますようお願い申し上げます。

華夏銀行
XXXX 年 10 月 26 日

総合練習

[一]
1. 提供　　2. 期待　　3. 资信　　4. 謹慎　　5. 交易
6. 調査　　7. 絶密　　8. 收悉　　9. 务必　　10. 答复

[二] 日本語訳
1. 以上の状況は必ず秘密にしてください。提供しました情報について私たちはいかなる責任も負いません。
2. その会社は小さくも、信用が高く、当地にてすでに 25 年の歴史を有しています。
3. 同社の資金力と信用は良好です。同社と取引を行うことは満足のいくものになると我々は信じています。

4. 貴行がもしもその信用状況を弊社に教えていただけるのであれば、私どもは感謝にたえません。
5. 必要とする信用状況を貴方が私どもに提供してくださったことに感謝するとともに、必ずこのことについて秘密を守ります。

第2课　希望建立贸易关系及答复函

课文Ⅰ　　　　　　　　　　　取引関係締結要望書

浄美社御中

　弊社と大華社は長年にわたり取引を行っており、同社より貴社をご紹介いただきました。

　現在、弊社は東南アジア地域との貿易に携わっておりますが、まだ貴社との貿易取引はございません。弊社はテーブルウェアの販売に興味があり、一日も早く貴社と直接の貿易取引関係を結びたく、連絡をとらせていただきました。

　弊社は多年にわたる貿易取引の経験を有しており、世界各地に適切かつ持続的な貿易取引関係を築きあげたいと考えております。メーカーとの長期間の直接取引により、弊社は多くの業界、なかでも生活用品業界において高い競争力を持っております。

　貴社が販売を考えている各種テーブルウェアの詳しい説明と輸出価格を送ってくださるようお願い申し上げます。弊社は喜んで私どものマーケットにおける販売可能性を調査いたします。また、もし貴社が弊社より商品を購入されたいのならば、ご面倒をおかけしますが、弊社の商品供給力をお分かりいただけるよう、貴社が興味のある製品を逐一リストアップし、一緒にお送り下さい。あらゆる必要な資料をご提供する所存です。

　一日も早くご返事を賜れれば幸甚です。

　　　　　　　　　　　　　　　　　　　　　　　　　　　　　　　　　　　光大進出口社
　　　　　　　　　　　　　　　　　　　　　　　　　　　　　　　　　　　XXXX 年 5 月 7 日

课文Ⅱ　　　　　　　　　　　取引関係締結要望回答書

光大進出口社御中

　5月7日付貴状受け取りました。誠にありがとうございます。貴社が弊社と直接の貿易取引関係を築きたいとお考えのこと、このことは弊社の希望とちょうど合致するものです。弊社は貴社が必要とされる資料を喜んでお送りいたします。同封の商品サンプルのほかに、十分な各種テーブルウェアの詳細説明と販売価格を一揃い貴社のために用意いたしました。

　現在、弊社は混紡人造繊維に興味を持っております。貴社の使用材料や品質状況が分かるよう、商品カタログやサンプルなどの関連資料をお送りいただければ、大変嬉しく存じます。

　もしも貴社製品の品質と価格のいずれもが競争力を有するのであれば、弊社は大量注文させていただきます。

　心より貴社情報をお待ちいたします。

　　　　　　　　　　　　　　　　　　　　　　　　　　　　　　　　　　　　　　　浄美社
　　　　　　　　　　　　　　　　　　　　　　　　　　　　　　　　　　XXXX 年 5 月 13 日

総合練習

[一]
1. 致函　　2. 从事　　3. 推荐　　4. 愿望　　5. 订货
6. 样品　　7. 逐项　　8. 供货　　9. 保证　　10. 承蒙

[二] 日本語訳
1. 三菱商事により貴社を紹介していただきました。
2. 弊社は貴社と協力をする機会が持てるように願っております。
3. 弊社は一日も早く貴社と直接の貿易取引関係を築きたいと思います。
4. 貴社が弊社と貿易取引関係を築きたいというレターを受け取りました。
5. 貴社が弊社と業務関係を築きたいという希望につきましては、弊社は歓迎いたします。

第3课　申请与邀约代理函

课文Ⅰ　　　　　　　　　　　代理店要請状

科信社御中

　弊社は今年4月に北京で行われた国際撮影展覧会に参加し、貴社が製造されたカメラの優れた品質、魅力的なデザイン、リーズナブルな価格に大変強い印象を受けました。

　弊社は貴社の製品カタログを拝見し、貴社製品はきっと北京でヒットするだろうと考えます。もしも貴社がまだ北京に代表組織を構えていなければ、弊社は貴社の北京における独占販売代理店を務めたいと存じます。

　弊社はここ二十数年来、撮影器材輸入商および卸売商を牽引する立場におります。そのため、北京のマーケットについて熟知しており、なおかつ弊社は主な小売店と緊密な関係を保っております。もし貴社が弊社の提案に興味をお感じであれば、製造メーカーに弊社についてお問い合わせいただきたく存じます。弊社の王岳華購買主任が7月に貴地に赴きますので、宜しければ喜んで貴社を訪問させていただきます。

　貴社が北京において製品市場を開拓し発展させるその代理店に弊社がなりますことは、双方に相当の利益をもたらすと確信しております。私どもの提案に興味を持たれることを祈っております。

　ご連絡をお待ちします。

　　　　　　　　　　　　　　　　　　　　　　　　　　北京天華社　マネジャー
　　　　　　　　　　　　　　　　　　　　　　　　　　XXXX年5月19日

课文Ⅱ　　　　　　　　　　　代理店招請状

ベトナム明輝社御中

　私どもが製作するシェルアクセサリーに対するマーケットニーズが日増しに拡大しており、そこで貴国において代理店を選定し、弊社の輸出貿易事務処理を委託する旨決定いたしました。前回お会いした際、貴社は代理店について興味を示されており、貴社に代理店を務めていただくよう提案する次第です。

　私どものこの種の製品の市場見通しが有望であることはデータが示しており、正面から取り組も

うという代理店が弊社の製品売上増に大きく寄与するであろうことは疑いの余地がありません。貴社は貴国アクセサリー業界における経験が豊富で、主要なバイヤーと取引があることはよく存じております。貴社は弊社の代理店として最適であり、貴社に独占販売代理をお願いすることは私どもの喜びとするところであります。

　万一、貴社にご承引いただけない場合は、お手数ですが信頼でき業容の整った別会社を推薦していただきたく存じます。お引き受けいただける場合は、弊社の代理店になる契約条件をご提示ください。

　ご連絡をお待ちします。

広州宝利来貝殻飾品社
XXXX 年 9 月 16 日

総合練習

[一]
1. 邀约　　2. 代理　　3. 劳烦　　4. 乐意　　5. 担任
6. 申请　　7. 销路　　8. 得悉　　9. 增进　　10. 居于

[二] 日本語訳
1. あなた方の製品は私どものところで必ずマーケットが得られるだろうと信じています。
2. 弊社は貴社からの返信をお待ちしますとともに、貴社製品の当地における代理店となれますよう望んでおります。
3. もし貴社が受け入れられない場合には、お手数をおかけしますが、ほかにふさわしい会社を推薦して下さいますようお願いいたします。
4. 不躾ながら、貴社が弊社を貴社の独占販売代理店に任じられますよう切にお願いします。
5. 当地のマーケットの見通しは明るく、私どもは貴社製品の販売を一段高い水準に引き上げることができることを請け合います。

第 4 课　询价、报价及还价函

课文 I　　　　　　　　　　　引合書

大華茶葉廠御中

　私どものスーパーマーケットは貴社が生産される緑茶に大変関心を抱き、「君山毛尖茶」の一級品を 1 パッケージ 100 グラムで発注いたしたく、つきましては以下の項目でお見積りいただきたいと存じます。

　①単価
　②納期
　③決済方法

　もし貴社見積もりが妥当で、かつ優遇ディスカウントをしていただけるのであれば、私どもスーパーマーケットは大量注文を検討いたします。

折り返しのご連絡をお待ち申し上げます。

歓笑食品スーパーマーケット
XXXX 年 5 月 8 日

课文Ⅱ　　　　　　　　　　　　見積書

歓笑食品スーパーマーケット御中

　貴社の5月8日付引合書を受理いたしました。ありがとうございます。貴社の要請にもとづき次のように見積もりいたします。

　　商品　　：君山毛尖茶
　　グレード：1級
　　容量　　：各パッケージ100グラム
　　単価　　：パッケージ1個当たり90元（包装費を含む）
　　包装　　：標準的紙箱、1箱につき100パッケージ
　　決済方法：商業手形
　　引渡方法：置場渡
　　納期　　：受注後10日以内発送

　弊社の見積もり価格は極めて競争力のあるものですが、もし貴社注文量が1000パッケージ以上になる場合には、弊社は代金を5％引きさせていただきます。

　弊社見積もりが貴社の希望に適うようでしたら、一日も早いご発注をお願いいたします。

　良い知らせをお待ちしております。

大華茶葉廠
XXXX 年 5 月 12 日

课文Ⅲ　　　　　　　　　　カウンターオファー

大華茶葉廠御中

　5月12日付貴社見積書受領いたしました。私どもは貴社製「君山毛尖茶」の茶葉の品質を高く評価しますが、5％引きの値段は高すぎて受け入れられません。弊社が必要とする茶葉は大量で、200箱前後を購入するつもりです。もし貴社が10％引きしていただければ、貴社に発注したいと思います。さもなければ、私どもは他のサプライヤーに改めて同様の引き合いを提示するほかありません。

　貴社が私どもの提案を真剣に検討され、できるだけ早くご返事くださるようお願いします。

　末尾ながら貴社益々のご発展をお祈りいたします。

歓笑食品スーパーマーケット
XXXX 年 5 月 15 日

総合練習

[一]

1. 还价　　2. 报价　　3. 询价　　4. 订购　　5. 需求
6. 接受　　7. 折扣　　8. 建议　　9. 考虑　　10. 拟

[二] 日本語訳
1. 私は貴社が製造した革靴に特に惹きつけられました。200足発注いたします。
2. もしも貴社の価格が妥当であり、かつ優遇していただけるのであれば、弊社は大量に仕入れることを検討いたします。
3. もしも発注量が140万元を超えるのであれば、弊社は20％引きいたします。
4. 弊社は貴社の指値を受けることは難しく、最大でも元値の1％引きしかできません。
5. 本来の見積もり価格をベースに5％引きするのが適切であると弊社は考えますので、貴社のご検討をお願いいたします。

第5课　订购及确认订购函

课文Ⅰ　　　　　　　　　　　　　注文書

飄逸時尚飾品社御中

　4月16日付貴社の見積書を受け取りましたこと、深謝申し上げます。弊社は商品の品質と価格について満足いたしましたので、以下の商品を注文いたします。

女性用腕時計「喜楽」	B340420	100個	単価190元	金額 19000元
極薄型ペアウオッチ	B342450	30組	単価340元	金額 10200元
蛍光ペアウオッチ	B342480	30組	単価280元	金額 8400元
			合計	37600元

総金額（大字）：参萬漆阡陸佰元也（人民元）
納期　　　　：XXXX年4月30日以前
納品場所　　：南平市新華路11号百花社
担当者　　　：張華氏　4804477
連絡先電話　：05993388228
決済方法　　：振替小切手

商品の必要性が差し迫っており、納期どおり納品していただけますとありがたく存じます。
末尾ながら貴社益々のご発展をお祈りいたします。

百花日用品社市場部
XXXX年4月20日

课文Ⅱ　　　　　　　　　　　　　注文確認書

尊敬する張先生
　こんにちは。
　貴社の4月20日付注文書を受け取りました。とても嬉しく存じます。貴社がご入り用の3種類のタイプのファッションウオッチは、弊社に現品が揃っており、すぐに手配いたしますので、商品が貴社要求の日時までに指定場所に送り届けられることを保証いたします。
　商業手形の規定にもとづき、弊社は建設銀行を通じて貴社を支払者とする額面金額3万7600元、支払期限3カ月の銀行引受手形を振り出します。この手形支払いが必ず引き受けられると信じてお

ります。
　この商品についてまだ何か要求がございましたならば、すぐに書面にてお知らせ下さい。ご愛顧を賜りありがとうございます。今後とも連絡をいただきたく存じます。
　末尾ながら貴社益々のご発展をお祈りいたします。

飄逸時尚飾品社
販売部マネジャー王志山
XXXX年4月25日

総合練習

[一]

1. 交货　　2. 指定　　3. 满意　　4. 现货　　5. 惠顾
6. 办理　　7. 送抵　　8. 承兑　　9. 迫切　　10. 订购

[二] 日本語訳

1. 私どもは貴社の出荷通知書を受け取りましたので、速やかに振替小切手を振り出します。
2. 弊社は貴社の見積価格を受け入れ、喜んで貴社工場が提示した条件に従い発注いたします。
3. 私どもはすぐに手配いたしますので、貨物は貴社要求の日時までに指定場所に輸送されます。
4. 貴社の見積もりは妥当なものと考えますので、以下の商品を注文いたします。
5. 商業手形の規定にもとづき、私どもは中国銀行を通じて貴社を支払者とする額面金額3万元、支払期限3カ月の銀行引受手形を振り出します。

第6课　包装磋商函

课文 I　　　　　　　　　　梱包打ち合わせ書

国際商城御中

　6月2日付貴社注文書受け取りました。感謝いたします。梱包の項目を除いて、注文書に記載されているその他の条項はすべて受け入れられることを貴社にお伝えでき嬉しく存じます。
　貴社の注文書の中に書かれている梱包は弊社が数年前に採用していた古いタイプの梱包です。その後、弊社は梱包を改良し、その結果、客先は最近の数ロットの商品に完全に満足しております。弊社のレインコート製品はまずビニル袋を用いて包装し、紙箱に入れ、それを10ダースごとに箱に入れますので、1箱の風袋込重量は30kg前後となります。いずれの紙箱もビニルシートが当てられており、箱はすべて帯鋼（おびがね）で補強されていますので、内装の商品が湿気るのを防ぎ、ラフハンドリングによって引き起こされるかもしれない損傷を防ぎます。
　ビニル袋包装を用いたことで、それぞれのレインコートはそっくりそのまま商店のショーケースに陳列することができ、しかも見栄えがいいので、商品の販売にも有利です。また、改良した梱包の目方は軽く、したがって運搬しやすくなります。
　以上ご参考まで。もし今月末までに貴社から反対意見が寄せられなかった場合には、弊社は貴社

ご注文に対し以上のごとく対応させていただきます。

名晟雨具社
XXXX 年 5 月 8 日

课文Ⅱ　　　　　　　　　　　梱包打ち合わせ書

広東美的電子レンジ製造社御中

　「美的」ブランド家庭用 KD23C-AP 型電子レンジに関する貴社 9 月 13 日付見積書を受け取りました。弊社は当該商品の品質・価格・支払条件・納期等すべてに異議はありませんが、当該商品の梱包についていささか提案と要望がございます。

　紙箱内部のプラスチック仕切り板は変えませんが、これまでの普通紙の紙箱包装を板紙の紙箱包装に変えるよう要望します。同様に製品の外側包装を板紙を用いた紙箱に変えることで、長距離輸送が製品にもたらす損傷を防ぎ、お客様が運ぶにも便利になります。

　ご尽力ご協力の程お願いいたします。

江蘇匯銀家電チェーン経営社
XXXX 年 9 月 18 日

総合練習

[一]
1. 条款　　2. 携帯　　3. 防止　　4. 加固　　5. 损坏
6. 异议　　7. 磋商　　8. 改进　　9. 包装　　10. 要求

[二] 日本語訳
1. 貨物の安全と輸送の利便性を保証するため、硬質紙の紙箱を木箱に変更するよう私どもは望みます。
2. 弊社は貴社製品の品質・価格・支払条件・納品期日等については全く異存ありませんが、ただ包装について特別な要望があります。
3. 梱包の項目を除いて、注文書に列記されているその他の条項は全て受け入れられることを貴方にお伝えでき嬉しく存じます。
4. 今後同様の事故が再発することを避けるため、この種の貨物の梱包方法を改めることを当社は提案します。
5. 製品の外側包装を板紙の紙箱包装に改めることで、長距離輸送が製品にもたらす損傷を防ぐことを弊社は提案いたします。

第 7 课　　运输通知函

课文Ⅰ　　　　　　　　　　　発送通知書

新飛電器社御中

　XXXX 年 7 月 12 日付貴社の注文書（番号 9045）に基づき、弊社は XXXX 年 7 月 16 日に運送の委託を終え、新飛省エネ蛍光灯 60 箱は河南省から山東省に送られるコンテナに積み込まれました

ので、2カ月以内に到着する予定です。

　　60箱の新飛省エネ蛍光灯の梱包上には全て※の目印があります。

　　貴社がスムーズに貨物引き取れるよう、ここに以下の輸送関係書類を同封してお送りいたします。

　　（1）　No.XX の運送貨物引替証　　1部
　　（2）　No.XX の梱包明細書　　　　1部
　　（3）　No.XX の保険証券　　　　　1部
　　（4）　No.XX の検査証明書　　　　1部
　　（5）　No.XX の送り状　　　　　　1部

　　商品が無事に欠けることなく目的地に届けられるよう祈ります。貴社の絶大なるご支援に感謝し、親しい関係が続くよう望むものです。

光源事業部

XXXX 年 7 月 18 日

课文Ⅱ　　　　　　　　　　　船積通知書

エドワード様

　　貴方の6月6日付レターに添付されていた注文書の全ての商品がトレードプリンス号に積み込まれ、同船は昨日上海港を出港し、8月9日にアレクサンドリア港に到着予定であることをお伝えできることを嬉しく存じます。

　　貨物がアレクサンドリア到着後は、お言いつけ通り貨物の引渡しの一切はベルン社によって手配されます。貴方が貨物を緊急に必要とされることは彼らに念を押してあります。

　　ここに船荷証券とインボイスおよび私どものコミッション・費用計算書を同封いたします。サプライヤーに対しては、貴方が直接決済されることを通知済みです。

　　商品が安全かつスムーズに到着し、貴方に満足いただけたという知らせに早く接することを期待しております。

康華社

XXXX 年 6 月 12 日

総合練習

[一]

| 1. 抵达 | 2. 预计 | 3. 随函 | 4. 标志 | 5. 事宜 |
| 6. 遵嘱 | 7. 提货 | 8. 结账 | 9. 装运 | 10. 交付 |

[二] 日本語訳

1. 貨物到着時に貴社がスムーズに引き取りができるよう、下記の書類を同封してお送りいたします。
2. 委託販売の当該商品全てが揃って何の問題もなく到着し、貴方に大満足いただけると信じております。
3. 貴方の貨物を遅れることなく届けるため、私どもは3日間繰り上げて列車で貨物を上海に運

びます。
4. 貴方の荷卸しに便利なように、特別に以下のような梱包方法としました。
5. この貨物とほかの貨物が紛れるのを防ぐため、それぞれの箱の上にすべて★の目印をつけています。

第8课　推销产品函

课文 I　　　　　　　　　商品セールスプロモーションレター

お客様へ

　電話一本おかけくださるだけで、貴方の贈り物に関する悩みを私どもが解決します。
　私どもはすぐに使えるセレクションギフト各種を専門に扱っており、貴方の顧客・取引先・同僚・友人そして家族のためにいつでも最適なギフトをオーダーメイドいたします。貴方は私どものカタログから自由に選んで購入するか、あるいは私どもの包装デザイナーに頼んで貴方のためにギフトをデザインしてもらうこともできます。
　6月の精選ギフトの適用事項には次のようなものが含まれます。
・慶祝　　　　　・ご助力へのお礼
・父の日　　　　・卒業
・誕生日　　　　・記念日
・祝賀パーティ　・赤ちゃん誕生
・定年退職　　　・病気見舞い

私どものサービス内容
・数量制限なし。1箱から1万箱まで全てのご注文を歓迎します。
・種類制限なし。シンプルで実用的なものから豪華絢爛なものまで、私どものギフトは全て揃っていますので、貴方のセレクションにお任せいたします。
・ご自宅まで配送。私どもの多くのギフトは2時間以内に送り届ける宅配サービス付きです。
　021-68965467に電話をおかけいただき、貴方のすべての特別な日をもっと素敵にするお手伝いをさせて下さい。

　　　　　　　　　　　　　　　　　　　　　　　　　　　　　　　　　　　奥奇礼品社
　　　　　　　　　　　　　　　　　　　　　　　　　　　　　　　販売部マネジャー　張達利
　　　　　　　　　　　　　　　　　　　　　　　　　　　　　　　　　　　XXXX年5月6日

课文 II　　　　　　　　　値引セールプロモーションレター

お客様へ

　当店の大バーゲンセールを11月2日に行うことをお伝えでき、うれしく存じます。当日はテレビ、ビデオカメラ、デジタルカメラ、オーディオ製品、エアコン、冷蔵庫等の電気製品を展示即売します。当日は新製品発表の日でもあります。もし一番安い品を手に入れ、暮らしをより快適に変えたいとお考えでしたらば、どうぞこの日の盛大な催しをお見逃しないように。これは私どもがお客様の15年来のご支持に報いる良い機会です。
1. 全ての商品を1割から3割引の優遇価格にさせていただきます。

2. 商品1つお買い上げごとに1万元の高額賞金を抽き当てるチャンスが得られます。
3. 全ての新型電器製品は分割払いが可能です。
当日、当店にお越しいただきさえすれば、お買い物をされなくとも楽しんでいただけます。

星光電器城
XXXX年10月27日

販促資料添付

総合練習
[一]
1. 专营　　　2. 保证　　　3. 酬谢　　　4. 一应俱全　　5. 量身定做
6. 选购　　　7. 宣布　　　8. 时机　　　9. 亲临　　　　10. 推销

[二] 日本語訳
1. 弊社は随時新旧の顧客のために各種革靴をオーダーメイドしています。
2. 弊社はダイエット製品と器材を専門に扱っており、私どもの製品カタログから貴方が必要とするものを選び購入することができます。
3. もしも貴方が現在あるいは今後私どもの商品やサービスに興味をお持ちになりましたらば、私どもの電話01219348293をダイヤルして下さい。
4. 私どものお店においで下されば、きっと思いがけぬ驚きと喜びがあると思います。
5. 私どもは今、新製品の注文を受けつけており、納品は10月1日から始まります。

第9课　催款函

课文 I　　　　　　　　　　　支払督促通知書

友誼デパート御中

　貴社はXXXX年9月2日に闘士ブランドの男物と女物の牛革靴2000足を弊社に発注し、商品代金合計は四拾萬元、送り状の通し番号はXXとなっております。おそらく貴社業務多忙のため、あるいは他のなんらかの要因により支払引受が手抜かりになっているのだと思われます。そこで、商品代金をすぐに決済完了していただくため、このレターでリマインドさせていただきます。私どもの工場の銀行口座番号はXXです。もしも期限を10日過ぎました場合には、双方の取り決めの関連規定に従い、0.2％のペナルティを追加徴収いたします。

　もしも貴社に特別な事情がある場合には、本状受け取り後すぐに私どもの工場の財務課の李美に連絡をお願いします。電話番号は02089689677、郵便番号は510113、住所は広州市北京路86号です。

　まずは書面で通知いたします。速やかに処理されるよう願います。

広州金順鞋業社
XXXX年11月15日

课文Ⅱ　　　　　　　　　　　　支払督促書

華美社御中

　貴社のために弊社が出版しました『××』は契約規定に基づき、今年の7月9日までに貴社が書籍関連代金合計九萬元を支払完了すべきものでした。5月に弊社は貴社の要請に基づき、貴社がまだ支払いをしていない時点で送り状と書籍1500冊を送りました。しかし当該代金がいまだに支払われておらず、期日を15日過ぎています。7月分として経理処理し業務展開をしやすくなるよう、速やかに上述の代金をお支払い下さい。

　不必要な経済損失や法律トラブルを引き起こさぬよう、お手数ですがご協力をお願い申し上げます。

　ここに特にご通知いたします。

　　　　　　　　　　　　　　　　　　　　　　　　　　　　　　　科学出版社
　　　　　　　　　　　　　　　　　　　　　　　　　　　　　　　XXXX年7月25日

総合練習

[一]
1. 加收　　2. 纠纷　　3. 繁忙　　4. 提醒　　5. 逾期
6. 付清　　7. 合计　　8. 规定　　9. 承付　　10. 完毕

[二] 日本語訳
1. もしも特別な事情がおありでしたならば、すぐに当社財務課の趙華に連絡をされますように。
2. 不要な厄介ごとを起こさぬよう、貴社の速やかな支払いをお願いいたします。
3. 期日を過ぎた場合には銀行の規定に従い、0.2%のペナルティを追加徴収いたします。
4. おそらく、貴社の業務ご多忙、あるいは他の何らかの要因により、当社がいまだに貨物代金を受理していないのかも知れません。
5. もとの契約規定に従い、貴社が代金を前払いしたのち、私どもの工場は出荷いたします。

第10课　投诉及处理函

课文Ⅰ　　　　　　　　　　　　苦情申立書

美美カーテン工場御中

　3月20日に貴工場が送付されたカーテン材料を受け取りました。詳細な検査をした後、弊社はその品質に対して驚きかつ失望しました。なぜならそれらの材料と貴工場が郵送されたサンプルは全く似ても似つかないからです。一部の材料は品質が劣悪で、注文品を取りそろえる際に間違いがあったに違いないと弊社は考えます。

　これらの材料は私どもの顧客の要求にはとても耐えられませんので、弊社としては、到着した品物を貴工場に返送し必要な材料とさし替える以外全く手だてがなく、もしも取り替えられないのであれば、弊社は注文の取り消しを求めるほかありません。

　貴工場に無理を言う意図は決して弊社にはありません。もし貴工場が取り替え可能であれば、貴工場がそれらの品質の良い材料を供給できると確認された日から起算した納品期日を設けることに

同意します。ご返事をお待ちします。

誠信装飾社
XXXX 年 3 月 25 日

课文Ⅱ　　　　　　　　　苦情申立処理書

誠信装飾社御中

　　貴社3月25日付レターを受け取りました。弊工場注文書No.54にて提供しましたカーテン材料に貴社がご不満のとこと、大変申し訳なく思います。

　　おっしゃるとおり、私どもが注文品を取りそろえる際にミスがあったのかも知れません。弊工場の黄を今週すぐ貴社に伺わせ、提供しました材料と貴社ご注文の材料を比べさせます。

　　もし商品の選定にミスがあった場合、貴社が商品を取り替えられることは当然可能です。いずれにしましても、弊工場は当該ロットの材料をお取り替えいたします。必要な商品を私どもが提供できない場合は、ご注文はキャンセルせざるを得ません。今回のことで貴社にご迷惑をおかけしたことに対し弊工場は重ねて深くお詫び申し上げます。

　　末尾ながら貴社の益々のご発展をお祈りいたします。

美美カーテン工場
XXXX 年 3 月 28 日

総合練習

[一]

1. 表示　　2. 退回　　3. 相称　　4. 歉意　　5. 更換
6. 取消　　7. 証実　　8. 不便　　9. 选货　　10. 质量

[二] 日本語訳

1. 受け取りました貨物とサンプルが一致しないため、当社は特別に返品を要求します。全くほかに方法はありません。
2. 交換品1梱包を手配し、5月31日までに送付願います。
3. 本件は私たちに多大な不都合をもたらしました。この類のことが再び起こらないよう保証してください。
4. 最近弊店は貴社が生産したボールペンに関係する苦情申立を数多く受け取っています。
5. 解決に向けて貴社が速やかに人を派遣されることを願います。さもなければ法律による解決を模索します。

第11课　索赔及理赔函

课文Ⅰ　　　　　　　　　損害賠償請求書

広東紅木家具社御中

　　私どもの注文書No.19にしたがって貴社が販売した紫檀製の家具は、8月10日に当社に届けられました。しかし私どもが貨物の受け入れ検査をした際に、10%の紫檀製家具の継ぎ目箇所にク

ラックを見つけました。梱包が不適当であったために起こったことは明らかです。このため私どもは元来の値段で商品を売り出すことができず、貴社に送り状金額から20%値引きするよう提案します。これは私どもが売値の引き下げを提案する規定額です。もしも貴社が受け入れられない場合には、私どもは返品、交換を要求せざるを得ません。

　検査証明書を同封しますので、お手数ですが一日も早く賠償してくださるようお願いいたします。

瑞宝貿易社
XXXX 年 8 月 15 日

　添付：検査証明書
　　　　破損合計 10 セット
　　　　検査費用 2000 元

課文 Ⅱ　　　　　　　　　　　　損害精算書
瑞宝貿易社御中

　貴社の 8 月 15 日付レターを受け取りました。ご指摘の注文書 No.19 紫檀製家具の一部継ぎ目にクラック発生の件は、すでに私どもが問題視しているところです。関係メーカーから把握したところ、出荷しました家具は契約の要求に完全に合致し、そのうえ検査にも合格しております。一部の継ぎ目にクラックが入ったことについては、出庫時に私どもの運搬不注意によって引き起こされたものです。貴社の損失に対し深くお詫び申し上げるとともに、送り状金額を 20% 値引きし賠償することに同意いたします。

　今回起こりましたことは弊社の管理業務に対する警鐘であり、弊社は輸送管理において責任意識をさらに強化し、この類のトラブルが二度と起こらないようにいたします。

　まずは書面にてご返事申し上げます。

広東紅木家具社
XXXX 年 8 月 18 日

総合練習

[一]
1. 附上　　2. 強化　　3. 賠償　　4. 杜絶　　5. 建議
6. 引起　　7. 検験　　8. 不妥　　9. 不慎　　10. 破裂

[二] 日本語訳
1. 照明器具の損壊が、梱包が不適当であったために引き起こされたことは、誰の目にも明らかです。
2. よって貴社に対し、品質基準に合致していない貨物を元の成約価格の 30% 引きで処理することを特に提案いたします。
3. No.115 の商品検査報告を同封で送りますので、この問題を一日も早く解決して下さるようお願いいたします。
4. レターの中で指摘されている一部のガラス製茶具の品質がサンプルと一致していない件につ

き、私どもですぐに調査を行いましたところ、箱詰めの際に誤って一部の二級品を詰めたためであることが分かりました。これは私どもの作業の手落ちで、このことにつきまして私どもは深くお詫び申し上げます。
5. 貴社には損傷のあった家具の具体的数字と検査証明書を提供してくださいますようお願いいたします。私どもは実際の損失に応じて賠償いたします。

第12课　工作计划

课文 I　　　　　　　　　　XXXX年ホテル販売業務計画

　　ホテルの業績を高めるため、当ホテルのXXXX年販売業務計画につき次のような計画を定める。
一．ホテルのマーケティング用にPRネットワークを作り上げる。
1. 顧客を分類し記録書類を作り、顧客の所属する職場・連絡者氏名・住所・1年間の消費金額・コーポレート割引等を詳細に記録した十全な顧客ファイルを作成する。
2. 重要顧客との取引関係を構築し、メンテナンスする。顧客に対して行う通常の定期・不定期のセールス訪問のほかに、節目の祝祭日には電話やメッセージ送信などの作業ツールを通じて顧客に当店の祝意を送る。
二．マーケティングに関する柔軟なインセンティブメカニズムを作る。
1. XXXX年、マーケティング部は市場マーケティング部XXXX年販売業務計画と業績審査管理実施細則を制定し、整え、マーケティングスタッフの積極性を喚起する。
2. マーケティング責任者を督促し、各種の方法を使い団体および個人客を摑み、さらに訪問時に素早くお客様の意見・提案を引出し関連部門にフィードバックする。
3. チームワークを強調し、ホテルの部門マネジャーおよびマーケティング責任者の給与支給と部門全体の任務を連動させ、調和のとれた積極的な仕事環境を作る。
三．密接に協力し、進んで協調する。
　　ホテルの各部門は業務の連携をしっかり行い、ホテル全体のマーケティング力を十分に発揮し、最良の効果を創出する。同時に関連メディア等との関係を強化し、多様な広告スタイルを十分に活用してホテルを宣伝し、知名度をあげるよう努力する。

课文 II　　　　　　　　　　XXXX年個人業務計画

　　自己の業務能力をさらに高めるため、XXXX年業務計画を以下のように策定します。
1. 会社の各規則制度を忠実に履行し、誠実・信用を第一とし、サービスのイメージを向上させます。
2. 「サービスをやらされる」から「すすんでサービスする」に改めます。「沢山学び、コミュニケーションを密にし、積極的主体的に」という態度で、顧客とコミュニケーションを取り、顧客のクレームを処理するといった各業務をしっかりと行っていきます。
3. 責任感を強く持ち、サービス効率を高め、積極的主体的に業務を遂行します。分からないことがあれば尋ね、知らないことは学ぶという態度を堅持し、同僚と大いに協力します。
4. プロセス管理を強化します。顧客の苦情はすぐにフィードバックし、なおかつ顧客苦情処理報告書に記入し、毎週、顧客苦情状況に対し統計的な分析を行います。毎月月末には顧客の苦情申

し立てを月報形式で上司に報告します。
　XXXX年という年、私はより一層真剣に責任をもって担当業務をしっかり行い、お客様の心に会社の良好なイメージを確立します。

劉華
XXXX年2月10日

総合練習
[一]
1. 反馈　　2. 效益　　3. 效率　　4. 协调　　5. 制定
6. 营造　　7. 提升　　8. 转变　　9. 本职　　10. 展望

[二] 日本語訳
1. XXXX年もやはり販売業務が当社の重点業務である。
2. 上司と同僚たちのサポートと指導の下、私は業務においていささか進歩した。
3. 私の部門の現在の状況と成長目標に基づき検討を行った後、以下の業務計画を作成した。
4. 今年度、私は絶えず業務学習を強化し、販売任務を全うするよう努力する。
5. XXXX年、本部門は引き続き誠実・信用を第一として、それぞれの任務を期日通りに果たすことを請け合う。

第13课　工作总结

课文 I　　　　　　　　　　XXXX年個人業務総括

　XXXX年、上司と同僚の方々の心からの思いやりとご指導の下、自身のたゆまぬ努力を通じ、私は業務においてレベルアップしましたが、まだ不十分なところも残っております。この1年を振り返り、以下のように業務を総括いたします。
一．業務における収穫
1. ショッピングモールの不動産管理に関する基本的知識をほぼ把握し、担当業務をしっかり行いました。
2. 事務所の同僚と協力して日常業務をこなし、かつ毎日ショッピングモールのフォローアップを行いました。
3. 上司の指導の下、ショッピングモールのイベントのフォローアップを担当し、イベントを成功裏にやり終えました。
二．業務における不十分な点
1. 各部門の業務状況に対して具体的全面的な把握が足りなかったため、関連する業務の進捗に影響を与えました。
2. 業務の習熟度が不十分なこと、事務効率があまり高くないこと、上司の意図に対する理解が十分に的確ではないこと等。
　XXXY年には、私は引き続きお客様第一の精神を発揮し、サービスが行き届かない状況を正すよう努力して、お客様に快適なショッピング空間をつくりあげます。自分の強い責任感と自信に

よって、XXXY 年には必ずより良い業務成績をあげることができると信じます。

　　　　　　　　　　　　　　　　　　　　　　　　　　　　　　　　　　　　　李雲
　　　　　　　　　　　　　　　　　　　　　　　　　　　　　　　　　　XXXX 年 12 月 20 日

课文 Ⅱ　　　　　　　　XXXX 年、東苑不動産開発社年末業務総括

　XXXX 年、わが社は新しい管理方針の下、従業員一同が一致団結し、進取の精神で積極的に道を切り開き、年初に設定した各業務目標を首尾よく達成した。1 年間の業務状況を以下のごとく総括する。

一．各業務の達成状況
1. 経営指標の達成状況
　年間新規開発建築面積約 1 万 5000 m^2、その内ビジネス街 7300 m^2、竣工したビル 3 棟（No.33、No.34、No.35）、面積 9000 m^2。
2. 住宅販売取り扱い状況
　年間 120 戸の住宅を販売。面積 9327 m^2、販売収入 1062 万元、販売率 85％。
3. 宣伝施策の転換状況
　ウェブサイトシステムを一応完成させたことで、宣伝経費を節約、さらに会社の社会への浸透度も拡大。

二．存在する問題
1. 各業務制度が健全とは言えず、管理レベルが低い。
2. 各支店の市場開拓意識がまだ弱く、本社の言うがままに行うという経営パターンが依然変わっていない。

三．XXXY 年の成長戦略
1. 発想を転換し、状況を明確に認識する。長期的利益と全体的利益から出発し、従業員の誇りと求心力を絶えず強める。ネットを通じて広くマーケットの情報を集め、「相手を知り己を知る」を実践する。
2. 開発の度合いを強め、長期のプランを設定する。旧市街の再開発を速め、工期が短く、適正価格で、資金回収の早いプロジェクトに力を入れる。

　要するに、競争が日に日に激化する市場において確固たる立場を築くために、状況の厳しさを明確に認識し、マーケットの成長トレンドをしっかり把握しなければならない。

　　　　　　　　　　　　　　　　　　　　　　　　　　　　　　　　　　　　東苑不動産開発社
　　　　　　　　　　　　　　　　　　　　　　　　　　　　　　　　　　XXXX 年 12 月 10 日

総合練習

[一]

1. 转变	2. 指引	3. 效率	4. 发扬	5. 扭转
6. 不懈	7. 认清	8. 规划	9. 健全	10. 回顾

[二] 日本語訳
1. 会社の上司および同僚各位のサポートと協力の下、私は自分の担当業務をそれなりに達成し

ました。
2. 当社は、誠実で信用でき、専門性があり、能率がよいというパフォーマンスで常にお客様に接し、業界において好ましいイメージを築き上げた。
3. お客様サービス部の一員として、お客様のご要望に立って、自分のサービスの水準を絶えず高めなければならない。
4. 自分の過去1年の業務状況を以下のように総括します。
5. 私は引き続きお客様第一の精神を発揮し、XXXX年にはより良い業務成績をあげます。

第14课　会议纪要

课文Ⅰ　　　　　　　　　栄興社週例会議議事録
（XXXX年3月度第2回）

　XXXX年3月13日、栄興社は東方花園クラブにてXXXX年第8回週例会議を開催した。会議は社長室の馬雲助理（補佐）が司会をした。

会議出席者：李華、周民、兪暁梅、華峰、趙碩、王海
会議欠席者：呉昕、劉涛
書記：李揚
会議議事録は以下のとおり。

一．先週の営業収入状況が報告され、マンション部分の累計収入は年間予算の19.63%を達成し、クラブ部分の累計収入は年間予算の12.88%を達成している。
二．東方花園クラブフィットネスジムのお客様が携帯電話を紛失した件について、会議では、各部門がモニタリング設備を整え、安全面の監視を強化するよう特に求めた。
三．「企画部の李マネジャーがリーダーとなり、5月までにクラブの各種業務フローを合理化し、管理を規範化するように」との提案があった。
四．各部門の責任者に、従業員動向を十分把握し、すぐに会社経営者へ報告するよう求めた。

社長室
XXXX年3月13日

课文Ⅱ　　　　　　　　　区分所有者座談会議事録

日時：XXXX年7月23日
場所：花園城居住区不動産管理オフィス
参加者：花園城居住区区分所有者代表16人、デベロッパー代表2人、瑞祥不動産管理社マネジャー
　会議では、花園城居住区が解決を切望している若干の問題を区分所有者代表者が集中的に訴え、デベロッパーと瑞祥不動産管理社に以下の問題について2週間以内に責任をもって回答するよう求めた。問題は以下のとおり。

1. 乱暴な第二期工事が第一期の区分所有者に深刻な苦痛をもたらしており、きちんと補償すべきである。
2. 第二棟前のゴミ収集ステーションが販売時の約束どおりに移動されていない。
3. 各居住区ユニットの電気回路に問題があり、しょっちゅう訳もなくヒューズが飛ぶ。

4. 駐車スペースの販売方針が不条理である。
5. 不動産管理会社は違法な改装管理費を徴収している。
6. 顧客サービス部はこれまで区分所有者座談会を招集したことがない。

花園城区分所有者委員会
XXXX 年 7 月 23 日

総合練習

[一]

1. 牵头　　2. 提出　　3. 动态　　4. 通报　　5. 理顺
6. 上报　　7. 召集　　8. 亟待　　9. 责成　　10. 反映

[二] 日本語訳

1. 社長が会議を主宰し、かつ最近2カ月の生産経営業務を報告した。
2. 今回のソフトウェア開発は設計部の王マネジャーがリーダーとなり、9月中旬に設計を終了する予定だ。
3. 私たちはすでに不動産管理会社に違法な費用徴収行為を責任をもって是正し、違法に徴収した金額を返還するよう求めた。
4. 会議は以下のいくつかの問題を重視すべきだと提案した。
5. XXXX年11月29日午後3時、当社の王マネジャーが主宰し管理業務会議を招集した。

第15课　市场调查问卷与报告

课文 I　　　　　　　　大学生のネットショッピング市場調査アンケート

　ネットショッピングに対する現役大学生のニーズを把握するため、そしてネット出店の参考に供するため、淘宝ネットショッピングは特に今回の調査活動を展開しています。お忙しいところ貴重な時間をいただきますが、この市場調査アンケートにお答え下さい。

1. ネットショッピングを聞いたこと、あるいはやってみたことはありますか。（　　）
　　もし「A」ないし「B」を選んだ場合には、2と3の問いにのみお答え下さい。
　　A．聞いたことがない　　　　　　B．聞いたことはあるがやったことはない
　　C．たまにネット上でモノを買う　D．しょっちゅうネット上でモノを買う
2. ネットショッピングをしたことがない原因は何ですか。（　　）
　　A．プロセスが複雑すぎる　B．ネットショッピングは安全ではない　C．その他
3. ネットショッピングの経験がないのであれば、このあと試す気はありませんか。（　　）
　　A．ある　　B．たぶんある　　C．ない
4. いつもどこのショッピングサイトにアクセスしますか。（　　）
　　A．淘宝　B．易趣　C．拍拍　D．当当　E．その他
5. ネットショッピングを選ぶ理由は何ですか。（　　）
　　A．時間と費用の節約　　B．操作が便利　　　C．珍しい商品を探すため
　　D．好奇心や興味から　　E．流行を追うため

6. ネットショッピングでよく購入する商品は。(　　)
　　A．書籍　　B．衣服　　C．化粧品　　D．ギフト　　E．デジタル製品　　F．食品
7. ネットショッピングの頻度は。(　　)
　　A．毎週1回　　　　　　　B．平均して毎月1回
　　C．平均して3カ月に1回　　D．平均して年に1回
8. ネットショッピングを信頼していますか。(　　)
　　A．とても信頼している　　B．信頼している　　　C．普通
　　D．信頼していない　　　　E．全く信頼していない
9. ネットショッピングで困ったことは主に何ですか。(　　)
　　A．商品説明が不明確　　　　　　　　B．商品の種類とサイトの数が多すぎる
　　C．インターフェイスが複雑で操作が難しい　　D．サイトの速度が遅すぎる
　　E．支払方法
温かいご協力に感謝いたします。

淘宝商城
XXXX年5月10日

课文Ⅱ　　　　大学生のネットショッピング市場調査報告

一．調査方法

　復旦大学の1、2、3年生からそれぞれ22名、22名、16名の回答者を抽出しアンケート調査を行った。

二．調査結果の分析

1. サンプル調査を通じて以下のデータを得た。大学1年生の回答者のうち9名がネットショッピングをしており、当該グループにおける比率は40.90%である。大学2年生では15名おり、当該グループの68.18%を占める。大学3年生では11名おり、当該グループの68.75%を占める。
2. ネットショッピングをしたことがない学生の中で、50%近い学生がネットショッピングは安全ではないと考えているが、ネットショッピングをしたことのある学生のうち97%がネットショッピングは信頼に値すると感じている。そのほか、前者の92%がネットショッピングをするだろう、と答えている。
3. ネットショッピングをするグループの中で、費用を節約するためネットショッピングを選択しているという学生が62%を占めているが、一部の学生は好奇心からとか珍しい商品を探すためにネットショッピングを選択している。
4. ネットショッピングをする学生の48.57%が、サイトの商品が揃っているかどうかを、多くのネットショッピングサイトからサイトを選ぶ主な基準にしている。そのうち、87.3%の学生が淘宝でのショッピングを選択している。
5. ネットで購入する商品の中ではデジタル製品が第1位で37.7%を占めている。その次は衣服と書籍で、それぞれ27.8%と19.6%を占めている。それに対し、食品はその特殊性のため、ネット上で購入する人はほとんどいない。
6. 42%の学生が3カ月に1回ネットショッピングを行っており、毎月1回と年に1回という学生がそれぞれ全体の25.8%と27.5%を占めている。さらに4.7%の学生が平均毎週1回行っている。

7. ネットショッピングのプロセスにおいて、最も困ることは商品の説明が不明確なことで、45%に達している。その次は商品の数とサイトが多すぎることで21%を占めている。

三．調査結果のまとめ

　　上記の調査報告は、大学生のネット上での商品購入はまだそれほど普及していないものの、潜在的に大きな発展の余地があることを示している。彼らのネットショッピングを阻害する主な要因は安全性で、ネットショッピングが信頼に足るものでありさえすれば、必ずより多くの学生をネットショッピングに惹きつけられるだろう。このほか、ネット販売する商品の種類には一定の限界があり、ネットショッピングはもっと商品購入システムをレベルアップすることが求められている。

総合練習

[一]

1. 抽取　　2. 样本　　3. 参考　　4. 比例　　5. 展开
6. 普及　　7. 调查　　8. 局限　　9. 潜在　　10. 数据

[二] 日本語訳

1. 美的の冷蔵庫はXXXX年第1四半期のブランド関心度における比率が7.7%だった。
2. 自動車工業は上海で一番の基幹産業で、大きな成長の余地を有している。
3. 調査によると、インタビューを受けた86.3%の人が、自動車は家庭生活の必需品だと考えている。
4. 大学生の携帯電話の使用状況を把握することによって、携帯電話販売業者とメーカーの参考にする。
5. インターネットはもはや単に仕事や勉強の大事な道具であるだけでなく、それにもまして人々のレジャーや娯楽のツールの1つになっている。

第16课　企业简介

课文 I　　　　　　　　　　広州富佳服装社企業紹介

　　広州富佳服装社は香港達利グループの投資によって1995年に設立された、デザイン・研究開発・生産・販売が一体化した会社です。長年にわたる経営努力によって「広東省アパレル企業トップ100」・「中国有名ブランド」・「国家検査免除製品」等の名誉ある称号をたびたび獲得してまいりました。

　　登録資本金は7223万元、資金規模は1億2000万元、アパレル製品の販売は年200万着で、長年1億元を超える販売収入を維持しております。品質の良い製品と企業の持続的発展を保証するため、当社は2008年改訂の品質マネジメントシステムであるISO9001の認証を取得しましたので、管理レベルは国際基準と肩を並べております。

　　広州富佳服装社は専門家集団と厳しい管理で一貫して婦人服のファッションブランドを築き上げることに努め、なおかつ信用第一でお客様に奉仕してまいりました。品質第一・信用第一をモットーに、世界の数多くの外国企業とともに手を携えて前進し、互いに利益を分かち合い、共に素晴らしい未来を創ってまいります。

课文Ⅱ　　　　　　　　　新頴ウェブプランニング社紹介

　新頴ウェブプランニング社は登録資本金80万元で2007年に設立された、ハルビン市のウェブサイトプランニング専門の会社です。当社は主に中小企業向けにウェブプランニング、ウェブデザインおよび制作、ネットマーケティング展開などのサービスを提供しています。当社は「ウェブサイトに専心、行き届いたサービス」をコアに、たゆまぬ努力を通じて、中小企業のネットイメージを再構築し、企業の商品拡販・企業文化の構築と発信のために、ガイダンスとサポートを提供したいと考えます。

　新頴ウェブは「信用・専門・品質・創造」という経営理念を変わらず継承し、品質を会社の立脚点とし、良い品質・行き届いたサービスで多くの企業から信頼と好評を勝ち得ています。当社は専門的なウェブプランニングサービスを提供するだけでなく、完璧なアフターサービスシステムを作りあげております。私どもの不断の努力と探究を通じて、中小企業とのウィン‐ウィンの関係を必ず実現できると信じます。

総合練習

[一]
1. 称号　　2. 接轨　　3. 潜心　　4. 信赖　　5. 重塑
6. 秉承　　7. 严谨　　8. 打造　　9. 开拓　　10. 立足

[二] 日本語訳
1. 当社は開発・デザイン・生産・販売を一体化した近代的企業です。
2. 当社はハイテク製品の研究開発・生産・販売に注力しています。
3. 互恵・対等協力の原則に基づき、当社は多くの企業と協力関係を構築しました。
4. 当社は「信用経営」の理念を変わらず継承し、お客様のために一流のサービスを提供しています。
5. 当社は創設以来、多くの企業の信頼と好評を勝ち得ました。

第17课　商品广告

课文Ⅰ　　　　　　　フレッシュサービス　美菱は一歩先に

　新しい世紀、新しい美菱、新しい暮らし！
　「フレッシュサービス、美菱は一歩先に」。フレッシュ美菱はこの新しいサービスコンセプトを固くお約束します。フレッシュなサービス内容、ユニークなサービスイメージにあなたはフレッシュ美菱のつきせぬ魅力をより一層感じることでしょう！　ですから「より新しく、より速く、より人に優しく」をモットーに私たちがお届けするのは、クオリティが高く、スピーディで、プロに徹した納得サービスなのです。
　いつでもきちんと　どこでもフレッシュ
　フレッシュな　美菱の
　美菱武漢特約店　電話：027-66595968　担当者：張明

课文Ⅱ　　　　　　　　　　　これでリフレッシュ

気晴らしもエネルギーも　××から

　すっかり新しい世紀になってもまだ苦いコーヒーで眠気覚ましなんて。もっといいやり方でリフレッシュできるのを知っていますか。新発売の強化型××機能性飲料は、アミノ酸・ビタミンなど様々な栄養分をたっぷり含み、そのうえ８倍のタウリンが加えられ、脳細胞を効率よく活性化し、眼精疲労を緩和します。脳を覚醒させ、さらに貴方の身体をいっそう守り、いつでも鋭い判断力を持たせ、仕事の効率を高めます。

　素早く疲労を防ぎ　脳細胞を活性化

www.xxxxxxx.com.cn

総合練習

[一]
1. 抗　　　2. 奉献　　　3. 缓解　　　4. 唤起　　　5. 宗旨
6. 效率　　7. 富含　　　8. 承诺　　　9. 快捷　　　10. 敏锐

[二] 日本語訳
1. 「いつでもきちんと　どこでもフレッシュ」は美菱冷蔵庫のキャッチフレーズです。
2. サービスの質を保証するため、当社は社会に対し固く６つの約束をいたします。
3. 新製品を創ることは私たちに科学技術の限りない魅力を感じさせてくれます。
4. 疲れたときに１杯のコーヒーを飲むと元気を回復できます。
5. 本製品は多種の栄養成分を豊富に含み、効果的に脳細胞を活性化できます。

第18课　产品说明书

课文Ⅰ　　　　　　　AAA型・目に優しい調光タイプのデスクライト説明書

　AAA型・目に優しい調光タイプのデスクライトは当社が人の視覚機能に基づき設計した照明器具の一種であり、インダクター調光システムを採用し、異なるニーズに従い適切な光度を選ぶことができるので、使い勝手がよく、安全で信頼できます。最大照度は書写する際に必要な照度に合致しており、国際的な照明基準に達し、一定の視力保護効果が発揮できています。

使用説明：使用電圧は220V/50Hz。電球のワット数は60Wを使用するのが最適。調光レベルは４段階に分かれています。調光の各レベルの実際のワット数は１W～25W～40W～60W。最大照度＞10ルクス。ランプシェード上の小さな孔は放熱の役割を果たしますので、使用時には放熱孔を覆わないようにしてください。

注意事項：製品販売後、３年以内に品質上問題が発生した場合には、当社は「３つの保証」を責任を持って行います。製品の外包装には偽造防止のためのレーザーラベルを貼ってあります。

全国統一販売価格：130元

電話連絡先：010-55667788

ウェブサイト：http://www.yong999.com

课文Ⅱ　　　　　　　　××エアコン KF-26G 使用説明書

1. 電源の電圧に大きな変動は禁物で（許容範囲±10%の変動）、またエアコンには専用線で給電してください。
2. タイマーを上手に使うと、省エネでき、快適な効果も得られます。
3. 冷気の無駄をなくすよう、部屋の出入り口や窓は頻繁に開け閉めせず、人も頻繁に出入りしないようにしてください。
4. 室内の換気は短時間窓を開けるだけでよく、時間は10分以内で十分です。
5. 空気フィルターは定期的にきれいに掃除をしてください。さもないと、空気の流れが妨げられ、風量不足を起こし室温の上昇を招いてしまいます。
6. 就寝時に温度調整をしたい場合、エアコンが自動で就寝時温度調節を行います。
7. エアコンをつけたばかりのとき、急速に室温を下げるには選択ボタンを「高速」に合わせます。室温が下がったら「中速」や「低速」に再調整してください。
8. エアコンの室外放熱機の上に沢山のほこりがたまっていると効率が低下しますので、室外放熱機を定期的にチェックし掃除をしてください。
9. エアコンの調子がおかしいと感じた際には使用説明書を読み、不適切な使い方によって引き起こされているかどうかを見極め、原因がはっきりしたのち改めてください。
10. 故障がありご自分では直せないときには、取り付けを行ったところの専門メンテナンススタッフに解決してもらうか、あるいは当社の現地サービスマンにご連絡ください。自分で修理したり、専門外の人による点検修理はおめください。
11. エアコンが不要になったときにはすぐプラグを抜いてください。
12. コンプレッサー保護のため、エアコンをオフにした後は、必ず3分間おいてから再度オンにしてください。

総合練習
[一]
1. 波动　　2. 频繁　　3. 标签　　4. 达到　　5. 查阅
6. 纠正　　7. 三包　　8. 以免　　9. 否则　　10. 故障

[二] 日本語訳
1. 使用する前に、必ず製品使用説明書をよく読んでください。
2. 冷蔵庫の使用に影響しないように、冷蔵庫は定期的にきれいに掃除をしてください。
3. 製品販売後2年以内に品質上の問題が発生した場合、当社は「3つの保証」を責任を持って行います。
4. この電子レンジは家庭での加熱と調理のために設計されており、工業用途・商業用途には適していません。
5. 不適切な使い方によって引き起こされた問題は、原因がはっきりしてから改めなければなりません。

第19课　商务策划书

课文 I　　　　　　　　　天宇ホテルXXXX年マーケティング案

　間もなくやってくるXXXX年において、我々は当ホテルのマーケティングにつき一連の調整を行い、消費者に当ホテルに来て消費してもらい、当ホテルの経営効果を高めることを計画している。

一．市場環境分析
1. 当ホテル経営における問題
（1）ターゲットとする市場対象が理に適っていない。これが当ホテルの収益が上がらない主な原因である。当ホテルのある金橋区は消費水準の低い地区であり、住民の大部分は一般的な労働者である。しかし当ホテルは一貫してミドル‐アッパークラスの消費者層を対象としているため、価格が相対的に高く、多くの住民の収入レベルでは受け入れられない。
（2）メディアを使った宣伝への注力が不十分で、市場での知名度が低い。
2. 周辺環境の分析
　当地域の全体的な消費水準は高くないが、当ホテルの立地条件は恵まれており、交通も便利で通行車両が多く、通行する人々は潜在的な消費層である。当ホテルの近隣には多くの大学・専門学校があり、ビジネススクールだけでも万を超える学生がいる。もし我々が安い価格で彼らを当ホテルに引きつけ消費してもらうよう、学生向け商品を提供できれば、それは巨大なマーケットだと言える。
3. 競合相手の分析
　当ホテルの周囲には小さなレストランがいくつかあるのみである。経営力において当店と競争する力はないものの、安くて美味しい大衆料理で数多くの近隣住民と学生を引きつけている。当店は設備とサービスは良いが、対象とする市場を間違えているため、経営状況は芳しくなく、マーケットにおいては劣勢に立たされている。
4. 当店の優位性の分析
　当店は建物などハードウェアは良好で、資金力も十分にあり、そのうえ自社の駐車場と利用可能な空き地を広く持っている。当店のブランド効果を十分利用し、消費者に当店での飲食を充分に信頼してもらうべきである。

課文 II　　　　　　　　　天宇ホテルXXXX年マーケティング案（続）

二．ターゲット市場の分析
1. 現在の顧客からさらに多くのシェアを獲得する。ご贔屓客の消費、すなわちその支出は随意消費支出の2倍から4倍あり、ご贔屓客の収入の上昇あるいは顧客自身の本業の成長につれて、そのニーズもさらに増大する。
2. 口コミで宣伝をしてもらう。馴染み客の意見はしばしば決定的役割を果たすので、彼らの力強い推薦はややもするとどんな形式の広告よりも効果がある。
　上記の分析に基づき、現在の市場状況をにらんで、私たちは顧客の主要なターゲットを一般大衆と付近の大学生および通りすがりのドライバーに定め、このベースの上に一部のミドル‐アッパークラスの消費者層をさらに引きつける。

三．マーケティング戦略
1. 独特の文化は消費者を引きつける決め手である。私たちは当ホテルを「庶民の高級ホテル」と位置付け、中・低収入の庶民と付近の大学生を相手にしていくが、それは、ホテルの品位や提供する品の質を下げることを意味しない。私たちは顧客に安い価格で良質な飲食と質の高いサービスを提供しなければならない。
2. インパクトのある広告を採用し、「反響」を起こし、知名度を築く。
3. 取り扱うメニューを改める。メニュー体系を限定せず、顧客が望みさえすれば、大衆料理をつくってもよいし、ニーズに基づいて高級料理をつくってもよい。こうすることで顧客により大きな選択権を与えることができる。
4. 料理の価格を下げて顧客を引きつける。料理の価格は全体的に下げるが、高額消費の顧客の要求にも配慮する。
5. 一般庶民と学生に低価格の良質なセットメニューとファストフードを提供する。セットメニューは異なるグレードに分け、より多くの人を呼び込む。学生に対するファストフードは、価格は学生食堂よりも少し高くするが、食堂の大なべでつくられる食事より品質をアップする。

総合練習
[一]
1. 定位 2. 営销 3. 法宝 4. 知名度 5. 竞争
6. 效应 7. 策略 8. 口碑 9. 一贯 10. 雄厚

[二] 日本語訳
1. メディアの大々的な宣伝を通じ、ブランド影響力の拡大効果と企業イメージの展開効果を得られる。
2. 当社は当該カラーテレビを、「斬新なモデル・低コスト・高品質・国際通用型カラーテレビ」と位置づける。
3. 当社は一連のPR活動を企画したが、その目的は「華美」ブランドの知名度を上げるためである。
4. 中国経済の発展に伴い、中国の自動車業界も猛烈な発展を遂げた。
5. 華美シャツの品質・価格・対象消費者に基づき、当社は杭州市と近隣都市の消費市場を主な攻略目標とすべきだ。

第20课　可行性研究报告

课文Ⅰ　　　　　××子ども用朝晩練り歯磨き開発フィージビリティ報告
一．子ども用朝晩練り歯磨き開発の必要性
1. 類似製品の使用習慣がバックアップする。大人には朝と晩に2回歯を磨く健康的な習慣があり、化粧品にはモーニングクリームとナイトクリームで成功したヒントがある。風邪薬には「朝は白い錠剤を、夜は黒い錠剤を」というのがある。子どもも朝と晩に2回歯を磨く必要があり、さもなければ歯の健康的な成長は保証できない。そのうえ、子どもはちょうど発育段階にあるので、

なおさら小さいうちから口腔衛生に注意し、良い習慣を身につけなければならない。
2. 子どもの歯は朝と晩で異なるケアが必要だ。子どもの歯は昼と夜でまったく異なる活動特性があり、昼間はより多く使い、夜間は基本的に休眠状態にある。朝用と晩用の練り歯磨きに異なる配合で異なる機能を持たせると、子どもの歯を四六時中完全に守ることができる。なおかつ「朝晩」をアピールの核心とすれば、それを明確に打ち出している練り歯磨きメーカーはまだないため、××に大きな市場余地が確保されることとなる。

课文Ⅱ　　　　　××子ども用朝晩練り歯磨き開発フィージビリティ報告（続）
二．差別化することで朝晩用子ども練り歯磨きは成功する
　　××子ども用朝晩練り歯磨きは、原料の配合もパッケージも異なる練り歯磨き2本をセットにしてワンパッケージとし、子どもに一日に2回歯磨きをする良い習慣を身につけさせるよう提唱し、従来の一般的な練り歯磨きとは全く差別化することで、必ず子どもに一層喜んで受け入れられるはずである。
三．メリットとデメリットの分析
1. メリットの分析。一日に2回歯磨きをして初めて歯は健康になるという科学的理念を提唱することで、1回の購入量が増え、ブランドを変えるサイクルが引き延ばされ、商品の販売額を大きく引き上げることができる。子どもの歯に昼と夜で異なるニーズがあるという特性に的を絞って、効果的な解決策を提示した。
2. デメリットの分析。これは結局新しい理念であり、大量に宣伝しなければ消費者に理解されず受け入れられない。したがって当然販促費がかさみ、価格は高くなるので、多くのローエンド商品消費層を締め出すことになる。
四．プロジェクトフィージビリティ評価
　　朝晩用練り歯磨きは一般的な子ども用練り歯磨きと明らかな差別化をし、魅力ある独自のセールスポイントを持つので、一部の消費者、特に都市消費者の中・高所得層の注目を必ず集めることができる。同時に、朝晩用練り歯磨きは1回の購入量と使用回数を高めることができるため、それによって販売成績が上がる。それゆえ、これは大きな市場潜在力があり、実現性のある新製品開発プロジェクトである。

総合練習
[一]
1. 方案　　　　2. 功效　　　　3. 诉求　　　　4. 可行性　　　　5. 启示
6. 优势　　　　7. 支撑　　　　8. 投入　　　　9. 倡导　　　　10. 开发

[二] 日本語訳
1. 中国の不動産仲介業者には誠実さと信用が不足しており、21世紀の外資系仲業者の発展に巨大な市場スペースを残している。
2. この点を考慮に入れて、当社は多くの中小企業のため上海地域における販売代理サービスを誠心誠意提供する。
3. 当社の7月の販売面積は前年同期比7%下落し、6月に（前年同期比）80%に達した成長率

と鮮明な対比をなしている。
4. 現在の練り歯磨き市場からすると、子ども用練り歯磨きの包装には明らかに万全でないところがある。
5. 良い包装は商品の評価を高めることができるので、消費者は高い価格でも買いたがる。

第21课　招标书

课文Ⅰ　　　　　　　　オフィスオートメーション設備入札募集案内

一．入札資格要件

　　入札者は企業法人営業許可証と税務登記証のコピー（コピーには会社印を捺印のこと）、企業法人証書、法人代表が直筆サインした委任状（本人が参加する場合は除く）、入札者所属会社の紹介状、入札者身分証のオリジナルおよびコピーを必ず提出しなければならない。

二．入札募集案内書の販売価格は1部につき100元、販売後は返金しない（よその土地の入札者は開札締切時間前に、入札場所にて申し込み、入札募集案内書代金を納めることができる）。

三．入札保証金

　　入札者は入札書類を手渡す際、同時に入札保証金5000元（現金）を納めなければならない。そのほかのいかなる形式での保証金も受け入れることはできず、保証金に利息はつかない。落札しなかった企業の入札保証金は入札会終了後に返却する。

四．対象要件

　　各入札者が販売する商品は必ず関連する国家基準に合致し、検査に合格した商品でなければならず、同時に商品明細書の規格・型番および要求を満足させなければならない。いかなる偽ブランド商品もすべて入札者側が責任を負うこと。

五．入札書類要件

1. 入札に参加する企業は必ず以下の内容に合致する入札書類を提出しなければならない。(1) 入札書。(2) 商品明細書項目別見積価格。入札参加企業は商品明細書が要求するブランド・規格・型番に従って見積りしなければならない。大字と小字の見積価格が一致しない場合には、大字金額を正とする。(3) 入札参加企業の入札項目に対する品質保証、メーカーのアフターサービスの保証措置と製品品質保証。
2. 入札参加企業は必ずこの注意事項の内容に従って入札書類を提出しなければならない。さもなければ入札は無効となる。入札書類の字の書き方が粗雑あるいは内容表現が不明瞭なことによって引き起こされた結果については、入札者が責任を負う。
3. 入札書類には入札参加企業の会社印を捺印し、法人代表あるいは授権代表者が直筆サインし、製本装丁して封印に注意しなければならない。

课文Ⅱ　　　　　　　　オフィスオートメーション設備入札募集案内（続）

六．検収要件

　　製品は据え付け試運転の後、ユーザーが満足することで検収合格となる。

七．支払方法

　　検収合格後支払う。

八．開札
1. 入札書類の提出。購買事務所・購買センター・監察局により共同で入札資格および各入札参加企業の書類がこの注意事項の規定に合致しているかを審査する。入札募集案内書の要求に合致しない入札書類は無効の入札書類と見なす。
2. 入札書類の中に存在する問題に対し購買センターにより質問が出された場合、入札参加企業には合理的な説明をすることが許されるが、行う説明は入札募集案内書が規定する範囲を超えてはならない。

九．落札者の決定
　　商品の品質やアフターサービス等の条件が同じ場合、入札募集案内の項目は最低価格が落札し、最高限度を超える入札は無効の入札と見なす。

十．契約締結
　　入札参加企業は落札した後、すぐに落札確認書と契約に調印する。契約は双方の法定代表あるいはその委任を受けた代理人がサインしたうえ会社印捺印後に発効する。

十一．契約履行保証金
　　落札した企業が契約を締結した後、入札保証金は自動的に契約履行保証金に転じ、契約履行保証金は契約履行の完了後に返却する（利息はつかない）。もし落札企業が落札後3日以内に契約を締結しない、あるいは契約条項を履行しない場合、入札保証金あるいは契約履行保証金は返却せず、契約違反として処理し、その法的責任を追及する。

十二．申込時間：当日よりXXXX年3月26日午後5時30分まで。

十三．開札時間：XXXX年3月27日午前9時。

詳細問い合わせ先：010-83684022/83610206

　　　　　　　　　　　　　　　　　　　　　　　　　　　　　　　　　天宝集団
　　　　　　　　　　　　　　　　　　　　　　　　　　　　　　　　　XXXX年3月18日

総合練習

[一]
1. 资格	2. 截止	3. 承诺	4. 开标	5. 追究
6. 保证金	7. 招标	8. 签名	9. 审查	10. 无效

[二] 日本語訳
1. 入札締め切り時間はXXXX年4月29日午前10：00（北京時間）。
2. 入札募集側が出した入札募集案内書にもし変更がある場合には、すぐに書面にて入札者側に通知する。
3. 入札者は法人代表が出席すべきで、もし法人代表が出席できない場合は、法人代表により委任状にサインする必要がある。
4. 入札書は規定された様式に従い記入されるべきで、字ははっきりと書き、企業の印と代表者の印は必ず捺印されなければならない。
5. 入札に参加する入札者は必ず独立した法人資格を有し、そのうえ下記条件の1つの施工企業に合致しなければならない。

第22课　投标书

课文 I　　　　　　　　　　　　　　入札書

百聯グループ御中

1. 入札案内書に基づき、「工事建設施工の入札募集・入札管理弁法」の規定に従い考察・検討の結果、当方は総額700万元で、入札案内書にある関連の条件のとおり上記の工事の施工・竣工・メンテナンスを請け負いたいと思います。
2. ひとたび落札すれば、当方はXXXX年3月20日に着工し、XXXX年12月20日に竣工したうえで全てを引き渡すことを保証します。
3. 当方は入札案内書の規定に基づき契約の責任と義務を履行します。
4. 当方はすでに訂正条項と全ての参照用資料および付属文書を含む全ての入札案内書の内容を詳しく調べましたので、入札案内書に対しさらに説明していただく権利を放棄します。
5. 手渡しました入札書類が「入札注意事項」の第11条が規定する入札有効期間内は有効であることに当方は同意します。

課文 II　　　　　　　　　　　　　　入札書（続）

6. もし当方が落札した場合、当方は規定に従い、独立した法人資格を有し、実体的経済活動を行っている企業が発行する契約履行保証書を、上記総金額の10％の契約履行保証金として差し出します。もし落札後、当方が契約文書を忠実に履行できない場合、あるいは契約文書に対し勝手に変更を行った場合には、貴方は当方が承諾した契約履行保証金を没収して構いません。
7. 当方は、金額10万元の入札保証金とこの入札書（うちオリジナル1部、コピー4部）を同時に手渡します。もし開札後の入札有効期間内に入札を撤回した場合には、貴方は入札者の入札保証金を没収して構いません。
8. ほかに効力のある合意事項がない限り、貴方の落札通知と本入札書類は双方を制約する契約の一部となります。

　　入札企業：三益建築社（捺印）
　　所在地住所：××××
　　法定代表人：（自署、捺印）
　　郵便番号：××××
　　電話：××××
　　ファックス：××××
　　口座開設銀行名称：××××
　　銀行口座番号：××××
　　口座開設銀行住所：××××
　　電話：××××

総合練習
[一]
1. 副本　　　2. 担保書　　　3. 遵照　　　4. 承包　　　5. 約束

6. 生効　　　7. 没収　　　8. 竣工　　　9. 撤标　　　10. 履行

[二] 日本語訳
1. もし当方が落札した場合、当方は契約金額の５％の銀行保証書を差し出します。
2. 契約の中に他に説明がない限り、本契約は双方がサインした後、すぐに発効します。
3. ひとたび落札すれば、当方は契約が規定した義務を厳格に履行します。
4. もし開札後の入札有効期限内に入札を撤回した場合には、入札保証金は貴社が没収して構いません。
5. 当方は、貴方が要求されるであろう、その入札に関連する一切のデータ・状況・技術などの資料を提供することに同意します。

第23课　授权委托书

课文Ⅰ　　　　　　　　　　　　委任状（1）

委任者：銀河有限責任社
法定代表人：李傑
職位：社長
被委任者姓名：周娜
所属：北京市徳恒弁護士事務所
職務：弁護士
　　北京市長城ネット社が当社の著作権を侵犯した係争において、当社の訴訟代理人として上記の被委任者に委任する。上記の代理人が代理する権限は次のとおり。委任者に代わって訴訟請求を認諾・放棄・変更すること、和解を行うこと、上訴と反訴を提起すること、よって委任者は出廷しなくてよい。以上のとおり権限を与える。
　　　　委任者：李傑（自署、捺印）　　　被委任者：周娜（自署、捺印）

XXXX年９月４日

课文Ⅱ　　　　　　　　　　　　委任状（2）

華倫社御中
　　ここに当社製品の販売業務と決済業務の担当を周至倫氏（身分証明書番号：××××）に委託します。代金は以下の取引銀行口座に繰り入れてください。これにより発生する全ての経済的責任と法的責任は当社が負い、貴社には関係が及びません。もし変更がある場合、当社は書面にて貴社に通知します。当社がすぐに通知しないことで発生した全ての経済的責任と法的責任は当社が負います。
　　特にここに表明します。
委任期間：XXXX年８月４日〜XXXX年８月20日
口座名義：（コンピュータによるプリント、手書き不可）
口座番号：（コンピュータによるプリント、手書き不可）

取引銀行：建設銀行広中支店（コンピュータによるプリント、手書き不可）

盛峰社
法人代表：李強（自署／個人印捺印）
XXXX 年 7 月 28 日

総合練習

[一]

1. 权限	2. 侵犯	3. 委托	4. 承担	5. 纠纷
6. 变动	7. 作为	8. 造成	9. 授权	10. 后果

[二] 日本語訳
1. 手続きをとる際、受託者は本人の身分証明書と委託者の身分証明書コピーを携帯すること。
2. 当該委任状の有効期間はサインをした日から10日間です。
3. 当社の劉志エンジニアに権限を委譲し、当社が参加するプロジェクトの入札業務の代理人とします。
4. 受託者は、本委任状は委任者が直筆サインしたもので、もしもトラブルがある場合には受託者が自発的に相応の責任をとることを保証します。
5. 当社の法人代表は当社の徐唱に当社を代表して販売業務を対外展開する権限を授けます。

第 24 课　経済合同

课文 I　　　　　　　　　　　住宅賃貸契約

貸主：×××（以下甲と称す）

借主：×××（以下乙と称す）

甲乙双方の権利義務関係を明らかにするため、双方が協議を行い、本契約を締結し、双方は誠実・信用の原則に基づき当該合意事項の各項目の約束事を履行しなければならない。

第一条　甲は自分が所有する広霊一路43弄35号401号室の住宅と住宅内の既設電気器具・家具（附録一参照）を乙の居住使用に貸し出す。

第二条　貸し出し期間は計12カ月とし、甲はXXXX年9月15日より上記住宅を乙の使用のために引き渡し、XXXY年9月15日に引き取る。家賃はXXXX年9月15日より計算する。

第三条　甲乙双方はひと月の賃貸料を1000元と決める。賃貸料は月ごとに納める。乙は毎月15日に甲に賃貸料を納める。期日を過ぎて納めた場合、甲は乙に滞納金を支払うよう要求する権利を有する。期限を1日過ぎるごとに、乙はひと月の賃貸料の0.5％の滞納金を支払わねばならない。このほか、乙は甲に1カ月の家賃に相当する敷金を支払わなければならない。敷金は賃借期間満了後、乙に返却されなければならない。

第四条　甲は貸し出す住宅およびその設備に対して定期的に検査を行い、適時に修繕し、乙の安全で正常な使用を保証しなければならない。乙が使用上の必要から追加する物は、住宅の構造に影響を与えてはならず、そのうえ甲の同意を得る必要がある。

第五条　甲がもし住宅を売りに出す場合、3カ月前までに書面で乙に通知をしなければならず、同

等の条件であれば、乙は優先的に購入する権利を有する。

课文Ⅱ　　　　　　　　　　　　　住宅賃貸契約（続）

第六条　甲は貸し出し期間内に理由なく住宅を引き取ってはならない。もしも甲が客観的原因により途中で住宅を引き取る場合、甲は2カ月前までに乙に書面で通知しなければならず、また補償として1カ月分の家賃を返却しなければならない。乙が客観的原因により途中で契約解除を提起する場合、2カ月前までに甲に書面で通知しなければならず、甲は乙が納めた敷金を返却しなくてよい。乙は住宅およびその設備・家電・家具等を大事に使わなければならず、もしも乙の不適切な使用が住宅やその設備を損傷した場合、乙は賠償しなければならない。

第七条　住宅がもし不可抗力で損壊したり、あるいは双方に損失をもたらしたりした場合には、甲乙双方とも責任を負わない。都市行政による建設のため、すでに貸し出した住宅を取り壊したり建て直したりする必要があり、その結果、甲乙双方に損失をもたらす場合には、双方とも責任を負わない。本条が規定する原因により契約を終了する場合、家賃は実際の使用時間に基づいて計算し、余れば返却し足りなければ補うこととする。甲が受け取った敷金は乙に返却しなければならない。

第八条　賃貸期間中、乙は水道代・電気代・ガス代・冬季暖房代を負担しなければならない。もしも乙がケーブルテレビに加入したい場合、手続きと費用はすべて乙が責任を負う。

第九条　本契約に定めていない事項は、すべて「中華人民共和国契約法」の関連規定に従って処理する。甲乙双方が平等互恵、誠実・信用の原則に基づき協議をして決めてもよい。

第十条　本契約は3部を1セットとし、双方がそれぞれ1部を持ち、不動産管理部門に1部を渡す。附録は本契約の一部で、本契約と同等の効力を有する。

甲　　　　：　　　　　　　　　　　乙　　　　：
署名日付：　　　　　　　　　　　　署名日付：
住　　所：　　　　　　　　　　　　住　　所：
連絡方法：　　　　　　　　　　　　連絡方法：

附録一：甲が乙の使用に提供する電気器具等の物品のリスト
附録二：甲が本契約規定に従い部屋の鍵を乙に渡した時点の関連の数字記録
本附録は2部を1セットとし、双方がそれぞれ1部を持つ。

甲　　　　：　　　　　　　　　　　乙　　　　：
署名日付：　　　　　　　　　　　　署名日付：

総合練習

[一]
1. 效力　　2. 协商　　3. 解除　　4. 优先　　5. 导致
6. 交纳　　7. 变更　　8. 有权　　9. 履行　　10. 补偿

[二] 日本語訳
1. 甲乙双方は誠実・信用の原則に基づき、代理期間の双方の責任と義務を明確にするため、特

にここに契約を締結する。
2. 乙がもし期日を超えて家賃を支払った場合、1日過ぎるごとに、乙はひと月の家賃の0.2%の割合で滞納金を支払う必要がある。
3. 本契約は双方が調印した日から発効する。契約履行期間において、甲乙双方は契約を勝手に変更したりあるいは解除したりしてはならない。
4. 甲は保管する物について自由に搬入搬出できるが、これにより損壊を受けた場合、乙は一切賠償の責任を負わない。
5. もしも定めにないことが出てきた場合、双方により共同で協議し補足規定を作成することができる。補足規定は本契約と同等の法的効力を有する。

索引

第一部の基本語句と、第三部の新単語の索引です。ピンイン順の配列ですが、漢字の1文字目が同じものは集めてあります。項目の後の数字の見方は以下のとおりです。
例：1-24-Ⅱ（第一部、第24課、課文Ⅱ）、3-17-関連（第三部、第17課、関連事項）

A

爱护	àihù	大事にする	1-24-Ⅱ
氨基酸	ānjīsuān	アミノ酸	1-17-Ⅱ
安排	ānpái	手配する	1-10-Ⅱ
安装	ānzhuāng	取り付け	1-18-Ⅱ
安装调试	ānzhuāng tiáoshì	備え付け試運転	1-21-Ⅱ

B

罢工	bàgōng	ストライキ	3-17-関連
摆脱	bǎituō	脱却する	3-11-課文
搬迁	bānqiān	移動	1-14-Ⅱ
办公室	bàngōngshì	オフィス	1-13-Ⅰ
办公自动化	bàngōng zìdònghuà	オフィスオートメーション	1-21-Ⅰ
办事效率	bànshì xiàolǜ	事務効率	1-13-Ⅰ
绊脚石	bànjiǎoshí	ボトルネック、桎梏、足かせ	3-11-課文
保修	bǎoxiū	メンテナンス	1-22-Ⅰ
曝光	bàoguāng	発生、露出	3-13-課文
报价	bàojià	見積もる、オファーする	1-4-Ⅱ
悖	bèi	違反する	3-18-課文
背景支撑	bèijǐng zhīchēng	バックアップ	1-20-Ⅰ
贝壳饰物	bèiké shìwù	シェルアクセサリー	1-3-Ⅱ
被申请人	bèishēnqǐngrén	被申立人	3-3-課文
本公司	běngōngsī	わが社	1-11-Ⅰ
敝公司	bìgōngsī	弊社	1-10-Ⅰ
标书	biāoshū	入札書類	1-21-Ⅱ
表决权	biǎojuéquán	意思表示権、表決権	3-2-課文
波动	bōdòng	変動	1-18-Ⅱ
不得不～	bù dé bù ～	～せざるをえない	1-1-Ⅱ
不规范	bù guīfàn	規律されていない	3-21-関連
不可撤消	bùkě chèxiāo	取消し不能	3-5-課文
不可抗力	bùkěkànglì	不可抗力	3-4-課文
部分	bùfen	一部の	1-11-Ⅱ

C

裁决	cáijué	判断	3-5-課文
采购	cǎigòu	購買	1-3-Ⅰ
餐具	cānjù	テーブルウエア	1-2-Ⅰ
参与权	cānyùquán	参与権	3-2-課文
操作手册	cāozuòshǒucè	マニュアル、ハンドブック	3-7-関連
差异化	chāyìhuà	差別化	1-20-Ⅱ
查封	cháfēng	差し押さえる	3-20-課文
查询	cháxún	調査	1-1-Ⅱ
产品外包	chǎnpǐn wàibāo	製品の外側包装	1-6-Ⅱ
产业链	chǎnyèliàn	産業連関	3-6-関連
长途运输	chángtú yùnshū	長距離輸送	1-6-Ⅱ
长远利益	chángyuǎn lìyì	長期的利益	1-13-Ⅱ
厂家	chǎngjiā	メーカー	1-2-Ⅰ
超薄	chāobáo	超薄型	1-5-Ⅰ
超市	chāoshì	スーパー	1-4-Ⅰ
撤标	chèbiāo	入札を撤回する	1-22-Ⅱ
撤职	chèzhí	免職（にする）	3-21-課文
承兑汇票	chéngduì huìpiào	引受手形	1-5-Ⅱ
承诺	chéngnuò	公約、約束	1-14-Ⅱ
承运人	chéngyùnrén	請負人	3-4-関連
承租	chéngzū	借り受ける	1-24-Ⅰ
程序	chéngxù	手続き	3-5-課文
驰名商标	chímíng shāngbiāo	著名商標	3-14-課文
迟延履行	chíyán lǚxíng	履行遅延	3-4-課文
崇尚	chóngshàng	尊ぶ	3-22-課文
酬宾	chóubīn	バーゲンする	1-8-Ⅱ
酬谢	chóuxiè	お礼をする	1-8-Ⅱ
出仓	chūcāng	出庫	1-11-Ⅱ
出厂	chūchǎng	出荷	1-11-Ⅱ
出具	chūjù	（書類を）発行する	1-22-Ⅱ
出租	chūzū	貸し出す	1-24-Ⅰ
橱窗	chúchuāng	ショーケース	1-6-Ⅰ
除非～	chúfēi ～	～でない限り	1-22-Ⅱ
传导	chuándǎo	伝導、伝播する	3-16-課文
传真	chuánzhēn	ファックス	1-22-Ⅱ
窗帘	chuānglián	カーテン	1-10-Ⅱ
粗暴搬运	cūbào bānyùn	ラフハンドリング	1-6-Ⅰ
催款	cuīkuǎn	支払の督促	1-9-Ⅰ
磋商	cuōshāng	相談する、協議する	1-6-Ⅰ
错位	cuòwèi	食い違い	3-1-課文

D

搭售、捆售	dāshòu、kǔnshòu	抱き合わせ販売	3-16-関連
答允	dāyǔn	応諾する	1-10-Ⅰ
答复函	dáfùhán	回答	1-1-Ⅱ
大众百姓	dàzhòng bǎixìng	一般大衆	1-19-Ⅱ
大众菜	dàzhòngcài	大衆料理	1-19-Ⅱ
代为～	dàiwéi ～	代わりに～を行う	1-23-Ⅰ
单价	dānjià	単価	1-4-Ⅰ
单元	dānyuán	居住区ユニット	1-14-Ⅱ
档案	dàng'àn	記録資料	1-12-Ⅱ
档次	dàngcì	グレード、段階	1-18-Ⅰ

导致	dǎozhì	（よくないことを）引き起こす、もたらす	1-24-Ⅱ
到位	dàowèi	あるべき形に収まる	1-13-Ⅰ
得到~	dédào~	~を得る	1-15-Ⅱ
得悉	déxī	知る	1-3-Ⅱ
登记制	dēngjìzhì	届出制、登録制	3-5-関連
灯泡	dēngpào	電球	1-18-Ⅰ
灯罩	dēngzhào	ランプシェード	1-18-Ⅰ
低价位	dījiàwèi	低価格帯	1-19-Ⅰ
递交	dìjiāo	手渡す	1-21-Ⅰ
地址	dìzhǐ	住所	1-1-Ⅰ
电路	diànlù	電気回路	1-14-Ⅱ
电脑打印	diànnǎo dǎyìn	コンピュータによるプリント	1-23-Ⅱ
调配	diàopèi	割り当てる、配分する	3-19-課文
订单	dìngdān	発注書	1-4-Ⅱ
订购	dìnggòu	発注する	1-4-Ⅰ
订货	dìnghuò	注文する	1-2-Ⅱ
定时器	dìngshíqì	タイマー	1-18-Ⅱ
独家代理商	dújiā dàilǐshāng	独占販売代理店	1-3-Ⅰ
短暂	duǎnzàn	短時間	1-18-Ⅱ
堆放	duīfàng	（商品を）積み上げる	3-15-関連
对表	duìbiǎo	ペアウォッチ	1-5-課文
对簿公堂	duìbù gōngtáng	法廷で裁判を受ける	3-21-課文
多双边投资	duōshuāngbiān tóuzī	2または2カ国・地域以上の多角的投資	3-24-関連

E

额度	édù	規定額	1-11-Ⅰ

F

发货	fāhuò	発送	1-4-Ⅱ
发票	fāpiào	送り状、インボイス	1-7-Ⅰ
法宝	fǎbǎo	有効な決め手	1-19-Ⅱ
法律纠纷	fǎlǜ jiūfēn	法律トラブル	1-9-Ⅱ
反垄断法	fǎnlǒngduànfǎ	独占禁止法	3-16-課文
房屋结构	fángwū jiégòu	住宅の構造	1-24-Ⅰ
仿制	fǎngzhì	模造する	3-22-関連
分公司	fēngōngsī	支店	1-13-Ⅱ
分为~	fēnwéi~	~に分ける	1-18-Ⅰ
分销商	fēnxiāoshāng	卸売商	1-3-Ⅰ
份额	fèn'é	シェア	1-19-Ⅱ
凤毛麟角	fèng máo lín jiǎo	鳳凰の毛と麒麟の角（希有であるものの喩え）	3-22-関連
否则	fǒuzé	さもなくば	1-4-Ⅲ
副本	fùběn	コピー	1-22-Ⅱ
覆盖	fùgài	被覆	3-11-課文
富含	fùhán	豊富に含む	1-17-Ⅱ
附加值	fùjiāzhí	付加価値	3-6-課文
附件	fùjiàn	付属文書	1-22-Ⅰ
附上	fùshàng	同封する	1-11-Ⅰ
付款方式	fùkuǎn fāngshì	支払方法	1-21-Ⅱ
付款人	fùkuǎnrén	支払者	1-5-Ⅱ
复印件	fùyìnjiàn	コピー	1-21-Ⅰ
负责人	fùzérén	責任者	1-14-Ⅰ

G

该批材料	gāi pī cáiliào	当該ロット	1-10-Ⅱ
盖章	gàizhāng	捺印する	1-22-Ⅱ
高端装备	gāoduānzhuāngbèi	ハイエンド装置	3-8-課文
高校	gāoxiào	高等教育機関	1-19-Ⅱ
镉	gé	カドミウム	3-19-課文
个人隐私	gèrén yǐnsī	個人の秘密、個人情報、プライバシー	3-2-関連
根深蒂固	gēn shēn dì gù	根が深い	3-14-課文
更换	gēnghuàn	取り換える	1-10-Ⅰ
公关	gōngguān	広報、PR	1-12-Ⅰ
公司	gōngsī	会社、企業	1-1-Ⅰ
公约	gōngyuē	条約	3-3-課文
供货能力	gōnghuò nénglì	商品供給力	1-2-Ⅰ
供应商	gōngyìngshāng	サプライヤー	1-7-Ⅱ
供应者	gōngyìngzhě	供給者	1-4-Ⅲ
功能	gōngnéng	機能	1-17-Ⅱ
功效性	gōngxiàoxìng	効果的	1-20-Ⅱ
工作成绩	gōngzuò chéngjì	業務成績	1-13-Ⅰ
共计	gòngjì	合計	1-9-Ⅱ
股比限制	gǔbǐxiànzhì	出資（株式）持分比率	3-8-課文
顾客至上	gùkè zhìshàng	お客様第一	1-13-Ⅰ
管理工作	guǎnlǐ gōngzuò	管理業務	1-11-Ⅱ
归责原则	guīzé yuánzé	帰責原則	3-4-課文
规章制度	guīzhāng zhìdù	規則制度	1-12-Ⅱ
国际贸易术语解释通则	guójì màoyì shùyǔ jiěshì tōngzé	貿易条件の解釈に関する国際規則（インコタームズ、International Rules for the Interpretation of Trade Terms）	3-3-関連
过程管理	guòchéng guǎnlǐ	プロセス管理	1-12-Ⅱ

H

哈尔滨市	Hā'ěrbīnshì	ハルビン市	1-16-Ⅱ
汉堡	Hànbǎo	西ドイツ・ハンブルグ	3-22-関連
行业	hángyè	業界	1-2-Ⅰ
号码	hàomǎ	番号、ナンバー	1-7-Ⅰ
核查	héchá	綿密に調査・検査する	3-6-課文
核心价值	héxīn jiàzhí	コアバリュー	1-16-Ⅱ

中文	拼音	日文	出处
合理期限	hélǐ qīxiàn	合理的期限	3-4-課文
合同	hétong	契約	1-9-Ⅱ
合同法	hétongfǎ	契約法	3-4-課文
合同签订	hétong qiāndìng	契約の調印	1-21-Ⅱ
合同条款	hétong tiáokuǎn	契約条項	1-21-Ⅱ
红木	hóngmù	紫檀	1-11-Ⅰ
后果	hòuguǒ	悪い結果	1-23-Ⅱ
厚望	hòuwàng	大きな期待をする	3-22-課文
划拨	huàbō	割当て	3-10-関連
化妆品	huàzhuāngpǐn	化粧品	1-15-Ⅰ
还价	huánjià	カウンターオファー	1-4-Ⅲ
换回	huànhuí	取り換える	1-10-Ⅱ
回避	huíbì	回避（する）	3-21-課文
惠顾	huìgù	ご愛顧	1-5-Ⅱ
贿赂	huìlù	贿赂	3-15-課文
会所	huìsuǒ	クラブ	1-14-Ⅰ
混纺人造纤维	hùnfǎng rénzào xiānwéi	混紡人造繊維	1-2-Ⅱ
货款	huòkuǎn	代金	1-23-Ⅱ
货物销售	huòwù xiāoshòu	物品売買	3-3-課文

J

中文	拼音	日文	出处
激光	jīguāng	レーザー	1-18-Ⅰ
积灰	jīhuī	埃がたまる	1-18-Ⅱ
集聚	jíjù	集積する	3-6-課文
集体合同	jítǐhétong	労働協約	3-17-関連
集装箱	jízhuāngxiāng	コンテナ	1-7-Ⅰ
即期信用证	jíqī xìnyòngzhèng	一覧払い信用状	3-5-課文
即时	jíshí	すぐに	1-8-Ⅰ
挤压	jǐyā	押し出す	3-16-課文
技术秘密	jìshùmìmì	ノウハウ	3-7-課文
技术转让费	jìshùzhuǎnràngfèi	ライセンス料、ロイヤリティ	3-7-課文
迹象	jìxiàng	兆し、様相	3-10-課文
记忆犹新	jìyì yóu xīn	記憶に新しい	3-1-関連
假冒	jiǎmào	ニセモノ	3-13-課文
监控	jiānkòng	（監視カメラによる）監視	1-14-Ⅰ
减价	jiǎnjià	値引き	1-8-Ⅱ
检验单	jiǎnyàndān	検査証明書	1-7-Ⅰ
检验证明书	jiǎnyàn zhèngmíngshū	検査証明書	1-11-Ⅰ
建设银行	Jiànshè yínháng	中国建設銀行	1-5-Ⅱ
建议	jiànyì	提案する	1-4-Ⅲ
健身	jiànshēn	フィットネス	1-14-Ⅰ
降温	jiàngwēn	温度を下げる	1-18-Ⅱ
交货日期	jiāohuò rìqī	納期	1-4-Ⅰ
接包方	jiēbāofāng	請負人	3-20-関連
接口处	jiēkǒuchù	継ぎ目	1-11-Ⅰ
接壤	jiērǎng	境界を接する	3-10-課文
结合~	jiéhé ~	~をにらんで	1-19-Ⅱ
结算	jiésuàn	支払、決済	1-15-Ⅰ
结算方式	jiésuàn fāngshì	決済方法	1-4-Ⅰ
节假日	jiéjiàrì	祝祭日	1-12-Ⅰ
节能灯管	jiénéng dēngguǎn	省エネ蛍光灯	1-7-Ⅰ
介绍信	jièshàoxìn	紹介状	1-21-Ⅰ
届时	jièshí	当日	1-8-Ⅱ
谨防	jǐnfáng	慎重に防ぐ	3-16-関連
进场费	jìnchǎngfèi	入場料、エントリーフィー	3-15-関連
精确	jīngquè	正確、綿密	1-17-Ⅰ
经销处	jīngxiāochù	特約店、代理店	1-17-Ⅰ
经营效益	jīngyíng xiàoyì	経営効果	1-19-Ⅰ
经营者集中	jīngyíngzhě jízhōng	事業者集中	3-16-課文
纠纷	jiūfēn	係争、トラブル	1-23-Ⅰ
居民	jūmín	住民	1-19-Ⅰ
居委会	jūwěihuì	居民委員会、住民委員会	3-2-課文
局限性	júxiànxìng	限界	1-15-Ⅱ
举措	jǔcuò	措置	3-8-関連
聚丙烯	jùbǐngxī	ポリプロピレン	3-24-課文
聚乙烯	jùyǐxī	ポリエチレン	3-24-課文
据实	jùshí	事実に基づき	3-6-課文
绝密	juémì	絶対的機密	1-1-Ⅰ
崛起	juéqǐ	急に立ち上がる	3-6-課文

K

中文	拼音	日文	出处
开标截止时间	kāibiāo jiézhǐ shíjiān	開札締切時間	1-21-Ⅰ
开发商	kāifāshāng	デベロッパー	1-14-Ⅱ
开工	kāigōng	着工	1-22-Ⅰ
开户行	kāihùháng	取引銀行	1-23-Ⅱ
开户银行	kāihù yínháng	口座開設銀行	1-22-Ⅱ
可谓~	kěwèi ~	~と言える	1-19-Ⅰ
可行性报告	kěxíngxìng bàogào	フィージビリティ報告	1-20-Ⅰ
客户	kèhù	顧客、取引先	1-1-Ⅰ
客户服务部	kèhù fúwùbù	顧客サービス部	1-14-Ⅱ
客商	kèshāng	お客様企業	1-16-Ⅰ
刻意	kèyì	極力~する、苦心する	3-10-課文
空气过滤器	kōngqì guòlùqì	空気フィルター	1-18-Ⅱ
口水战	kǒushuǐzhàn	合戦	3-20-課文
跨越式	kuàyuèshì	長足の、飛躍的な	3-6-課文
快餐	kuàicān	ファストフード	1-19-Ⅱ
快递服务	kuàidì fúwù	宅配サービス	1-8-Ⅰ
快捷	kuàijié	スピーディ	1-17-Ⅰ
款式	kuǎnshì	タイプ	1-5-Ⅱ
旷工	kuànggōng	無断欠勤する、勤務態度が悪い	3-17-課文
亏损	kuīsǔn	赤字	1-1-Ⅱ

L

垃圾站	lājīzhàn	ゴミステーション	1-14-Ⅱ
劳动密集型	láodòngmìjíxíng	労働集約型	3-6-関連
劳资	láozī	労働者と資本家	3-17-関連
老顾客	lǎogùkè	馴染み客	1-19-Ⅱ
老式包装	lǎoshì bāozhuāng	旧式の梱包	1-6-Ⅰ
勒令	lèlìng	強いる、強制的に～させる	3-7-課文
礼盒	lǐhé	ギフト	1-8-Ⅰ
理赔	lǐpéi	補償処理、損害清算	1-11-Ⅱ
立即	lìjí	すぐに	1-21-Ⅱ
立足之本	lìzú zhī běn	立脚点	1-16-Ⅱ
力图	lìtú	努めて～しようとする	3-9-課文
联系电话	liánxì diànhuà	連絡先電話	1-5-Ⅰ
联系人	liánxìrén	担当者	1-5-Ⅰ
零售商	língshòushāng	小売商	1-3-Ⅰ
弄	lòng	小路	1-24-Ⅰ
楼房	lóufáng	ビル	1-13-Ⅱ
漏洞	lòudòng	抜け道	3-7-課文
沦	lún	落ちぶれる、没落する	3-2-課文
屡见不鲜	lǚ jiàn bù xiān	よく見られ、珍しくない	3-18-課文
履约保证金	lǚyuē bǎozhèngjīn	契約履行保証金	1-21-Ⅱ
律师事务所	lǜshī shìwùsuǒ	弁護士事務所	1-23-Ⅰ

M

买家	mǎijiā	バイヤー	1-3-Ⅱ
卖点	màidiǎn	セールスポイント	1-20-Ⅱ
毛重	máozhòng	風袋込重量	1-6-Ⅰ
贸易事宜	màoyì shìyí	貿易事務	1-3-Ⅱ
"美的"牌	"Měidì" pái	「美的（Midea）」ブランド	1-6-Ⅱ
门路	ménlù	コネ	3-21-課文
蒙住	méngzhù	覆う	1-18-Ⅰ
免除责任	miǎnchú zérèn	免責	3-4-課文
免检产品	miǎnjiǎn chǎnpǐn	検査免除製品	1-16-Ⅰ
面额	miàn'é	額面	1-5-Ⅱ
民事责任	mínshì zérèn	民事責任	3-4-課文
名牌	míngpái	有名ブランド	1-16-Ⅰ

N

能量	néngliàng	エネルギー	1-17-Ⅱ
泥潭	nítán	泥沼	3-20-課文
牛磺酸	niúhuángsuān	タウリン	1-17-Ⅱ
牛皮鞋	niúpíxié	牛革の靴	1-9-Ⅰ

O

偶尔	ǒu'ěr	たまたま	1-15-Ⅰ

P

盼复	pànfù	お返事をお待ちします	1-3-Ⅰ
配方	pèifāng	配合	1-20-Ⅰ
配货	pèihuò	貨物を集配する	1-10-Ⅰ
偏高	piān gāo	高すぎる	1-4-Ⅲ
偏轻	piān qīng	軽すぎる	3-13-課文
频率	pínlǜ	頻度	1-15-Ⅰ
品牌效应	pǐnpái xiàoyìng	ブランド効果	1-19-Ⅰ
聘用	pìnyòng	雇用	3-17-課文
平等互利	píngděng hùlì	平等互恵	1-24-Ⅱ
平台	píngtái	場、ツール	1-12-Ⅰ

Q

企划部	qǐhuàbù	企画部	1-14-Ⅰ
牵头	qiāntóu	先頭に立つ、リーダーになる	1-14-Ⅰ
欠发达地区	qiànfādádìqū	未発達地区	3-6-課文
且	qiě	なおかつ	1-20-Ⅰ
亲笔签	qīnbǐqiān	自署	1-23-Ⅱ
亲疏	qīnshū	親しい人と疎遠な人	3-21-課文
清单	qīngdān	明細書	1-21-Ⅰ
青睐	qīnglài	親しみのある愛情に満ちたまなざし（＝青眼）	3-22-課文
请托	qǐngtuō	頼み込む	3-21-課文
请勿～	qǐng wù ~	～しないでください	1-18-Ⅰ
取暖费	qǔnuǎnfèi	暖房費	1-24-Ⅱ
权利人	quánlìrén	権利人、権利者	3-2-関連
群体	qúntǐ	層、グループ	1-19-Ⅰ

R

让与人	ràngyǔrén	ライセンサー、譲渡人	3-7-課文
扰乱	rǎoluàn	かき乱す、妨害する	3-14-課文
入账	rùzhàng	帳簿に記入する、経理処理する	1-9-Ⅱ
若～	ruò ~	もし～なら	1-21-Ⅱ

S

三包	sānbāo	3つの保証	1-18-Ⅰ
三聚氰胺	sānjùqíng'àn	メラミン	3-1-関連
散客客户	sǎnkè kèhù	個人客	1-12-Ⅰ
散热器	sànrèqì	室外放熱機	1-18-Ⅱ
商场	shāngchǎng	ショッピングモール	1-13-Ⅰ
商业汇票	shāngyè huìpiào	商業手形	1-4-Ⅱ
商业秘密	shāngyè mìmì	商業秘密、事業秘密	3-2-関連
上级领导	shàngjí lǐngdǎo	上司	1-12-Ⅱ
尚未～	shàng wèi ~	まだ～していない	1-2-Ⅰ

社科院	Shèkēyuàn	社会科学院（国のシンクタンク）	3-13-課文
涉嫌	shèxián	嫌疑を受ける	3-14-課文
身份证原件	shēnfènzhèng yuánjiàn	身分証原本	1-21-Ⅰ
申请人	shēnqǐngrén	申立人	3-3-課文
升迁	shēngqiān	昇進・転任する、栄転する	3-1-関連
生效	shēngxiào	発効する	1-21-Ⅱ
时尚饰品	shíshàng shìpǐn	流行装飾品	1-5-Ⅰ
使用次数	shǐyòng cìshù	使用回数	1-20-Ⅱ
势必	shìbì	必ず、きっと	1-20-Ⅱ
市场调查问卷	shìchǎng diàochá wènjuàn	市場調査アンケート	1-15-Ⅰ
视为~	shìwéi ~	~と見なす	1-21-Ⅱ
事宜	shìyí	事柄、件	1-7-Ⅱ
收购	shōugòu	買収	3-16-課文
收悉	shōuxī	確かに承りました	1-1-Ⅱ
受潮	shòucháo	湿気る	1-6-Ⅰ
售后服务	shòuhòu fúwù	アフターサービス	1-16-Ⅱ
授权委托书	shòuquán wěituōshū	委任状	1-21-Ⅰ
受委托人	shòuwěituōrén	被委任者	1-23-Ⅰ
疏导	shūdǎo	緩和する、融和する	3-17-関連
熟悉	shúxi	熟知する	1-13-Ⅱ
数码产品	shùmǎ chǎnpǐn	デジタル製品	1-15-Ⅱ
数目	shùmù	数	1-15-Ⅰ
双赢	shuāngyíng	ウィン・ウィン	3-23-関連
税务登记证	shuìwù dēngjìzhèng	税務登記証	1-21-Ⅰ
司空见惯	sī kōng jiàn guàn	珍しくない、よくあること	3-21-課文
私章	sīzhāng	個人印	1-23-Ⅱ
塑料架板	sùliào jiàbǎn	プラスチック板	1-6-Ⅱ
所报价格	suǒbào jiàgé	見積もり価格	1-4-Ⅱ
所在单位	suǒzài dānwèi	所属する職場	1-12-Ⅰ
索赔	suǒpéi	賠償請求、クレーム	1-11-Ⅰ、3-3-関連

T

台灯	táidēng	デスクライト	1-18-Ⅰ
谈判主导权	tánpàn zhǔdǎoquán	バーゲニングパワー	3-19-課文
谈判资本	tánpàn zīběn	バーゲニングパワー	3-19-課文
套餐	tàocān	定食	1-19-Ⅱ
梯度	tīdù	ティア、レベル	3-6-課文
提单	tídān	船荷証券	1-7-Ⅱ
天然气	tiānránqì	天然ガス	1-24-Ⅱ
调解	tiáojiě	調停	3-22-課文
调试	tiáoshì	試運転	3-7-課文
条款	tiáokuǎn	条項	1-3-Ⅱ

条目	tiáomù	細目、項目	3-8-課文
听证会	tīngzhènghuì	公聴会	3-2-課文
停车位	tíngchēwèi	駐車スペース	1-14-Ⅱ
停机	tíngjī	オフにする	1-18-Ⅱ
通报	tōngbào	報告する	1-14-Ⅰ
通过	tōngguò	合格する、パスする	1-16-Ⅰ
同事	tóngshì	同僚	1-8-Ⅰ
统计分析	tǒngjì fēnxī	統計的分析	1-12-Ⅱ
统一售价	tǒngyī shòujià	統一販売価格	1-18-Ⅱ
投标资格	tóubiāo zīgé	入札資格	1-21-Ⅱ
投诉	tóusù	苦情	1-10-Ⅱ
推旧出新	tuī jiù chū xīn	新機軸を打ち出す	1-8-Ⅱ
推销	tuīxiāo	セールスプロモーション	1-8-Ⅱ
退还	tuìhuán	返却する	1-24-Ⅰ
退货	tuìhuò	返品する	1-11-Ⅰ

W

外包	wàibāo	外注、アウトソーシング	3-20-関連
外销价格	wàixiāo jiàgé	輸出価格	1-2-Ⅰ
网购	wǎnggòu	"网上购物"の略	1-15-Ⅰ
网上购物	wǎngshàng gòuwù	ネットショッピング	1-15-Ⅰ
网页	wǎngyè	ホームページ	3-10-関連
网站策划	wǎngzhàn cèhuà	ウェブサイトプランニング	1-16-Ⅱ
网站设计	wǎngzhàn shèjì	ウェブデザイン	1-16-Ⅱ
网站系统	wǎngzhàn xìtǒng	ウェブサイトシステム	1-13-Ⅱ
微波炉	wēibōlú	電子レンジ	1-6-Ⅱ
维生素	wéishēngsù	ビタミン	1-17-Ⅱ
维系	wéixì	維持する、つなぐ	3-22-課文
维修人员	wéixiū rényuán	メンテナンススタッフ	1-18-Ⅱ
违纪	wéijì	規律違反	3-17-課文
违约责任	wéiyuē zérèn	違約責任	3-4-課文
为此	wèicǐ	それが故に	1-17-Ⅰ
问责	wènzé	問責、責任を問いただす	3-1-課文
无法~	wúfǎ ~	~するすべがない	1-10-Ⅱ
无可厚非	wú kě hòu fēi	むやみにとがめることはできない	3-18-関連
无论如何	wúlùn rúhé	いずれにせよ	1-10-Ⅱ
务必	wùbì	ぜひとも	1-1-Ⅱ
物业	wùyè	不動産	1-14-Ⅱ

X

稀有商品	xīyǒu shāngpǐn	珍しい商品	1-15-Ⅰ
系	xì	~である（=是）	3-14-課文
系统	xìtǒng	システム	1-18-Ⅰ
掀起	xiānqǐ	巻き起こす	3-10-課文

相当于~	xiāngdāngyú ~	~に相当する	1-24-Ⅰ
相关条件	xiāngguān tiáojiàn	関連条件	1-22-Ⅰ
向心力	xiàngxīnlì	求心力	1-13-Ⅱ
消费者维权中心	Xiāofèizhě wéiquán zhōngxīn	消費者権益保護センター	3-12-課文
销路	xiāolù	販路	1-3-Ⅰ
销售访问	xiāoshòu fǎngwèn	セールス訪問	1-12-Ⅰ
销售率	xiāoshòulǜ	販売率	1-13-Ⅱ
枭雄	xiāoxióng	才知が優れた者、リーダー（＝魁首、翘楚）	3-23-課文
小区	xiǎoqū	居住区	1-14-Ⅱ
协商	xiéshāng	協議（する）	1-24-Ⅱ、3-7-課文
协助	xiézhù	協力・支援する、援助する	3-19-関連
新款	xīnkuǎn	新型	1-8-Ⅱ
新奇商品	xīnqí shāngpǐn	珍しい商品	1-15-Ⅱ
新闻宣传	xīnwén xuānchuán	メディアによる宣伝	1-19-Ⅰ
信用证	xìnyòngzhèng	信用状	3-3-課文
型号	xínghào	型番	1-21-Ⅰ
修改条款	xiūgǎi tiáokuǎn	訂正条項	1-22-Ⅰ
需求量	xūqiúliàng	需要量	1-19-Ⅱ
选项	xuǎnxiàng	選択肢	1-15-Ⅰ
询价	xúnjià	引き合い	1-4-Ⅰ

Y

牙齿	yáchǐ	歯	1-20-Ⅰ
牙膏	yágāo	練り歯磨き	1-20-Ⅰ
研发	yánfā	研究開発	1-16-Ⅰ
掩埋	yǎnmái	埋め立てる	3-1-課文
验收	yànshōu	受け入れ検査をする	1-11-Ⅰ
样件	yàngjiàn	サンプル	1-2-Ⅱ
样品	yàngpǐn	サンプル	1-2-Ⅱ
邀约	yāoyuē	招請する	1-3-Ⅱ
咬紧	yǎojǐn	しっかり咬む、つかむ	3-19-課文
业绩考核	yèjì kǎohé	業績審査	1-12-Ⅰ
业主	yèzhǔ	区分所有者	1-14-Ⅱ
一次性	yícìxìng	1回の	1-20-Ⅱ
一系列	yíxìliè	一連の	1-19-Ⅰ
以旧换新	yǐ jiù huàn xīn	買い換え	3-11-関連
义愤填膺	yìfèn tián yīng	憤懣やるかたない	3-1-関連
因素	yīnsù	要因、要素	1-9-Ⅰ
银行账号	yínháng zhànghào	銀行口座番号	1-9-Ⅰ
营养成分	yíngyǎng chéngfèn	栄養分	1-17-Ⅱ
营业执照	yíngyè zhízhào	営業許可証	1-21-Ⅰ
硬件	yìngjiàn	ハードウエア	1-19-Ⅱ
佣金	yòngjīn	コミッション	1-7-Ⅱ
用料	yòngliào	使用材料	1-2-Ⅱ

优先买受权	yōuxiān mǎishòuquán	優先購入権	1-24-Ⅰ
尤其是	yóuqí shì	とりわけ、特に	1-20-Ⅱ
邮政编码	yóuzhèng biānmǎ	郵便番号	1-22-Ⅱ
有关规定	yǒuguān guīdìng	関連規定	1-9-Ⅰ
有过错责任原则	yǒuguòcuò zérèn yuánzé	過失責任の原則	3-4-課文
有效~	yǒuxiào ~	効果的に~する	1-17-Ⅱ
与会人员	yùhuì rényuán	出席者	1-14-Ⅰ
愈加	yùjiā	ますます、いっそう	3-6-課文
员工	yuángōng	従業員	1-14-Ⅰ
约定	yuēdìng	約束事、約定（する）	1-24-Ⅰ、3-3-課文
约束	yuēshù	制約する	1-22-Ⅱ
月底	yuèdǐ	月末	1-12-Ⅱ
跃居~	yuèjū ~	一躍~になる	3-23-課文
月薪	yuèxīn	月給	3-17-課文
运抵	yùndǐ	配達される	1-11-Ⅰ

Z

赞赏	zànshǎng	高く評価する	1-4-Ⅲ
早霜	zǎoshuāng	モーニングクリーム	1-20-Ⅰ
造成	zàochéng	（よくないことを）引き起こす、もたらす	1-9-Ⅱ
责成	zéchéng	責任を持ってやらせる	1-14-Ⅱ
展销	zhǎnxiāo	展示即売	1-8-Ⅱ
账单	zhàngdān	計算書	1-7-Ⅱ
账号	zhànghào	口座	1-23-Ⅱ
招徕	zhāolái	招致、誘致	3-10-課文
折扣	zhékòu	値引きする	1-11-Ⅱ
争端	zhēngduān	争いの発端、紛争	3-3-関連
整个部门	zhěnggè bùmén	部門全体	1-12-Ⅰ
整体利益	zhěngtǐ lìyì	全体的利益	1-13-Ⅱ
正本	zhèngběn	オリジナル	1-22-Ⅱ
政府信息公开条例	zhèngfǔ xìnxī gōngkāi tiáolì	政府情報公開条例	3-2-課文
支付条件	zhīfù tiáojiàn	支払条件	1-6-Ⅱ
支配地位	zhīpèi dìwèi	支配的地位	3-16-課文
知情权	zhīqíngquán	知る権利	3-1-課文
只好~	zhǐhǎo ~	~するしかない	1-10-Ⅱ
指引	zhǐyǐn	手引き	1-13-Ⅱ
致力于~	zhìlìyú ~	~に努力する	1-16-Ⅰ
质量	zhìliàng	品質	1-2-Ⅱ
致胜	zhìshèng	勝利する、成功する	1-20-Ⅱ
忠诚顾客	zhōngchéng gùkè	ご贔屓客	1-19-Ⅱ
中标	zhòngbiāo	落札	1-21-Ⅰ
仲裁	zhòngcái	仲裁	3-3-課文
仲裁协议	zhòngcái xiéyì	仲裁合意	3-5-課文
重判	zhòng pàn	厳格な（重い）判決	3-14-課文

周例会	zhōulìhuì	週例会	1-14-I	追尾事故	zhuīwěi shìgù	追突事故	3-1-課文
主要标准	zhǔyào biāozhǔn	主な基準	1-15-II	准入	zhǔnrù	参入を許可する	3-6-課文
注册资本	zhùcè zīběn	登録資本金	1-16-I	准据法	zhǔnjùfǎ	準拠法	3-3-課文
专线	zhuānxiàn	専用線	1-18-II	资信调查	zīxìn diàochá	信用調査	1-1-I
专营	zhuānyíng	専門に扱う	1-8-I	自豪感	zìháogǎn	誇り	1-13-II
转型升级	zhuǎnxíng shēngjí	グレードアップを図る	3-6-課文	自提	zìtí	置場渡	1-4-II
				自主创新	zìzhǔ chuàngxīn	自主開発	3-6-課文
转账支票	zhuǎnzhàng zhīpiào	振替小切手	1-5-I	总价	zǒngjià	総額	1-22-I
				总结	zǒngjié	総括	1-13-I
装点	zhuāngdiǎn	飾り付ける	1-8-I	走投无路	zǒu tóu wú lù	行き詰まる、万策つきる	3-9-関連
装潢	zhuānghuáng	装飾	1-10-I				
装修	zhuāngxiū	改装	1-14-II	租赁	zūlìn	賃貸	1-24-I
装运	zhuāngyùn	発送	1-7-I	最佳效益	zuìjiā xiàoyì	最良の効果	1-12-I
追溯	zhuīsù	遡る	3-19-課文	遵嘱	zūnzhǔ	言いつけを守る	1-7-II

第一部参考文献

白战锋，《企业文书写作范本·格式＋技巧＋范例》，经济管理出版社，2005 年 11 月。
曹希波，《新编公文写作必备全书》，经济科学出版社，2006 年 11 月。
陈晓霞、张静，《现代商务文秘写作》，青岛出版社，2002 年 3 月。
戴君，《企业商务文书工具箱》，广东省出版集团广东经济出版社，2009 年 8 月。
耿秉均，《商用英文与国贸实务》，世界图书出版公司，2002 年 4 月。
胡占友，《现代企业营销方案写作》，机械工业出版社，2007 年 1 月。
霍唤民、郄仲平、夏京春，《财经实用写作》，首都经济贸易大学出版社，2000 年 1 月。
姬瑞环、卢颖、崔德立，《商务文书写作与处理》，中国人民大学出版社，2004 年 8 月。
柯琳娟，《企业（公司）常用文书写作格式与范本》，企业管理出版社，2006 年 5 月。
柯琳娟，《最新企业可行性报告写作技巧与范例》，企业管理出版社，2006 年 11 月。
李沉碧，《经济应用文写作》，科学出版社，2004 年 8 月。
刘锡庆、李道荣，《经济应用文书写作》，北京师范大学出版集团，2008 年 11 月。
梅雨霖、梅薇薇，《商务文书·规范写作大全》，广西人民出版社，2008 年 2 月。
苗瑞，《企业应用文书写作·规范与实例》，中国电力出版社，2006 年。
王磊、刘明达，《商务文书格式与范例大全》，广东经济出版社，2002 年 7 月。
王立名，《财经应用写作》，经济科学出版社，2007 年 8 月。
王涛、游磊、权小宏，《如何进行商务文书写作》，北京大学出版社，2004 年 4 月。
文天谷，《财经应用文写作教程》，立信会计出版社，2002 年 3 月。
吴绪久，《实用写作》，科学出版社，2005 年 6 月。
徐明娥，《新编经济应用写作》，西南财经大学出版社，2006 年 2 月。
许燕，《新编办公室文秘写作一本通》，经济科学出版社，2006 年 12 月。
于凡，《办公好帮手常用文体规范写作总汇》，企业管理出版社，2004 年 5 月。
俞纪东，《经济写作》，上海财经大学出版社，2006 年 8 月。
岳海翔，《广告文案写作要领与范文》，中国言实出版社，2009 年 1 月。
张保忠、岳海翔，《最新企业常用文书写作技法与范文赏析》，中国言实出版社，2004 年。
张浩，《新编商务信函写作模式》，蓝天出版社，2004 年 7 月。
张小乐，《实用商务文书写作》，首都经济贸易大学出版社，2008 年 10 月。
朱利萍，《应用写作实务》，机械工业出版社，2008 年。

編著者紹介
梶田幸雄（麗澤大学教授）
三潴正道（麗澤大学教授）
王恵玲（上海財経大学教授）
周紅（上海財経大学副教授）

執筆担当
【第一部】
周紅：監修、第1課～第15課、第19課～第24課課文執筆および問題作成
丁俊玲（上海財経大学副教授）：第16課～第18課課文執筆および問題作成
包旭媛、鄭廉敏、陳鋭瑞（上海財経大学研究生）：第2課～第15課、第19課～第24課問題部分資料収集
王恵玲：監修
金子伸一（麗澤大学）：課文、練習問題日訳
三潴正道：解題部分と全体の日訳チェック、語彙・表現・構文等の選択チェックと日訳

【第二部】、【第三部】
梶田幸雄：本文執筆
三潴正道：監修

ビジネス中国語読解力養成システム
ビジネスリテラシーを鍛える中国語 Ⅱ
―中国語商用・法律文書読解力の養成と内容理解―

検印省略　　　Ⓒ 2013年3月31日　初版発行

著　者　　梶田幸雄・三潴正道・王恵玲・周紅

主編者　　古屋　順子（ともえ企画）

発行者　　　　　　　　原　雅久
発行所　　　　　　株式会社　朝日出版社
　　　　〒101－0065 東京都千代田区西神田3-3-5
　　　　　　　電話（03）3239-0271・72（直通）
　　　　　　　http://www.asahipress.com
　　　　　　　振替口座　東京00140-2-46008
　　　　　　　倉敷印刷

乱丁、落丁本はお取り換えいたします
ISBN978-4-255-00711-3 C0087